汉译世界学术名著丛书

# 普通语言学教程

〔瑞士〕费尔迪南·德·索绪尔 著

沙·巴利 阿·薛施蔼

阿·里德林格 合作编印

高名凯 译

岑麒祥 叶蜚声 校注

商务印书馆
The Commercial Press
创于1897

**FERDINAND DE SAUSSURE**
**COURS DE**
**LINGUISTIQUE GÉNÉRALE**

publié par

CHARLES BALLY ET ALBERT SECHEHAYE

avec la collaboration de

ALBERT RIEDLINGER

5ᵉ édition

PAYOT, PARIS, 1949

# 汉译世界学术名著丛书
## 出 版 说 明

我馆历来重视移译世界各国学术名著。从五十年代起，更致力于翻译出版马克思主义诞生以前的古典学术著作，同时适当介绍当代具有定评的各派代表作品。幸赖著译界鼎力襄助，三十年来印行不下三百余种。我们确信只有用人类创造的全部知识财富来丰富自己的头脑，才能够建成现代化的社会主义社会。这些书籍所蕴藏的思想财富和学术价值，为学人所熟知，毋需赘述。这些译本过去以单行本印行，难见系统，汇编为丛书，才能相得益彰，蔚为大观，既便于研读查考，又利于文化积累。为此，我们从1981年着手分辑刊行。限于目前印制能力，每年刊行五十种。今后在积累单本著作的基础上将陆续汇印。由于采用原纸型，译文未能重新校订，体例也不完全统一，凡是原来译本可用的序跋，都一仍其旧，个别序跋予以订正或删除。读书界完全懂得要用正确的分析态度去研读这些著作，汲取其对我有用的精华，剔除其不合时宜的糟粕，这一点也无需我们多说。希望海内外读书界、著译界给我们批评、建议，帮助我们把这套丛书出好。

商务印书馆编辑部
1983年5月

# 目　　录

前言 ………………………………………………………… 1
第一版序 …………………………………………………… 5
第二版序 …………………………………………………… 10
第三版序 …………………………………………………… 11

## 绪　　论

第一章　语言学史一瞥 …………………………………… 15
第二章　语言学的材料和任务；它和毗邻科学的关系 …… 24
第三章　语言学的对象 …………………………………… 26
　§1.语言；它的定义 …………………………………… 26
　§2.语言在言语活动事实中的地位 …………………… 30
　§3.语言在人文事实中的地位：符号学 ……………… 36
第四章　语言的语言学和言语的语言学 ………………… 39
第五章　语言的内部要素和外部要素 …………………… 42
第六章　文字表现语言 …………………………………… 46
　§1.研究这个题目的必要性 …………………………… 46
　§2.文字的威望：文字凌驾于口语形式的原因 ……… 47
　§3.文字的体系 ………………………………………… 50

§4. 写法和发音发生龃龉的原因 ·················· 51
　　§5. 写法和发音发生龃龉的后果 ·················· 53
第七章　音位学 ······························· 59
　　§1. 定义 ······························· 59
　　§2. 音位文字 ··························· 61
　　§3. 文字证据的评论 ······················ 62

### 附录　音位学原理

第一章　音位的种类 ··························· 69
　　§1. 音位的定义 ·························· 69
　　§2. 发音器官及其功用 ···················· 73
　　§3. 按照口部发音对语音进行分类 ·········· 76
第二章　语链中的音位 ························ 83
　　§1. 研究语链中声音的必要性 ·············· 83
　　§2. 内破和外破 ·························· 85
　　§3. 外破和内破在语链中的各种结合 ········ 89
　　§4. 音节的分界和元音点 ·················· 92
　　§5. 关于音节区分理论的批判 ·············· 94
　　§6. 内破和外破的长度 ···················· 96
　　§7. 第四级开度的音位，复合元音，写法的问题 ········ 97

### 第一编　一般原则

第一章　语言符号的性质 ····················· 105
　　§1. 符号、所指、能指 ··················· 105

§2. 第一个原则：符号的任意性 …………………… 107
　　§3. 第二个原则：能指的线条特征 …………………… 111
　第二章　符号的不变性和可变性 ………………………… 112
　　§1. 不变性 ………………………………………………… 112
　　§2. 可变性 ………………………………………………… 116
　第三章　静态语言学和演化语言学 ……………………… 122
　　§1. 一切研究价值的科学的内在二重性 ……………… 122
　　§2. 内在二重性和语言学史 …………………………… 125
　　§3. 内在二重性例证 …………………………………… 127
　　§4. 用比拟说明两类事实的差别 ……………………… 132
　　§5. 在方法和原则上对立的两种语言学 ……………… 135
　　§6. 共时规律和历时规律 ……………………………… 137
　　§7. 有没有泛时观点？ ………………………………… 142
　　§8. 把共时和历时混为一谈的后果 …………………… 143
　　§9. 结论 ………………………………………………… 146

## 第二编　共时语言学

第一章　概述 ………………………………………………… 151
第二章　语言的具体实体 …………………………………… 153
　　§1. 实体和单位，定义 ………………………………… 153
　　§2. 划分界限的方法 …………………………………… 155
　　§3. 划分界限的实际困难 ……………………………… 156
　　§4. 结论 ………………………………………………… 158
第三章　同一性、现实性、价值 …………………………… 159

第四章　语言的价值 …………………………………… 164
　　§1. 语言是组织在声音物质中的思想 …………………… 164
　　§2. 从概念方面考虑语言的价值 ………………………… 166
　　§3. 从物质方面考虑语言的价值 ………………………… 170
　　§4. 从整体来考虑符号 …………………………………… 173

第五章　句段关系和联想关系 ………………………… 177
　　§1. 定义 …………………………………………………… 177
　　§2. 句段关系 ……………………………………………… 179
　　§3. 联想关系 ……………………………………………… 181

第六章　语言的机构 …………………………………… 184
　　§1. 句段的连带关系 ……………………………………… 184
　　§2. 集合的两种形式同时运行 …………………………… 185
　　§3. 绝对任意性和相对任意性 …………………………… 188

第七章　语法及其区分 ………………………………… 193
　　§1. 定义；传统的区分 …………………………………… 193
　　§2. 合理的区分 …………………………………………… 195

第八章　抽象实体在语法中的作用 …………………… 197

## 第三编　历时语言学

第一章　概述 …………………………………………… 203
第二章　语音变化 ……………………………………… 208
　　§1. 语音变化的绝对规律性 ……………………………… 208
　　§2. 语音变化的条件 ……………………………………… 209
　　§3. 方法上的要点 ………………………………………… 212

§4. 语音变化的原因 …………………………………… 214
§5. 语音变化的效能是无限的 ………………………… 221

**第三章　语音演化在语法上的后果** ……………………… 223
§1. 语法联系的破裂 …………………………………… 223
§2. 词的复合结构的消失 ……………………………… 224
§3. 没有语音上的同源对似词 ………………………… 226
§4. 交替 ………………………………………………… 228
§5. 交替的规律 ………………………………………… 231
§6. 交替和语法联系 …………………………………… 233

**第四章　类比** ……………………………………………… 235
§1. 定义和举例 ………………………………………… 235
§2. 类比现象不是变化 ………………………………… 238
§3. 类比是语言创造的原则 …………………………… 241

**第五章　类比和演化** ……………………………………… 246
§1. 类比创新是怎样进入语言的 ……………………… 246
§2. 类比创新是解释上发生变化的征兆 ……………… 247
§3. 类比是革新和保守的原则 ………………………… 250

**第六章　流俗词源** ………………………………………… 253

**第七章　黏合** ……………………………………………… 257
§1. 定义 ………………………………………………… 257
§2. 黏合和类比 ………………………………………… 258

**第八章　历时的单位,同一性和现实性** ………………… 261

**第三编和第四编附录** ……………………………………… 265
A. 主观分析和客观分析 ……………………………… 265

B. 主观分析和次单位的确定 ………………………… 268
C. 词源学 ……………………………………………… 273

## 第四编　地理语言学

第一章　关于语言的差异 ………………………………… 277
第二章　地理差异的复杂性 ……………………………… 281
　§1. 几种语言在同一地点并存 ………………………… 281
　§2. 文学语言和地方话 ………………………………… 284
第三章　地理差异的原因 ………………………………… 287
　§1. 时间是主要的原因 ………………………………… 287
　§2. 时间在相连接地区的效能 ………………………… 289
　§3. 方言没有自然的界限 ……………………………… 292
　§4. 语言没有自然的界限 ……………………………… 295
第四章　语言波浪的传播 ………………………………… 298
　§1. 交际的力量和乡土根性 …………………………… 298
　§2. 两种力量归结为一个单一的原则 ………………… 301
　§3. 语言在分隔地区的分化 …………………………… 302

## 第五编　回顾语言学的问题　结论

第一章　历时语言学的两种展望 ………………………… 309
第二章　最古的语言和原始型 …………………………… 313
第三章　重建 ……………………………………………… 318
　§1. 重建的性质和目的 ………………………………… 318
　§2. 重建的确实程度 …………………………………… 321

第四章　人类学和史前史中的语言证据 …………… 323
　§1. 语言和种族 …………………………………………… 323
　§2. 民族统一体 …………………………………………… 324
　§3. 语言古生物学 ………………………………………… 325
　§4. 语言的类型和社会集团的心理素质 ………………… 330
第五章　语系和语言的类型 ………………………………… 332
索引 …………………………………………………………… 337
校后记 ………………………………………………………… 346

# 前　　言

　　本书著者费尔迪南·德·索绪尔是本世纪最著名、影响最深远的语言学家之一。他在 1857 年出生于瑞士日内瓦的一个法国人家里。中学毕业后,于 1875 年至 1876 年在日内瓦大学读了一年,其后转学到德国,在来比锡大学学习语言学。那时正是新语法学派诸语言学家和他们的老师古尔替乌斯（G. Curtius）对语言学问题辩论得最激烈的时候。他起初完全站在新语法学派一边,在奥斯脱霍夫（H. Osthoff）和雷斯琴（A. Leskien）的指导下从事历史比较语言学研究工作,于 1878 年写出他那篇杰出的《论印欧系语言元音的原始系统》,使老一辈的语言学家大为惊奇。接着转学柏林大学,1880 年回来比锡大学考博士学位,1881 年到法国巴黎,在高等研究学院教授梵语,同时兼任巴黎语言学学会秘书,在整整十年间培养了梅耶（A. Meillet）,格拉蒙（M. Grammont）等语言学家,建成法兰西学派。1891 年离法回国,在日内瓦大学讲授梵语和印欧系语言历史比较研究。1906—1907 年开始讲授普通语言学,1908—1909 和 1910—1911 年继续讲授,但是并没有把它编写成书。1913 年德·索绪尔去世后,他的学生巴利和薛施蔼等根据同学们的笔记和德·索绪尔的一些手稿及其他材料编辑整理成《普通语言学教程》一书,于 1916 年在法国巴黎出第一版,1922 年出第二版，1949年再出第三版，各国语言学家先后把它译成德、西、俄、英、日等国文字，使它的影响遍及全世界。

德·索绪尔的这本《教程》之所以有这样巨大的和深远的影响，首先是因为它的内容范围非常广泛。将近一百年间，举凡欧美各国语言学界所接触到的各种有关原理和方法的问题，都逃不出他的视线。他的眼光非常敏锐，学识十分丰富，对许多古代的和近代的语言文字占有第一手的材料。他不仅对这些问题作了总结，而且提出了自己的独到的见解，因此大大引起了各方面的注意。其次，德·索绪尔在世的几十年间，是欧洲学术思想发生激剧变化的年代。大家知道，自十九世纪初以后，欧洲语言学研究的成就以印欧系语言的历史比较为最显著。这种研究到新语法学派已差不多到了登峰造极的境界，而新语法学派诸语言学家所采用的大都是当时风行一时的实证主义观点，只知从心理方面去研究个人言语中的各种事实，材料不免使人有支离破碎之感，造成了世人所称的"原子主义"。到二十世纪初，德国和欧洲各国掀起了一种所谓"格式塔思想"（德语 Gestalteinheit，原是"完形性"的意思），起初应用于心理学，其后由心理学扩展到其他领域。语言学界在这种思想的诱导下特别注重对语言结构、系统和功能的研究。德·索绪尔也深受影响，在许多方面提出了好些与新语法学派针锋相对的见解，如语言是一个系统，语言学应该分成共时语言学和历时语言学，共时语言学研究作为系统的语言，所以特别重要，历时语言学只研究个别语言要素的演变，不能构成系统，所以同共时语言学比较起来并不怎么重要，等等、等等。所有这一切，提供了"语言学研究中较新趋向的理论基础"①,对其后许多新学派的建立和发展都发生过很大的影响。

德·索绪尔的这本书虽然影响很大,但是我们要知道,这并不是他亲手写定的原著,而是经由他的两个学生根据当时参加听课的同学们所作的笔记并参考他本人遗留下来的一些手稿编辑整理而成的,在整理过程中曾删去了其中不少有关印欧系语言的材料。依照近些年来发现的德·索绪尔的原稿来看②,他们在好些地方且曾作过调整和修改。书中有些部分,例如绪论的附录《音位学原理》,并且是从他于1897年所作关于《音节理论》的讲演中撮录而成的。正如原编者在序言中所说,"德·索绪尔是一个不断革新的人",他在多年的讲课中少不了有些前后不很一致之处,而且辞锋所及,常掺杂有若干很巧妙的俏皮话,现在读起来,有不少章节确实是比较难懂的。尽管这样,整个说来,这本书在世界语言学发展过程中仍不失是一本继往开来的重要著作。

这本书从前没有汉译本,但是德·索绪尔的名字在我国并不陌生。许多语言学家在他们的著作或论文中都曾援引过他的某些论点,并加上批判或肯定的意见,但是一般读者因为没有看到全

---

① 美国语言学家布龙菲尔德(L. Bloomfield)语,见所撰《关于萨丕尔(E. Sapir)〈语言〉一书的评论》,载《古典周刊》(Classical Weekly)1922年第15期,第142—143页。

② 特别参看戈德尔(N. Godel)《德·索绪尔的未刊笔记》(Notes inédites de F. de Saussure),《德·索绪尔杂录》(Cahiers F. de Saussure)第12册(1954);《普通语言学教程,1908—1909.绪论》(Cours de linguistique générale, 1908—1909. Introduction),同上,第15册(1957);《普通语言学原稿资料》(Les sources manuscrites du cours de linguistique générale),日内瓦,1957;《德·索绪尔学派新文献》(Nouveaux documents saussuriens)《德·索绪尔杂录》第16册(1958—1959)。

书，总觉得不能满足，至于要研究他的语言学说更是无从着手。这本书的翻译和出版，就是要满足同志们的这种要求。但是我们必须提醒读者，德·索绪尔在书中提出的各种见解和主张，不能看作语言学中的定论，——看来他本人也从来没有这种想法——，他的有些办法，例如废弃近代语法的内容，而代之以句段关系和联想关系等等，就连他的嫡系的门徒，如法国的许多语言学家也是没有接受的。我们必须采取科学的态度，以实事求是的精神加以分析批判，从实际出发取其精华作为借鉴，才能对我们起一些启发和指示的作用，推动我国语言学向前发展。

岑麒祥

1979 年

# 第 一 版 序

　　费尔迪南·德·索绪尔的天才是在语言学中成长起来的,我们时常听到他抱怨语言学的原理和方法中存在着许多缺陷。他毕生顽强地致力于探求在这一片浑沌状态中能够指引他的思想的法则。直到1906年在日内瓦大学接替了约瑟夫·魏尔特海默(Joseph Wertheimer)的讲座,他那培育了多年的独到见解方为世人所认识。他曾于1906—1907年,1908—1909年和1910—1911年三度讲授普通语言学;诚然,由于教学大纲的需要,他不能不把每度讲课的一半时间用来阐述印欧系语言,它们的历史和关于它们的描写,他的讲题的主要部分因而大大地减少了。

　　他没有因此出版过一本书,凡特别有幸听过这门内容充实的课的人都深以为憾。老师去世后,承德·索绪尔夫人的盛意,把他的手稿交给了我们。我们原指望能在这些手稿中找到这些天才的讲课的忠实的或至少是足够的反映;我们并且预想到有可能根据他本人的札记配合同学们的笔记加以整理,付梓出版。结果使我们大失所望:我们在里面几乎找不到一点儿跟他的学生的笔记对得上号的东西。原来他每天赶写讲授提纲的草稿,已经随写随毁掉了!他的书桌的抽屉里只有一些相当陈旧的草稿。这些草稿当然也不无价值,但要加以利用,把它同三度讲课的材料配合起来,却是不可能的。

面对这种情况,更使我们深感遗憾的是,当时因为职务缠身,我们几乎完全没有办法去亲自聆听他的最后的讲课,而这却正像很早以前《论元音》①一书问世时那样标志着德·索绪尔一生事业中一个光辉的阶段。

因此,我们只好求助于听过三度讲课的同学们的笔记。听过头两度课的路易·凯伊(Louis Caille),列奥波尔·戈第业(Léopold Gautier),波尔·勒嘉尔(Paul Regard)和阿尔贝尔·里德林格(Albert Riedlinger)诸先生,听过第三度,也即最重要的一度课的阿尔贝尔·薛施蔼(Albert Sechehaye)夫人,乔治·德加里耶(George Dégallier)和弗朗西士·约瑟夫(Francis Joseph)先生都把他们的很完备的笔记交给了我们。有一个特殊的要点,我们还是从路易·布律茨(Louis Brütsch)的笔记中得到的。我们谨向他们致以衷心的谢意。杰出的罗曼语语言学家茹勒·朗沙(Jules Ronjat)在本书付印前曾校阅原稿,并给我们提供了许多宝贵的意见,我们也要向他致以最热诚的感谢。

我们该怎样处理这些材料呢?首先是进行考订的工作:对每一度课,讲课中的每一个细节,都要把所有的本子加以比较,深入到原讲授者思想的端倪,哪怕它们往往互不合拍。关于头两度课的内容,我们曾得到里德林格先生的合作,他是最关心要遵循老师

---

① 德·索绪尔曾于1879年出版《论印欧系语言元音的原始系统》一书,把印欧系语言的元音和响音的很复杂的相互关系归结为一些比较简单的交替公式,推翻了十九世纪前半叶欧洲许多语言学家借鉴古印度语法学家的"增长理论",奠下了印欧系语言元音系统新学说的基础,对后世的影响很大。——校注

思想的门生；在这一点上，他的工作对我们很是有用。至于第三度课，我们中的阿·薛施蔼也做了同样细致的校对和校订的工作。

可是下一步呢？口讲的形式常和书面的形式发生矛盾，这为我们留下了最大的困难。而且德·索绪尔是一个不断革新的人，他的思想常向各方面发展，但并不因此而自相矛盾。要把一切都照原样发表是不可能的；自由论述所不可避免的重复，交错和变幻不定的表述方式，将会使这样印出的一本书带有离奇古怪的面貌。只发表其中一度课嘛——发表哪一度的呢？这将会使本书失去其他两度讲课的十分丰富的内容而显得比较贫乏；哪怕是最有决定意义的第三度课也不能使人窥见德·索绪尔理论和方法的全豹。

曾有人向我们建议把一些见解特别新颖的片段照原样刊印出来。我们起初也抱有这种想法，但随即想到这样会损及我们老师的思想，因为它只能显出一所大厦的半壁，而这所大厦的价值却只能由它的整体表现出来。

我们终于采取了一个比较大胆的，同时自信也是比较合理的解决办法：以第三度课为基础，利用我们手头的全部材料，包括德·索绪尔个人的札记，重新进行组织和综合。这无异是一种重新创作，越是要做到完全客观，越是困难；对于每一个要点，都要钻到每个特殊思想的深处，按整个系统的指引，把它从口授所固有的变化多端和游移不定的措辞中清理出来，试图找到它的确定形式，然后镶嵌入它的自然间架中去。所有各部分都按照符合作者意图的顺序表达出来，哪怕他的意图并不显而易见，而是出于我们的猜想。

本书就是经过这样一番类化工作和重新组织产生的，我们现在不无惶恐地把它献给一般知识界和一切爱好语言学的朋友们。

我们的主旨是要建立一个有机的整体，不忽略任何有助于造成完整印象的东西。可是正因为这样，我们也许会遭遇到来自两方面的批评。

首先有人会说，这个"整体"是不完备的。其实老师讲课从来没有想涉及语言学的一切方面，也没有打算过把一切问题都讲得一样清楚明了；实际上，这不是他所能做到的。他立意要做的完全不是这样。他只想以几条个人的基本原则为向导——这些原则在他的著作中随处都可以看到，而且构成了这幅结实的、五彩缤纷的织物的纬线——往深处研究，只有当这些原则遇到一些特别引人注目的应用，同样，也只有当它们碰到可能发生冲突的理论的时候，才在面上铺开。

这可以解释为什么有些学科，例如语义学，在本书中几乎没有接触到。我们并不感到这些欠缺对整个建筑物会有什么损害。缺少"言语的语言学"这一部分是比较容易感觉到的。他曾向第三度讲课的听者许过愿。这方面的研究在以后的讲课中无疑会占有一个光荣的地位；但诺言没有能够实现，原因是大家都很清楚的。我们现在只能把这个初具规模的大纲中的一些闪闪烁烁的指示搜集起来，安排在它们的自然的地位：超过这一点就无能为力了。

与此相反，人们也许会指责我们在某些要点上转录了一些在德·索绪尔之前就已经获得的进展。在一本这样广泛的著述里，要一切都很新鲜是办不到的；而且如果有些众所周知的原则对于了解整体是不可少的，难道也要抱怨我们没有把它们割除吗？例如有关语音变化的一章就有一些人家已经说过的东西，而且也许说得更加确定；可是且不说这一部分隐藏着好些富有创见的宝贵的细节，任何人只消稍加阅读，就可以看到，把它删掉，对于理解德·索绪尔据以建立他的静态语言学体系的原则会引起怎样的后果。

我们深深感到我们对于批评，对于作者本人所负的责任；他也许会不答应我们出版这本书的。

我们完全接受这个责任，而且愿意独自承担这个责任。批评者是否知道要把一位大师和他的解释者区别开来呢？如果把矛头指向我们，我们将乐意接受，但如果攻击到我们所敬爱的老师，那是不公正的。

沙·巴利，阿·薛施蔼　于日内瓦

# 第 二 版 序

这第二版对于第一版的原文没有什么重大的改动。编者只限于作了某些细节上的修改,目的是要在某些要点上编写得更加清楚,更加明确。

沙·巴利,阿·薛施蔼

# 第三版序

除了某些细节上的更正以外，这一版同前一版一样。

沙·巴利，阿·薛施蔼

# 绪 论

# 第一章　语言学史一瞥

环绕着语言事实建立起来的科学,在认识它的真正的、唯一的对象之前,曾经经过三个连续的阶段①。

最先是所谓"语法"。这种研究起初是由希腊人创立的,其后主要为法国人所承袭②。它是以逻辑为基础的,对于语言本身缺乏科学的、公正的观点;它的唯一目的是要订出一些规则,区别正确的形式和不正确的形式。那是一门规范性的学科,距离纯粹的观察还很远,它的观点必然是很狭隘的。

其后出现了语文学。早在亚历山大里亚就曾有过一个"语文学"学派,不过这一名称现在主要用来指沃尔夫(Friedrich

---

① 德·索绪尔这个关于语言学史的分期,显然跟新语法学派的大不相同。新语法学派把语言研究分为两个时期:十九世纪以前是"科学前时期",十九世纪历史比较语言学建立后是"科学时期",而新语法学派的出现是它的完成阶段。——校注

② 语法起初是由古希腊哲学家和语文学家亚里士多德(Aristotle)、亚里士塔尔库斯(Aristarchus)、盛诺多图斯(Zenodotus)、特拉克斯(Dionysius Thrax)等人创立的。罗马帝国崩溃后,主要为法国人所承袭,著名的语法学家有埃提恩(Etienne)、拉木士(Ramus)、沃士拉(Vogelas)、龚迪雅克(Condillac)等人,一般都是以逻辑为基础的,尤以波尔·洛瓦雅耳(Port-Royal)的"唯理普遍语法"为最显著。——校注

August Wolf)①自1777年起所倡导,目前还在继续着的学术上的运动。语言不是语文学的唯一对象。语文学首先要确定、解释和评注各种文献;这头一项任务还引导它去从事文学史、风俗和制度等的研究,到处运用它自己的方法,即考订②。如果接触到语言学问题,那主要是要比较不同时代的文献,确定每个作家的特殊语言,解读和说明用某种古代的或晦涩难懂的语文写出的碑铭。毫无疑问,这些研究曾为历史语言学做好准备:瑞兹耳(Ritschl)③关于普劳图斯(Plautus)的著作可以称为语言学的。但是在这一方面,语文学考订有一个缺点,就是太拘泥于书面语言,忘却了活的语言;此外,吸引它的几乎全都是希腊和拉丁的古代文物。

第三个阶段开始于人们发现可以把语言互相比较。这就是比较语文学或"比较语法"的起源。1816年,法朗兹·葆朴(Franz Bopp)④在一本题名《梵语动词变位系统》的著作里研究了梵语和日耳曼语、希腊语、拉丁语等的关系。不过,第一个看到这些语言的亲属关系,承认它们全都属于同一个语系的,还不是葆朴。在他

---

① 沃尔夫(1759—1824),德国文学家和语文学家,精于希腊罗马的文学和语文学,主张尽量用与文物有关的资料解释语文问题。他的重要著作有《罗马文学史》(1787),《荷马序论》(1795),《语文学百科全书》(1831)等等。——校注

② 德·索绪尔在这里承认语文学有它自己的方法,这是跟新语法学派不同的。新语法学派诸语言学家对语文学一般持否定态度,不承认它有任何科学的方法,详见勃鲁格曼(K·Brugmann)所著《论语言学现象》一文。——校注

③ 瑞兹耳,德国古典语文学家,他于1848—1854年曾把罗马公元前二世纪喜剧作家普劳图斯的著作编印成集,并加以考订,颇有语言学意味。——校注

④ 葆朴(1791—1867),德国语言学家,精通梵语,1816年出版《论梵语动词变位系统,和希腊语、拉丁语、波斯语和日耳曼语的相比较》,1833年出版《梵语、禅德语、希腊语、拉丁语、立陶宛语、古斯拉夫语、峨特语和德语比较语法》,奠定了印欧语比较语法的基础。——校注

## 第一章 语言学史一瞥

之前,特别是英国的东方学家琼斯(W. Jones)[①]就已经这样做过。但是一些孤立的确认并不能证明1816年才为人们普遍理解的这一真理的意义和重要性。葆朴虽没有发现梵语同欧亚两洲的某些语言有亲属关系的功绩,但已看到了亲属语言的关系可以成为一门独立科学的材料。用一种语言阐明另一种语言,用一种语言的形式解释另一种语言的形式,这是以前还没有人做过的。

没有梵语的发现,葆朴是否能够创建他的科学——至少是否能够创建得这样快——那是很可怀疑的。这种语言作为希腊语和拉丁语以外的第三个见证,向他提供了一个更加广泛、更加牢靠的研究基础。此外,梵语的情况又出人意外地特别有利于阐明这种比较,更加强了它的这一优点。

试举一个例子。比方拉丁语 genus "种类"的变格范例(genus, generis, genere, genera, generum 等等)和希腊语 génos "种类"的变格范例(génos, géneos, géneï, génea, genéōn 等等),无论是单独拿来考虑,还是把它们互相比较,都不说明什么问题,但是如果加上梵语的相应系列(ģanas, ģanasas, ģanasi, ģanassu, ģanasām 等等),情况就不同了。我们一眼就能看出希腊语变格范例和拉丁语变格范例间的关系。暂时假定 ģanas 代表原始状态(因为这可以帮助我们解释),我们可以断定希腊语 géne(s)os 等形式中一定脱落了一个 s,而且每次都是在两个元音间的。其次,我们可以断定,

---

[①] 威廉·琼斯(1746—1794),英国东方学家,精通梵语和波斯语,曾在东印度公司任职。1786年他在印度加尔各答亚洲学会宣读论文,认为梵语在动词词根和语法形式方面跟希腊语和拉丁语有许多共同点,它们都出于一个共同来源。——校注

在相同条件下,拉丁语的 s 变成了 r。再从语法的观点看,梵语的变格范例明确了词根的概念,它相当于一个完全可以确定的、固定的单位(ganas-)。拉丁语和希腊语只有在它们的最原始的时期才会有梵语所代表的状态。因此梵语在这里之所以富有教益,就因为它保存了印欧语的全部 s。诚然,在其他部分,它没有把原始型的特征保存得这样好。例如它已把元音系统整个推翻。但是一般地说来,它所保存的原有成分对于研究是极有帮助的。梵语在许多场合恰巧就是一种很适宜于阐明其他语言的语言。

从一开始,跟葆朴同时,还涌现了一些杰出的语言学家:雅各布·格里木(Jacob Grimm)①——日耳曼语研究的创始人(他的《德语语法》出版于 1822 年至 1836 年);波特(Pott)②,他的词源学研究使语言学家的手上有了大量的材料;库恩(Kuhn)③,他的著作既涉及语言学,又涉及比较神话学;印度学家本飞(Benfey)④和奥弗列希特(Aufrecht)⑤等等。

---

① 雅各布·格里木(1785—1863),德国语言学家,曾著《德语语法》(1819),《德语史》(1848)等书,奠定了日耳曼语历史比较研究的基础,著名的"语音演变规律"(Lautverschiebung)就是由他确立的,又称"格里木定律。"——校注

② 奥古斯特·波特(1802—1887),德国语言学家,主要从事词源学研究,重要作有《印度日耳曼语领域内词源研究》(1830),主张词源研究必须以语音对应为准则,奠定了近代词源学的基础。——校注

③ 阿达尔贝尔特·库恩(1812—1881),德国语言学家,比较神话学的奠基者,1852 年起主编《比较语言学杂志》,大大推动了历史比较语言学的发展。——校注

④ 本飞(1809—1881),德国印度学家和语言学家,1869 年出版《德国语言学和东方语文学史》一书,名噪一时。——校注

⑤ 奥弗列希特(1822—1907),德国印度学家和语言学家,曾刊印文献和学术论文多种,所出《梵文手稿目录》和《梨俱吠陀》,内容丰富,对西欧印度学研究提供了许多宝贵的资料。——校注

末了，在这一学派的最后一批代表当中，我们应该特别提到马克思·缪勒(Max Müller)①、古尔替乌斯(G. Curtius)②和施来赫尔(Aug. Schleicher)③。他们三人通过不同方式都为比较研究做了许多工作。马克思·缪勒曾以他的光辉的讲话(《语言科学讲话》,1861年,英文本)使这种研究通俗化,缺点是不够谨严。古尔替乌斯是一位杰出的语文学家,特别以他的《希腊语词源学原理》(1879)闻名于世,他是使比较语法和古典语文学和解的先驱之一。古典语文学曾疑惑地注视着这门新兴科学的进展,而比较语法也对古典语文学表示过怀疑。最后,施来赫尔是试图把详细探讨的成果编成法典的第一人。他的《印度日耳曼语比较语法纲要》(1861)对葆朴所创建的科学作了系统的阐述。这本书在一个很长的时期内有过很大的贡献,比其他任何著作都更能令人想起这个构成印欧语言学第一时期的比较语言学学派的面貌。

这个学派虽曾有过开辟一块丰饶的新田地的无可争辩的功绩,但还没有做到建成一门真正的语言科学。它从来没有费工夫

---

① 马克思·缪勒(1823—1900),英国东方学家,语言学家和宗教史学家,曾翻译东方古典文献多种,辑成《东方圣书》。1861年,他把在英国牛津大学的讲演稿编成《语言科学讲话》出版,上下两册,文笔浅显流畅,使语言学得以大大通俗化。他在语言学中站在自然主义立场,把语文学和语言学对立起来,认为语文学属历史科学,而语言学属自然科学,曾因此引起他与美国语言学家辉特尼的一场很激烈的辩论。——校注

② 古尔替乌斯(1820—1885),德国语言学家,希腊语专家,曾著《希腊语词源学纲要》(1858),《希腊语动词》(1873)等书,试图用历史比较法研究古典语言但是在许多问题的解答上仍然沿用了传统古典语文学的方法。——校注

③ 奥古斯特·施来赫尔(1821—1868),德国语言学家,语言学中自然主义学派的创始人,重要著作有《语言比较研究》(1848—1850),《印度日耳曼语比较语法纲要》(1861),《达尔文理论和语言学》(1863)等书。——校注

去探索清楚它的研究对象的性质。可是没有这一手,任何科学都是无法制订出自己的方法的。

孕育着其他一切错误的头一个错误是,比较语法在它的研究中(而且只限于印欧系语言的研究),从来不过问它所作的比较究竟意味着什么,它所发现的关系有什么意义。它完全是比较的,而不是历史的。毫无疑问,比较是一切历史重建所必不可少的条件。但是单靠比较不能作出结论。而且比较语言学家越是像博物学家考虑两种植物的成长那样去考虑两种语言的发展,就越得不出结论。例如施来赫尔常要我们从印欧语出发,看来像是个历史学家,可是他毫不犹豫地说,希腊语的 e 和 o 是元音系统的两"级"(Stufen),因为梵语有一个元音交替系统使人想起这个"级"的观念①。施来赫尔于是假定,正如相同种的植物要独立地经历过相同的发展阶段一样,每种语言都应该各自平行地经历过这两个"级"。在他看来,希腊语的 o 是 e 的增长;同样,梵语的 ā 也就是 ă 的增长。实际上那是印欧语②的一种交替在希腊语和梵语里的不同反映,它在这两种语言中所产生的语法上的效果不一定是相等

---

① 古印度语法学家把梵语元音的相互关系归结为三个基本元音 a, i, u, 和它们的两次"增长",如下:

基本元音:a i u

第一次增长:ā e o

第二次增长:ā ai au

每一次"增长"都是按"连音变化"的规律加 a 变成的,例如第一次"增长"的 ā＝a＋a,e＝a＋i,o＝a＋u;第二次"增长"的 ā＝a＋ā,ai＝a＋e,au＝a＋o。施来赫尔认为梵语的三个基本元音可以代表古印欧语的原始状态,希腊语的 e 和 o 只是元音系统增长的两"级"。德·索绪尔在这里批评了他的这种观念。——校注

② 本书所说的"印欧语",现在一般都称为"原始印欧语"。——校注

的(参看以下第219页)。

这种单纯的比较方法引起了一系列错误的观念。它们不符合现实中的任何东西,同一切言语活动的真正情况也格格不入。人们把语言看做一种特殊的领域,自然界的第四王国①;由此产生的推理方法,如果是在另外一门科学里,定会使人大吃一惊。这一时期的著作,我们今天只要读上八行到十行,就不能不对其中那些离奇古怪的思想和用来为这些思想进行辩解而采用的术语感到震惊。

但是从方法论观点看,认识一下这些错误并不是毫无意义的:一门科学在草创时期的错误,就是最初从事研究的人所犯错误的放大了的写照,下面我们在论述的过程中将有机会提到其中的几个。

只有到了1870年左右,人们才开始提出疑问:语言生命的条件究竟是什么②。他们于是看出,语言间的对应只是语言现象的一个方面,比较只是一种手段,一种重建事实的方法。

使比较研究获得恰如其分的地位的真正语言学,产生于罗曼族语言和日耳曼族语言的研究。罗曼族语言的研究是狄兹

---

① 缪勒在《语言科学讲话》一书中曾把语言看做自然界的第四王国。德·索绪尔在这里不只驳斥了施来赫尔把语言当作自然有机体的看法,并且批评了缪勒的自然主义观点。——校注

② 1870年是语言历史比较研究的一个转折点,出现了新语法学派的诸语言学家。他们竭力反对以前的语言学家把语言的生命分为史前的增长时期和有史以来的衰老时期,要求用不容许有例外的语音演变规律和类比作用解释语言变化的现象,把语言的历史研究提到了一个更高阶段。——校注

(Diez)①所创建的(他的《罗曼族语语法》出版于1836—1838年)，它特别促进了语言学接近它的真正的对象。因为罗曼语语言学家具备印欧语语言学家所没有的特别有利的条件：他们认识罗曼族语言的原始型——拉丁语；其次，文献的丰富使他们有可能详细地探究语言的发展。这两种情况限制了臆测的范围，使整个探究具有特别具体的面貌。日耳曼语语言学家的情况也是这样。毫无疑问，原始日耳曼语是不能直接认识的，但是借助于许多世纪的大量文献，由它派生出来的各种语言的历史还是可以考究出来的。因此，比较接近实际的日耳曼语语言学家也获得了一些跟早期印欧语语言学家迥不相同的概念。

发出第一次冲击的是《语言的生命》(1875)的作者美国人辉特尼(Whitney)②。不久后形成了一个新的学派，即新语法学派(Junggrammatiker)，它的领袖都是德国人：勃鲁格曼(K. Brugmann)③，奥斯特霍夫(H. Osthoff)④，日耳曼语语言学家布劳

---

① 狄兹(1794—1876)，德国语言学家，曾著《罗曼族语语法》，于1836—1838年出版，奠定了罗曼族语言研究的基础。恩格斯在《反杜林论》中把他跟葆朴和格里木相提并论，给以很高的评价。——校注

② 辉特尼(1827—1894)，美国印度学家和语言学家，曾出版梵语研究和《吠陀》注释多种。他的语言学著作有《语言和语言研究》，《语言的生命和成长》等，竭力反对马克思·缪勒的自然主义观点，特别强调语言的社会因素。——校注

③ 卡尔·勃鲁格曼(1849—1919)，德国语言学家，毕生致力于印欧系语言的历史比较研究。他的重要著作有《希腊语语法》(1887)，《印度日耳曼语比较语法纲要》(1886)和《印度日耳曼语比较语法简编》等。1878年和奥斯特霍夫合编《形态学研究》，其中的序言就是新语法学派的一篇宣言。——校注

④ 奥斯特霍夫(1847—1907)，德国语言学家，新语法学派主要成员之一。他的重要著作有《印度日耳曼语名词词干结构领域内的研究》(1875)，《名词合成词中的动词》(1878)等等。——校注

恩(W. Braune)①,西佛士(E. Sievers)②,保罗(H. Paul)③,斯拉夫语语言学家雷斯琴(Leskien)④等等。他们的功绩是把比较所获得的一切成果都置于历史的展望之下,从而使各种事实联成自然的顺序。由于他们的努力,人们已不再把语言看作一种自我发展的有机体,而是语言集团集体精神产物。同时人们顿时也明白了语文学和比较语法的观念是多么错误和有缺陷⑤。然而,这一学派的贡献虽然很大,我们却不能说它对于全部问题都已阐述得很清楚。直到今天,普通语言学的基本问题还有待于解决。

---

① 布劳恩(1850—1926),德国语言学家,日耳曼语语文学家,曾出版古德语文献,峨特语和古高德语语法文选多种,1874年和保罗合编《语言和文学史集刊》,颇负盛名。——校注

② 西佛士(1850—1932),德国语言学家,语音学家,普通语音学奠基者之一。他的重要著作有《语音学纲要》(1881),《古日耳曼语音律学》(1893),《格律·旋律研究》(1912),《语音分析的目的和方法》(1924)等。——校注

③ 保罗(1846—1921),德国语言学家,日耳曼语专家。他的主要著作有《中古高德语语法》(1881),《德语语法》(1916);1880年出版的《语言史原理》是新语法学派的一本最重要的理论著作。——校注

④ 雷斯琴(1840—1917),德国语言学家,斯拉夫语专家,曾著《古保加利亚语手册》(1871),《塞尔维亚·克罗地亚语语法》(1914),《立陶宛语名词结构》(1891)等书;1876年出版的《斯拉夫·立陶宛语和日耳曼语的名词变格》曾把斯拉夫语和日耳曼语加以对比。——校注

⑤ 这个新学派由于比较接近实际,曾对比较语法学家所用的术语,特别是其中不合逻辑的隐喻进行了斗争。从此以后,人们不敢再说"语言做这样,做那样",也不敢提到"语言的生命"等等了,因为语言不是实体,而只存在于说话者当中。但是我们也不要走得太远,只要领会这个道理就够了。有些比喻还是不可少的。要求只使用与言语活动的事实相符的术语,那就无异于冒称这些事实对于我们已没有什么奥妙了。那还差得很远呢!因此,我们有时也毫不犹豫地采用一些当时所谴责的说法。——原编注

# 第二章　语言学的材料和任务；
　　　它和毗邻科学的关系

　　语言学的材料首先是由人类言语活动的一切表现构成的,不管是未开化的人的还是开化民族的,是上古时代、古典时代的,还是衰微时代的。对每个时期,不仅要注意正确的语言和"优美的语言",而且要注意一切的表达形式。不仅如此:言语活动往往不是人们所能观察得到的,因此,语言学家就应该注意书面文献,因为只有书面文献才能使他认识过去的语言或远方的语言。

　　语言学的任务是:

　　(a)对一切能够得到的语言进行描写并整理它们的历史,那就是,整理各语系的历史,尽可能重建每个语系的母语;

　　(b)寻求在一切语言中永恒地普遍地起作用的力量,整理出能够概括一切历史特殊现象的一般规律;

　　(c)确定自己的界限和定义。

　　语言学和其他科学有极其密切的关系,它们有时从它借用资料,有时向它提供资料。其间的界限并不总是很清楚的。例如我们应该把语言学同民族学和史前史仔细区别开来,在这里,语言只向它们提供资料。我们也应该把语言学同人类学区别开来,人类学是从人种的观点研究人类的,而语言却是一种社会事实。但是

## 第二章 语言学的材料和任务；它和毗邻科学的关系

这样一来，我们是否要把语言学归入社会学呢？语言学和社会心理学究竟有什么关系呢？语言中的一切，包括它的物质的和机械的表现，比如声音的变化，归根到底都是心理的[①]。语言学既然向社会心理学提供这样宝贵的资料，它是否就是社会心理学的一部分呢？这许多问题，我们在这里只是轻提一笔，下面还要再谈。

语言学和生理学的关系却并不怎么难于看清楚。这种关系是单方面的，因为语言的研究要求发音生理学作某些解释，而它自己对发音生理学却什么也不提供。无论如何，要把这两种学科混为一谈是不可能的：我们将可以看到，语言的本质跟语言符号的声音性质没有什么关系。

至于语文学，我们已经确定，它跟语言学有明显的区别，尽管这两门科学也有它们的接触之点，并且要互相借重。

最后，语言学有什么用途呢？很少人在这一点上有明确的概念，我们不准备在这里加以确定。但是，比方说，语言学问题会使一切要利用文献的人如历史学家、语文学家等等发生兴趣，那是很明显的。更明显的是它对一般教养很重要：在个人生活和社会生活中，言语活动比其他任何因素都更重要。我们不能容忍语言研究还只是几个专家的事情。事实上，每个人都或多或少在研究语言。但是，对语言发生兴趣的意想不到的后果是，没有任何领域曾经孕育出这么多的荒谬观念、偏见、迷梦和虚构。从心理学观点看，这些错误都是不能忽视的，而语言学家的任务首先就是要揭破这些错误，并尽可能全部加以消除。

---

[①] 德·索绪尔属于社会心理学派，认为社会学就是社会心理学。他在这里谈到了语言学和许多毗邻科学的关系，唯独没有谈到语言学和物理学的关系，因为他把语言中的一切，连它的物质的和机械的表现，都看作是心理的。——校注

# 第三章　语言学的对象

## §1. 语言；它的定义

语言学的又完整又具体的对象是什么呢？这个问题特别难以回答，原因将在下面说明，这里只限于使大家了解这种困难。

别的科学都是对预先确定了的对象进行工作，接着就可以从不同的观点去加以考虑。在我们的领域里，情况却不是这样。有人发出法语 nu "赤裸裸的" 这个词，一个肤浅的观察者在这里也许会看到一个具体的语言学对象；但是仔细考察一下，人们将会按照不同的看法连续找到三四个完全不同的事物，如把它看作一个声音，一种观念的表达，一个跟拉丁语 nūdum 相对应的词[①]等等。那远不是对象在观点之前，人们将会说，这是观点创造了对象，而且我们也没法预先知道，在这种种看法中，哪一种比其他的优越。

此外，不管我们采用哪一种看法，语言现象总有两个方面，这两个方面是互相对应的，而且其中的一个要有另外一个才能有它

---

[①]　法语的 nu 这个词和民间拉丁语的 nudo 相对应，到十一世纪末才由民间拉丁语的 nudo 变成了现代法语的 nu。它跟古典拉丁语的 nūdum 没有直接联系。德·索绪尔在这里认为法语的 nu 和拉丁语的 nūdum 相对应，这是一种比较简单的说法。——校注

的价值。例如：

（1）人们发出的音节是耳朵听得到的音响印象，但是声音没有发音器官就不能存在；例如一个 n 音只因有这两个方面的对应才能存在。所以我们不能把语言归结为声音，也不能使声音脱离口头上的发音；反过来说，撇开了音响印象也就无从确定发音器官的动作（参看以下第 57 页）。

（2）就算声音是简单的东西，它是否就构成言语活动了呢？不，它只是思想的工具；它本身不能单独存在。在这里又出现了一种新的可怕的对应：声音是音响·发音的复合单位，它跟观念结合起来又构成了生理·心理的复合单位。事情还不只是这样。

（3）言语活动有个人的一面，又有社会的一面；没有这一面就无从设想另一面。

（4）在任何时候，言语活动既包含一个已定的系统，又包含一种演变；在任何时候，它都是现行的制度和过去的产物。乍一看来，把这个系统和它的历史，把它的现状和过去的状态区别开来似乎很简单；实际上两者的关系非常密切；很难把它们截然分开。假如我们从起源方面去考虑语言现象，例如从研究儿童的言语活动开始，问题会不会变得简单些呢？不，因为就言语活动来说，认为起源的问题和恒常条件的问题有什么不同，那是非常错误的；所以我们还是跳不出圈子。

因此，我们无论从哪一方面去着手解决问题，任何地方都找不着语言学的完整的对象；处处都会碰到这样一种进退两难的窘境：要么只执著于每个问题的一个方面，冒着看不见上述二重性的危险；要么同时从几个方面去研究言语活动，这样，语言学的对象就像是乱七八糟的一堆离奇古怪、彼此毫无联系的东西。两种做法都将为好几种科学——心理学、人类学、规范语法、语文学等等——同时敞开大门；这几种科学，我们要把它们跟语言学划分清楚，但是由于用上了错误的方法，它们都将会要求言语活动作为它们的一个对象。

在我们看来，要解决这一切困难只有一个办法：一开始就站在语言的阵地上，把它当作言语活动的其他一切表现的准则。事实上，在这许多二重性当中，看来只有语言可能有一个独立的定义，为人们的精神提供一个差强人意的支点。

但语言是什么呢？在我们看来，语言和言语活动不能混为一谈；它只是言语活动的一个确定的部分，而且当然是一个主要的部分。它既是言语机能的社会产物，又是社会集团为了使个人有可能行使这机能所采用的一整套必不可少的规约。整个来看，言语活动是多方面的、性质复杂的，同时跨着物理、生理和心理几个领域，它还属于个人的领域和社会的领域。我们没法把它归入任何一个人文事实的范畴，因为不知道怎样去理出它的统一体。

相反，语言本身就是一个整体、一个分类的原则。我们一旦在言语活动的事实中给以首要的地位，就在一个不容许作其他任何分类的整体中引入一种自然的秩序。

也许有人会反对这样一个分类的原则，认为言语活动的运用要以我们的天赋机能为基础，而语言却是某种后天获得的、约定俗成的东西，它应该从属于自然的本能，而不应该居于它之上。

我们可以这样回答：

首先，人们还没有证明，说话时所表现的言语活动的功能完全

## 第三章　语言学的对象

出于天赋,就是说,人体之有发音器官是为了说话,正如双腿是为了行走一样。语言学家关于这一点的意见很不一致。例如辉特尼就把语言看做一种社会制度,跟其他一切社会制度一样。在他看来,我们之所以使用发音器官作为语言的工具,只是出于偶然,只是为了方便起见:人类本来也可以选择手势,使用视觉形象,而不使用音响形象①。他的这番议论无疑太绝对了;语言并不是在任何一点上都跟其他社会制度相同的社会制度(参看第103页以下和第105页)。此外,辉特尼说我们之所以选择发音器官只是出于偶然,也未免走得太远;这选择在某种程度上其实是自然强加于我们的。但是在主要论点上,我们觉得这位美国语言学家是对的:语言是一种约定俗成的东西,人们同意使用什么符号,这符号的性质是无关轻重的。所以,关于发音器官的问题,在言语活动的问题上是次要的。

这种想法可以用人们对于所谓 langage articulé(分节语)所下的定义来加以证实。拉丁语 articulus 的意思是"肢体、部分,一连串事物的小区分"。就言语活动来说,articulation(分节)可以指把语链分成音节,也可以指把意链分成意义单位;德语的 gegliederte Sprache 正是就这个意义来说的。根据这个定义,我们可以说,对人类天赋的不是口头的言语活动,而是构成语言——即一套和不同的观念相当的不同的符号——的机能。

---

① 辉持尼的这些话,见于他所著的《语言和语言研究》第十四章。——校注

卜洛卡(Broca)①发现说话的机能位于左大脑第三额回,人们也就根据这一点认为言语活动有天赋的性质。但是大家知道,这个定位已被证明是跟言语活动的一切,其中包括文字,有关的。这些证明,加上人们对于因为这一部位的神经中枢受损害而引起的各种形式的失语症所作的观察,似乎可以表明:(1)口头言语活动的各种错乱跟书写言语活动有千丝万缕的联系;(2)在任何失语症或失书症的病例中,受影响的,与其说是发出某些声音或写出某些符号的机能,不如说是使用某种工具——不管是什么工具——来唤起正常的言语活动中的符号的机能。这一切使我们相信,在各种器官的运用上面有一种更一般的机能,指挥各种符号的机能,那可正好是语言机能。我们上述的结论就是从这里得出的。

为了使语言在言语活动的研究中占首要地位,我们最后还可以提出这样的论据:人们说话的机能——不管是天赋的或非天赋的——只有借助于集体所创造和提供的工具才能运用;所以,说语言使言语活动成为统一体,那绝不是什么空想。

## §2. 语言在言语活动事实中的地位

要在整个言语活动中找出与语言相当的部分,必须仔细考察可以把言语循环重建出来的个人行为。这种行为至少要有两个人

---

① 卜洛卡(1824—1880),法国解剖学家兼外科医生。他研究人脑结构,曾发现人们的言语发动中枢位于左大脑第三额回,它跟语言音响中枢和书写中枢有紧密联系。这些神经中枢受到损害,就会引起失语症和失书症。——校注

第三章　语言学的对象

参加：这是使循环完整的最低限度的人数。所以，假设有甲乙两个人在交谈：

循环的出发点是在对话者之一例如甲的脑子里，在这里，被称为概念的意识事实是跟用来表达它们的语言符号的表象或音响形

象联结在一起的。假设某一个概念在脑子里引起一个相应的音响形象，这完全是一个心理现象。接着是一个生理过程：脑子把一个与那音响形象有相互关系的冲动传递给发音器官，然后把声波从甲的口里播送到乙的耳朵；这是纯粹的物理过程。随后，循环在乙方以相反的程序继续着：从耳朵到脑子，这是音响形象在生理上的传递；在脑子里，是这形象和相应的概念在心理上的联结[①]。如果轮到乙方说话，这新的行为就继续下去——从他的脑子到甲方的脑子——进程跟前一个完全相同，连续经过同一些阶段，可以图示如下页：

这分析当然不是很完备的；我们还可以区分出：纯粹的音响感觉，音响感觉和潜在的音响形象的合一，发音的肌动形象，等等。

---

[①] 德·索绪尔对于心理现象的分析，一般采用了德国赫尔巴特（Herbart）联想心理学的术语和概念，这使他和新语法学派很接近。试参看德尔勃吕克的《语言学的基本问题》和保罗的《语言史原理》。——校注

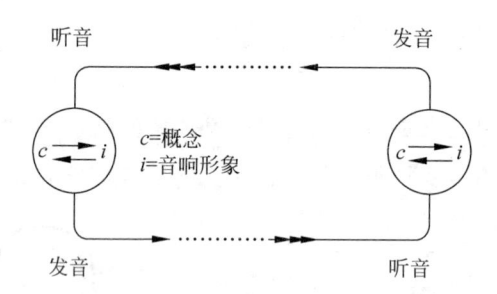

```
        听音                      发音
         ┌──────◄──────◄──────┐
         │   ┌─────┐           │
         │   │ c→  │  c=概念    │
         │   │ ←i  │  i=音响形象 │
         │   └─────┘           │
         └──────►──────►──────┘
        发音                      听音
```

我们考虑的只是大家认为是主要的要素；但是上图已能使我们把物理部分(声波)同生理部分(发音和听音)和心理部分(词语形象和概念)一举区别开来。重要的是不要把词语形象和声音本身混为一谈，它和跟它联结在一起的概念都是心理现象。

上述循环还可以分为：

(a) 外面部分(声音从口到耳的振动)和包括其余一切的里面部分；

(b) 心理部分和非心理部分，后者既包括由发音器官发出的生理事实，也包括个人以外的物理事实；

(c) 主动部分和被动部分：凡从说话者的联想中枢到听者的耳朵的一切都属主动部分，凡从听者的耳朵到他的联想中枢的一切都属被动部分；

最后，在脑子里的心理部分中，凡属主动的一切(c→i)都可以称为执行的部分，凡属被动的一切(i→c)都可以称为接受的部分。

此外，我们还要加上一个联合和配置的机能。只要不是孤立的符号，到处都可以看到这个机能；它在作为系统的语言的组织中起着最大的作用(参看以下第165页)。

但是要彻底了解这种作用,我们必须离开个人行为,走向社会事实,因为个人行为只是言语活动的胚胎。

在由言语活动联系起来的每个个人当中,会建立起一种平均数:每个人都在复制(当然不是很确切地,而只是近似地)与相同的概念结合在一起的相同的符号。

这种社会的晶化是怎么来的呢?上述循环中的哪一部分可能是跟它有关的呢?因为很可能不是任何部分都同样在里面起作用的。

我们首先可以把物理部分撇开。当我们听到人家说一种我们不懂的语言的时候,我们的确听到一些声音,但是由于我们不了解,我们仍然是在社会事实之外。

心理部分也不是全部起作用的:执行的一方是没有关系的,因为执行永远不是由集体,而是由个人进行的。个人永远是它的主人;我们管它叫言语。

由于接受机能和配置机能的运用,在说话者当中形成了一些大家都觉得是相同的印迹。我们究竟应该怎样去设想这种社会产物,才能使语言看来是完全跟其他一切分立的呢?如果我们能够全部掌握储存在每个人脑子里的词语形象,也许会接触到构成语言的社会纽带。这是通过言语实践存放在某一社会集团全体成员中的宝库,一个潜存在每一个人的脑子里,或者说得更确切些,潜存在一群人的脑子里的语法体系;因为在任何人的脑子里,语言都是不完备的,它只有在集体中才能完全存在。

把语言和言语分开,我们一下子就把(1)什么是社会的,什么是个人的;(2)什么是主要的,什么是从属的和多少是偶然的分开来了。

语言不是说话者的一种功能,它是个人被动地记录下来的产物;它从来不需要什么深思熟虑,思考也只是为了分类的活动才插进手来,这将是我们在以下第 165 页所要讨论的问题。

相反,言语却是个人的意志和智能的行为,其中应该区别开:(1)说话者赖以运用语言规则表达他的个人思想的组合;(2)使他有可能把这些组合表露出来的心理·物理机构。

应该注意,我们是给事物下定义,而不是给词下定义,因此,我们所确立的区别不必因为各种语言有某些意义不尽相符的含糊的术语而觉得有什么可怕。例如,德语的 Sprache 是"语言"和"言语活动"的意思;Rede 大致相当于"言语",但要加上"谈话"的特殊意味。拉丁语的 sermo 毋宁说是指"言语活动"和"言语",而 lingua 却是"语言"的意思,如此等等。没有一个词跟上面所确定的任何一个概念完全相当。因此,对词下任何定义都是徒劳的;从词出发给事物下定义是一个要不得的办法。

语言的特征可以概括如下:

(1)它是言语活动事实的混杂的总体中一个十分确定的对象。我们可以把它定位在循环中听觉形象和概念相联结的那确定的部分。它是言语活动的社会部分,个人以外的东西;个人独自不能创造语言,也不能改变语言;它只凭社会的成员间通过的一种契约而存在。另一方面,个人必须经过一个见习期才能懂得它的运用;儿童只能一点一滴地掌握它。它是一种很明确的东西,一个人即使丧失了使用言语的能力,只要能理解所听到的声音符号,还算是保持着语言。

(2) 语言和言语不同，它是人们能够分出来加以研究的对象。我们虽已不再说死去的语言，但是完全能够掌握它们的语言机构。语言科学不仅可以没有言语活动的其他要素，而且正要没有这些要素掺杂在里面，才能够建立起来。

(3) 言语活动是异质的，而这样规定下来的语言却是同质的：它是一种符号系统；在这系统里，只有意义和音响形象的结合是主要的；在这系统里，符号的两个部分都是心理的。

(4) 语言这个对象在具体性上比之言语毫无逊色，这对于研究特别有利。语言符号虽然主要是心理的，但并不是抽象的概念；由于集体的同意而得到认可，其全体即构成语言的那种种联结，都是实在的东西，它们的所在地就在我们脑子里。此外，语言的符号可以说都是可以捉摸的；文字把它们固定在约定俗成的形象里。但是要把言语行为的一切细节都摄成照片却是不可能的；一个词的发音，哪怕是一个很短的词的发音，都是无数肌肉运动的结果，是极难以认识和描绘的。相反，语言中只有音响形象，我们可以把它们译成固定的视觉形象。因为把言语中实现音响形象的许许多多动作撇开不谈，那么，我们将可以看到，每个音响形象也不过是若干为数有限的要素或音位的总和，我们还可以在文字中用相应数量的符号把它们唤起。正是这种把有关语言的事实固定下来的可能性使得一本词典和语法能够成为语言的忠实代表；语言既然是音响形象的堆栈，文字就是这些形象的可以捉摸的形式。

## §3. 语言在人文事实中的地位：符号学

语言的这些特征可以使我们发现另外一个更重要的特征。在言语活动的全部事实中这样划定了界限的语言，可以归入人文事实一类，而言语活动却不可能。

我们刚才已经看到，语言是一种社会制度；但是有几个特点使它和政治、法律等其他制度不同。要了解它的特殊性质，我们必须援引另一类新的事实。

语言是一种表达观念的符号系统，因此，可以比之于文字、聋哑人的字母、象征仪式、礼节形式、军用信号等等。它只是这些系统中最重要的。

因此，我们可以设想有一门研究社会生活中符号生命的科学；它将构成社会心理学的一部分，因而也是普通心理学的一部分；我们管它叫符号学（sémiologie①，来自希腊语 sēmeîon"符号"）。它将告诉我们符号是由什么构成的，受什么规律支配。因为这门科学还不存在，我们说不出它将会是什么样子，但是它有存在的权利，它的地位是预先确定了的。语言学不过是这门一般科学的一部分，将来符号学发现的规律也可以应用于语言学，所以后者将属于全部人文事实中一个非常确定的领域。

---

① 仔细不要把符号学和语义学混为一谈。语义学是研究语义的变化的，德·索绪尔没有作过有系统的阐述；但是在第 105 页我们可以找到他所表述的基本原理。——原编者注

确定符号学的恰当地位，这是心理学家的事①，语言学家的任务是要确定究竟是什么使得语言在全部符号事实中成为一个特殊的系统。这个问题我们回头再谈，在这里只提出一点：如果我们能够在各门科学中第一次为语言学指定一个地位，那是因为我们已把它归属于符号学。

为什么大家还不承认符号学是一门独立的科学，像其他任何科学一样有它自己的研究对象呢？因为大家老是在一个圈子里打转：一方面，语言比任何东西都更适宜于使人了解符号学问题的性质，但是要把问题提得适当，又必须研究语言本身；可是直到现在，人们差不多老是把它当作别的东西，从别的观点去进行研究。

首先是大众有一种很肤浅的理解，只把语言看作一种分类命名集（参看第100页），这样就取消了对它的真正性质作任何探讨。

其次是心理学家的观点，它要研究个人脑海中符号的机构：这方法是最容易的，但是跨不出个人执行的范围，和符号沾不上边，因为符号在本质上是社会的。

或者，就算看到了符号应该从社会方面去进行研究，大家也只注意到语言中那些使它归属于其他制度，即多少依靠人们的意志的制度的特征。这样就没有对准目标，把那些一般地只属于符号系统和特殊地属于语言的特征忽略了。因为符号在某种程度上总要逃避个人的或社会的意志，这就是它的主要的特征；但这正是乍

---

① 参看纳维尔（Ad. Naville）的《科学的分类》第二版，第104页。——原编者注
按关于符号学的范围，摩里斯（Charles Morris）在《符号，语言和行为》（1946）一书中有所论述。——校注

看起来最不明显的。

　　正因为这个特征只在语言中显露得最清楚,而它却正是在人们研究得最少的地方表现出来,结果,人们就看不出一门符号科学有什么必要或特殊效用。相反,依我们看来,语言的问题主要是符号学的问题,我们的全部论证都从这一重要的事实获得意义。要发现语言的真正本质,首先必须知道它跟其他一切同类的符号系统有什么共同点。有些语言的因素乍一看来似乎很重要(例如发音器官的作用),但如果只能用来使语言区别于其他系统,那就只好放到次要的地位去考虑。这样做,不仅可以阐明语言的问题,而且我们认为,把仪礼、习惯等等看作符号,这些事实也将显得完全是另一种样子。到那时,人们将会感到有必要把它们划归符号学,并用这门科学的规律去进行解释。

# 第四章　语言的语言学和言语的语言学

我们在全部言语活动的研究中为语言科学安排好了它的真正的位置，同时也就确定了整个语言学的地位。言语活动中其他一切构成言语的要素都会自动来归附于这头一门科学；正是由于这种归附，语言学的各部分也就都找到了它们的自然的位置。

例如，试就言语所必需的发音来考虑：发音器官对于语言是外在的东西，正如用来转写莫尔斯电码的发报机对于这电码是外在的东西一样；而且发音，即音响形象的实施，绝不会影响到系统本身。在这一方面，我们可以把语言比之于交响乐，它的现实性是跟演奏的方法无关的；演奏交响乐的乐师可能犯的错误绝不致损害这现实性。

我们这样把发音和语言分开，也许有人会提出语音演变，即在言语中发生并对语言本身的命运具有深远影响的声音变化来加以反驳。我们果真有权利认为，语言是不依靠这些现象而独立存在的吗？是的，因为这些现象只能影响到词的物质材料。如果侵蚀到作为符号系统的语言，那也是通过由此产生的解释上的变化间接地进行的，可是这种现象绝对不是语音上的（参看第114页）。寻求这些变化的原因也许是很有趣味的，而且语音的研究在这一点上会对我们有很大帮助；但这不是主要的：对语言科学来说，只要看到语音变化并估计到它们的效果也就够了。

我们所说的关于发音的这些话，也适用于言语的其他任何部分。说话者的活动应该在许多学科中研究，这些学科只有跟语言有关，才能在语言学中占一席地。

因此，言语活动的研究就包含着两部分：一部分是主要的，它以实质上是社会的、不依赖于个人的语言为研究对象，这种研究纯粹是心理的；另一部分是次要的，它以言语活动的个人部分，即言语，其中包括发音，为研究对象，它是心理·物理的。

毫无疑问，这两个对象是紧密相联而且互为前提的：要言语为人所理解，并产生它的一切效果，必须有语言；但是要使语言能够建立，也必须有言语。从历史上看，言语的事实总是在前的。如果人们不是先在言语行为中碰到观念和词语形象的联结，他怎么会进行这种联结呢？另一方面，我们总是听见别人说话才学会自己的母语的；它要经过无数次的经验，才能储存在我们的脑子里。最后，促使语言演变的是言语：听别人说话所获得的印象改变着我们的语言习惯。由此可见，语言和言语是互相依存的；语言既是言语的工具，又是言语的产物。但是这一切并不妨碍它们是两种绝对不同的东西。

语言以许多储存于每个人脑子里的印迹的形式存在于集体中，有点像把同样的词典分发给每个人使用（参看第 21 页）。所以，语言是每个人都具有的东西，同时对任何人又都是共同的，而且是在储存人的意志之外的。语言的这种存在方式可表以如下的公式：

## 第四章 语言的语言学和言语的语言学

$$1+1+1+\cdots\cdots=1(集体模型)$$

言语在这同一集体中是什么样的呢?它是人们所说的话的总和,其中包括:(a)以说话人的意志为转移的个人的组合,(b)实现这些组合所必需的同样是与意志有关的发音行为。

所以在言语中没有任何东西是集体的;它的表现是个人的和暂时的。在这里只有许多特殊情况的总和,其公式如下:

$$(1+1'+1''+1'''\cdots\cdots)$$

根据这一切理由,要用同一个观点把语言和言语联合起来,简直是幻想。言语活动的整体是没法认识的,因为它并不是同质的,但上面提到的区别和归附关系却可以阐明一切。

这就是我们在建立言语活动理论时遇到的第一条分叉路。两条路不能同时走,我们必须有所选择;它们应该分开走。

如果必要,这两门学科都可以保留语言学这个名称,我们并且可以说有一种言语的语言学。但是不要把它和固有意义的语言学混为一谈,后者是以语言为唯一对象的。

我们将只讨论后一种语言学;如果本陈述的过程中有时要借助于有关言语研究的知识,我们也将力求不抹杀这两个领域的界限。

# 第五章　语言的内部要素和外部要素

我们的关于语言的定义是要把一切跟语言的组织、语言的系统无关的东西，简言之，一切我们用"外部语言学"这个术语所指的东西排除出去的。可是外部语言学所研究的却是一些很重要的东西；我们着手研究言语活动的时候想到的也正是这些东西。

首先是语言学和民族学的一切接触点，语言史和种族史或文化史之间可能存在的一切关系。这两种史总是混杂在一起的，彼此之间有相互关系。这有点像固有语言现象之间的对应关系（参看第 14 页以下）。一个民族的风俗习惯常会在它的语言中有所反映，另一方面，在很大程度上，构成民族的也正是语言。

其次，必须提到语言和政治史的关系。有些历史上的大事件，例如罗马人的征服其他民族，对于许多语言事实有无可估量的影响①。殖民只是征服的一种形式，它把一种语言移植到不同的环境，结果引起了这种语言的变化。我们可以举出各种事实来加以证明。例如挪威在政治上和丹麦联合时曾采用过丹麦语；诚然，挪

---

① 罗马人于罗马帝国极盛时代征服了西欧的许多国家，使拉丁语在这些地区取得了统治地位，其后同当地语言发生融合，变成了现在各罗曼族语言。——校注

## 第五章 语言的内部要素和外部要素

威人今天正要摆脱这种语言的影响①。国家的内政对于语言的生命也同样重要：某些政府，例如瑞士，容许几种语言同时并存②；另外一些政府，例如法国，却希望语言统一③。高度的文明有利于某些特殊语言（法律语言，科学术语等等）的发展。

第三点是语言和各种制度如教会、学校等的关系。这些制度和一种语言的文学发展又有密切的联系；这更是一种同政治史分不开的普遍现象。文学语言在任何方面都超越了文学为它划定的界限；例如沙龙、宫廷、科学院都对它发生影响。另一方面，文学语言又提出了它和地方方言发生冲突的重大问题（参看第 271 页以下）；语言学家还应该考察书面语和口语的相互关系；因为任何文学语言都是文化的产物，到头来都会使它的生存范围脱离自然的范围，即口语的范围。

最后，凡与语言在地理上的扩展和方言分裂有关的一切，都属外部语言学的范围。毫无疑问，正是在这一点上，外部语言学和内部语言学的区别看来似乎最没有道理，因为地理的现象和任何语言的存在都是紧密地联系在一起的；可是，实际上，它并没有触及语言的内部机构。

有人认为，把所有这些问题和固有意义的语言研究分开是绝对不可能的。特别是自从人们强调"Realia"（实物知识）以来，这就

---

① 挪威在中世纪末叶和丹麦结成联盟，曾采用丹麦的 riksmål 语，到十九世纪初才开始摆脱这种语言的影响，推行一种以挪威方言为基础的 landsmål 语。——校注
② 瑞士没有自己的语言，现在国内同时使用德语、法语、意大利语等几种语言。——校注
③ 法国政府只承认一种以法兰西岛方言为基础的法语，这是它的正式语言，尽管各地还或多或少有一些方言。——校注

是一个很流行的观点①。

正如植物会因受外部因素如土壤、气候等的影响而改变它的内部机构一样，难道语法机构不也经常要依赖于语言变化的外部因素吗②？语言里有许多技术上的术语和借词，如果不考虑到它们的来源，似乎很不好解释。一种语言的自然的、有机的发展，我们能把它跟那语言由于外部的，因而是无机的因素而形成的人为的形式，比方文学语言，区别开来吗？我们不是经常看见共同语和地方方言并肩发展吗？

我们认为，外部语言现象的研究是富有成果的；但是不能说，没有这些现象就不能认识语言的内部机构。试以外来借词为例：我们首先可以看到它绝对不是语言生命中的经常要素。在某些偏僻的山谷中有些土语可以说从来没有从外面接受过任何人为的词语，我们难道可以说，这些语言处在言语活动的正常条件之外，不能说明言语活动，而且正因为它们没有经受过混合，所以要对它们进行一种"畸形学的"研究吗？但是借词只要放到系统当中去研究，首先就不算是借词了；它会跟任何土生土长的符号一样，只因与它有关联的词的关系和对立而存在。一般地说，一种语言曾在什么环境中发展，是并不一定要知道的。有些语言，例如禅德语③和古斯拉夫语，我们甚至并不确切地知道过去是哪些民族说的，但

---

① 德语常用"Realia"这个词来指生活中的物质事实，事物的形状、大小等等。这里所说的特别是指舒哈尔德（Schuchardt）所主张的文化史理论。他认为"词物史"（Sachwortgeschicht）是语言学的基本任务。——校注

② 这句话引自拉法格（Lafargue）的《革命前和革命后的法语》。——校注

③ 波斯人注释火祆教经典《阿味斯达》所用的语言，一般认为是代表中古波斯语的贝尔维语，但也有人说是波斯西北部或东北部的一种方言。——校注

是这并不妨碍我们从内部研究这些语言和了解它们所经受过的变化。无论如何，把这两种观点分开是必不可少的，这一点我们遵守得越严格越好。

最好的证据是每种观点都创立了不同的方法。外部语言学可以把各种细节一件件地堆积起来而不致感到被系统的老虎钳钳住。例如每个作者都能按照自己的理解把一种语言在它的领域以外扩展的事实作出归类；他如果想要找出是什么因素在各种方言面前创造了一种文学语言，常可以采用简单的列举法；如果他把事实安排得多少有点条理，那只是为了眉目清楚的需要。

至于内部语言学，情况却完全不同：它不容许随意安排；语言是一个系统，它只知道自己固有的秩序。把它跟国际象棋相比，将更可以使人感觉到这一点。在这里，要区别什么是外部的，什么是内部的，是比较容易的：国际象棋由波斯传到欧洲，这是外部的事实，反之，一切与系统和规则有关的都是内部的。例如我把木头的棋子换成象牙的棋子，这种改变对于系统是无关紧要的；但是假如我减少或增加了棋子的数目，那么，这种改变就会深深影响到"棋法"。不错，要作出这种区别，需要一定的注意。例如，在任何情况下，人们都会提出有关现象的性质问题，而要解决这个问题，我们必须遵守这条规则：一切在任何程度上改变了系统的，都是内部的。

# 第六章　文字表现语言

## §1. 研究这个题目的必要性

我们研究的具体对象是储存在每个人脑子里的社会产物，即语言。但这种产物是随语言集体而不同的：我们有许多语言。语言学家必须认识尽可能多的语言，对它们进行观察和比较，从其中抽取出具有普遍性的东西。

我们一般只通过文字来认识语言。研究母语也常要利用文献。如果那是一种远离我们的语言，还要求助于书写的证据，对于那些已经不存在的语言更是这样。要使任何场合都能利用直接的文献，我们必须像当前在维也纳和巴黎所做的那样[①]，随时收集各种语言的留声机录音的样本。可是这样记录下来的原件要为他人所认识，还须求助于文字。

因此，文字本身虽然与内部系统无关，我们也不能不重视这种经常用来表现语言的手段；我们必须认识它的效用、缺点和危险。

---

[①] 维也纳和巴黎是当时世界上两个最早和规模最大的实验语音学研究中心，各藏有很丰富的用留声机纪录的各种语言的音档。——校注

## §2. 文字的威望：文字凌驾于口语形式的原因

语言和文字是两种不同的符号系统，后者唯一的存在理由是在于表现前者。语言学的对象不是书写的词和口说的词的结合，而是由后者单独构成的。但是书写的词常跟它所表现的口说的词紧密地混在一起，结果篡夺了主要的作用；人们终于把声音符号的代表看得和这符号本身一样重要或比它更加重要。这好像人们相信，要认识一个人，与其看他的面貌，不如看他的照片。

这种错觉是任何时候都存在的，目前有人兜售的关于语言的见解也沾上了它的污点。例如人们普遍相信，要是没有文字，语言会变化得更快：这是极其错误的。诚然，在某些情况下，文字可能延缓语言的变化，但是，反过来，没有文字，绝不会损害语言的保存的。立陶宛语今天在东普鲁士和俄国的一部分还有人说[①]，它是从1540年起才有书面文献的；但是就在这很晚的时期，它的面貌总的说来却跟公元前三世纪的拉丁语一样忠实地反映出印欧语的情况[②]。只这一点已足以表明语言是怎样离开文字而独立的。

有些很细微的语言事实是不依赖任何符号记录的帮助而被保存下来的。在整个古高德语时期，人们写的是 tōten "杀死"，

---

[①] 立陶宛语现在是苏联立陶宛共和国的正式语言、在波兰也有少数立陶宛人使用这种语言。——校注

[②] 立陶宛语在语音、词的结构、名词变格和声调方面都很接近古印欧语。——校注

fuolen"充满"和 stōzen"冲撞",到十二世纪末出现了 töten、füelen 的写法,但 stōzen 却没有改变。这种差别是从哪里来的呢?原来凡是发生这种差别的地方,后一个音节都有一个 y:原始日耳曼语有 \* daupyan,\* fōlyan,但是 \* stautan。在文学语言初期,大约是公元 800 年左右,这个 y 已逐渐弱化,以致在以后三个世纪,在文字上都没有保存它的任何迹象,但在发音上却留下了很轻微的痕迹。到 1180 年左右,正如我们上面已经看到的,它竟又神奇地以"变音"(Umlaut)的形式出现了!由此可见,即使没有文字的帮助,这个发音上的细微色彩也很准确地留传了下来。

所以语言有一种不依赖于文字的口耳相传的传统,这种传统并且是很稳固的,不过书写形式的威望使我们看不见罢了。早期的语言学家,也像他们以前的人文主义者一样,在这一点上上了当。连葆朴本人也没有把字母和语音很清楚地区别开来;读他的著作会使人相信,语言和它的字母是分不开的①。他的直接继承者也堕入了这一陷阱。擦音 þ 的写法 th 曾使格里木相信,这不仅是一个复合音,而且是一个送气塞音;他在他的辅音演变规律或"Lautverschiebung"中就是这样派定它的地位的②(参看第 197 页)。直到今天,还有些开明人士把语言和它的正字法混为一

---

① 葆朴的《比较语法》一书第一篇有一章叫做《文字系统和语音系统》,从字母和语音方面论述印欧系各种语言。他所建立的"语音定律"有时称语音,有时称字母,所以德·索绪尔在这里说他没有把字母和语音分得很清楚,读了会使人相信,语音和字母是分不开的。——校注

② 格里木在他的《德语史》中认为日耳曼语的语音演变规律是由清塞音变为送气音,送气音变为浊塞音,浊塞音变为清塞音,其中所谓送气音就包含着写成 th 的 þ [θ]这个擦音。——校注

谈。加斯东·德商(Gaston Deschamps)不是说过,贝尔特洛(Berthelot)因为反对正字法改革,"曾使法语免于沦亡"吗[①]?

但是文字何以会有这种威望呢?

(1)首先,词的书写形象使人突出地感到它是永恒的和稳固的,比语音更适宜于经久地构成语言的统一性。书写的纽带尽管是表面的,而且造成了一种完全虚假的统一性,但是比起自然的唯一真正的纽带,即声音的纽带来,更易于为人所掌握。

(2)在大多数人的脑子里,视觉印象比音响印象更为明晰和持久,因此他们更重视前者。结果,书写形象就专横起来,贬低了语音的价值。

(3)文学语言更增强了文字不应该有的重要性。它有自己的词典,自己的语法。人们在学校里是按照书本和通过书本来进行教学的。语言显然要受法规的支配,而这法规本身就是一种要人严格遵守的成文的规则:正字法。因此,文字就成了头等重要的。到头来,人们终于忘记了一个人学习说话是在学习书写之前的,而它们之间的自然关系就被颠倒过来了。

(4)最后,当语言和正字法发生龃龉的时候,除语言学家以外,任何人都很难解决争端。但是因为语言学家对这一点没有发言权,结果差不多总是书写形式占了上风,因为由它提出的任何办法都比较容易解决。于是文字就从这位元首那里僭夺了它无权取得

---

[①] 法语的正字法十分复杂,很不规则,过去已经有许多自由主义者认为是法国的一种"民族灾难",要求加以改革,但也遭到了不少人的反对,贝尔特洛就是其中反对最力的一个。——校注

的重要地位。

## §3. 文字的体系

只有两种文字的体系：

(1)表意体系。一个词只用一个符号表示,而这个符号却与词赖以构成的声音无关。这个符号和整个词发生关系,因此也就间接地和它所表达的观念发生关系。这种体系的典范例子就是汉字。

(2)通常所说的"表音"体系。它的目的是要把词中一连串连续的声音摹写出来。表音文字有时是音节的,有时是字母的,即以言语中不能再缩减的要素为基础的。

此外,表意文字很容易变成混合的:某些表意字失去了它们原有的价值,终于变成了表示孤立的声音的符号。

我们说过,书写的词在我们的心目中有代替口说的词的倾向,对这两种文字的体系来说,情况都是这样,但是在头一种体系里,这倾向更为强烈。对汉人来说,表意字和口说的词都是观念的符号；在他们看来,文字就是第二语言。在谈话中,如果有两个口说的词发音相同,他们有时就求助于书写的词来说明他们的思想。但是这种代替因为可能是绝对的,所以不致像在我们的文字里那样引起令人烦恼的后果。汉语各种方言表示同一观念的词都可以用相同的书写符号。

我们的研究将只限于表音体系,特别是只限于今天使用的以希腊字母为原始型的体系①。只要不是借来的、已经沾上了自相矛盾的污点的字母,起初的字母总是相当合理地反映着语言。从逻辑方面看,我们在第 58 页将可以看到,希腊字母是特别值得注意的。但是这种写法和发音间的和谐不能持久。为什么呢?这是我们要考察的。

## §4. 写法和发音发生龃龉的原因

原因很多,我们只谈其中一些最重要的。

首先,语言是不断发展的,而文字却有停滞不前的倾向,后来写法终于变成了不符合于它所应该表现的东西。在某一时期合理的记音,过了一个世纪就成了不合理的了。有时人们要改变书写符号来适应发音上的变化,过后却又把它放弃了。例如法语的 oi 是这样的:

|  | 发音 | 写法 |
|---|---|---|
| 十一世纪……1. | rei, lei | rei, lei |
| 十三世纪……2. | roi, loi | roi, loi |
| 十四世纪……3. | roè, loè | roi, loi |
| 十九世纪……4. | rwa, lwa | roi, loi② |

---

① 希腊字母源出于腓尼基,大约公元前七世纪由希腊传到埃特鲁利亚,再由埃特鲁利亚传到罗马,演变成为今天的拉丁字母。另一方面,由希腊字母变成基利耳字母,再由基利耳字母变成今天的斯拉夫字母。德·索绪尔在这里谈的主要是拉丁字母。——校注

② 法语的 roi "国王"来自拉丁语的 regem,loi "法律"来自拉丁语的 legem,现在的写法反映着十三世纪的发音;十四世纪以后,发音变了,而写法并没有跟着改变。——校注

由此可见，直到第二个时期，人们还注意到发音上的变化，书写史上的阶段与语言史上的阶段相当。但是从十四世纪起文字已经固定下来，而语言还继续发展，从那以后，语言和正字法之间的龃龉就越来越严重。最后，由于人们不断弥合二者的不和而对文字体系本身产生了反作用，于是书写形式 oi 就获得了与它所由构成的要素无关的价值。

这样的例子不胜枚举。例如人们为什么把我们的发音 mè 和 fè 写成 mais"但是"和 fait"事实"呢[①]？法语的 c 为什么往往有 s 的价值呢[②]？这是因为我们保存了一些已经没有存在理由的写法。

这个原因在任何时候都会起作用：法语的腭化 l 现在已经变成 y；我们说 éveyer，mouyer，就像说 essuyer"揩"，nettoyer"清除"一样，但是还继续写成 éveiller"唤醒"，mouiller"浸湿"[③]。

写法和发音发生龃龉的另一个原因：当一个民族向另一个民族借用它的字母的时候，这一书写体系的资源往往不能适应它的新任务，于是不得已而求助于一些随机应变的办法；例如用两个字母表示一个声音。日耳曼语的 þ（清齿擦音）就是这样：拉丁字母中没有任何符号表示这个音，于是就用 th 来表示。梅洛温吉王希

---

① 法语的 mais"但是"来自拉丁语的 magis"更大"，fait"事实"来自拉丁语的 facfum"事实"，其中元音在十一世纪变成了[ɛi]，十二世纪以后变成了[ɛ]（德·索绪尔在这里标成 è），但是写法没有改变。——校注

② 法语的 c，古拉丁语念[k]，自八世纪下半叶起在 i,e 之前变成了 s，所以现在法语的 c 有两种发音：在 a,o,u 之前念[k]，i,e 之前念[s]。——校注

③ 法语的腭化 l 在古代念[ʎ]，自十六世纪起变成了[j]（德·索绪尔在这里标成 y）。——校注

尔贝里克(Chilpéric)曾试图在拉丁字母之外添上一个特别符号来表示这个音,但没有成功,结果用了 th[①]。中世纪的英语有一个闭 e(例如 sed"种子")和一个开 e(例如 led"引导"),字母表里没有不同的符号表示这两个音,于是想出了 seed 和 lead 的写法。法语求助于双符音 ch 来表示嘘音 š[②],如此等等。

此外还有词源上的偏见:这在某些时期,例如文艺复兴时期很盛行。人们往往甚至把一个错误的词源强加到写法身上,例如法语的 poids"重量"添上了 d,好像它是来自拉丁语的 pondus 似的,实际上,它是从 pensum 变来的。但这个原则应用得是否正确还是小事,实际上词源文字的原则本身就是错误的。

有些地方找不出原因,某些怪现象甚至不能以词源为理由而加以原谅。德语以前为什么用 thun 来代替 tun"做"呢?有人说,h 表示辅音后面的送气。但是,这样一来,凡有送气的地方都应该写出这个 h,可是有许多词(如 Tugend"道德",Tisch"桌子"等等)却从来没有这样写过。

## §5. 写法和发音发生龃龉的后果

要把文字中各种自相矛盾的现象加以分类,将会花费太长的时间。其中最不幸的一种就是用许多符号表示同一个音。例如法

---

① 见格利戈里·图尔斯基的《法兰克史》。这种办法在古日耳曼语里是很普遍的。——校注
② 用国际音标应为[ʃ]。——校注

语表示 ž<sup>①</sup> 的有 j，g，ge(joli"美丽的"，geler"结冰"，geai"松鸦")；表示 z 的有 z 和 s；表示 s 的有 c，ç，t(nation"国家、民族")，ss(chasser"打猎")，sc(acquiescer"默认")，sç(acquiesçant"默认的")，x(dix"十")；表示 k 的有 c，qu，k，ch，cc，cqu(acquérir"得到")。相反，也有用同一个符号表示几个音值的，例如用 t 表示 t 或 s，用 g 表示 g 或 ž 等等。

此外还有所谓"间接写法"。德语的 Zettel"纸条"，Teller"盘子"等等虽然没有任何复辅音，可是要写成 tt、ll，唯一的目的是要指出前面的元音是短而开的元音。英语要添上一个词末的哑 e 来表示前面的元音念长音，也出于同一类的胡乱处理；试比较 made ("做"，念 mēd)和 mad("疯狂"，念 măd)。这个 e 实际上只跟一个音节有关，但看起来却好像造成了第二个音节。

这些不合理的写法在语言里还算有一些东西和它们相当，另外有一些却简直是毫无意义。现代法语除古代的将来时 mourrai"我将死"，courrai"我将跑"以外，没有任何复辅音；但是法语的正字法却有许许多多不合法的复辅音(bourru"抑郁"，sottise"愚蠢"，souffrir"受苦"等等)。

有时，文字还没有固定，正在探索规则，犹豫不决，因此而有反映过去时代为了表示声音所尝试作出的举棋不定的拼写法。例如古高德语的 ertha，erdha，erda"土地"或 thrī，dhrī，drī"三"，其中的 th、dh、d 都表示同一个声音要素。但是哪一个呢？从文字上无法知道。结果造成了复杂的情况：遇到表示同一形式的两种写法，常

---

① 用国际音标应为[ʒ]。——校注

不能决定那是否真是两种发音。在相邻方言的文献里,同一个词有的写作 asca,有的写作 ascha"灰";如果发音相同,那就是一种举棋不定的拼写法;否则,那就好像希腊语的 paízō、paízdō、paíddō"我玩耍"等形式①一样,是音位上的和方言上的差别。问题还可能涉及两个连续的时代;在英语里,我们首先见到 hwat,hweel 等等,然后见到 what"什么"、wheel"车轮"等等②,那究竟是写法上的变化呢? 还是语音上的变化呢?

这一切的明显的结果是:文字遮掩住了语言的面貌,文字不是一件衣服,而是一种假装。我们从法语 oiseau"鸟"这个词的正字法上可以很清楚地看到这一点;在这里,口说的词(wazo)中没有一个音是用它固有的符号表示的,这可连那语言的一点儿影子也没有了。

另一个结果是:文字越是不表示它所应该表现的语言,人们把它当作基础的倾向就越是增强;语法学家老是要大家注意书写的形式。从心理方面说,这是很容易解释的,但会引起一些令人烦恼的后果。人们使用"念"和"念法"这些字眼,就是把这种滥用奉为神圣不可侵犯,而且把文字和语言间的真正的和合理的关系给弄颠倒了。我们说某个字母应该怎么怎么念,那就是把声音的书写

---

① 希腊语这个词的三个形式,paizo 是根据伊奥尼亚·阿狄克方言的发音,paizdō 是根据埃奥利亚方言的发音,paiddō 是根据多利亚方言的发音,都是"我玩耍"的意思。——校注

② 古英语诗法规定,hw 和 h 可以互押关韵。自十六世纪起,英语的 hwat,hweel 变成了 what,wheel,但是根据一般古英语语法学家的研究,那时实际上的发音并没有改变,可见那只是一种写法上的变化,而不是语音上的变化。可是现代英语的标准语把 wh 念[w],那就已经是语音上的变化了。——校注

形象当作声音本身。要使 oi 能念成 wa,它本身必须独立存在。那实际上是 wa 写成了 oi。为了解释这种怪现象,人们还说,在这种情况下,那是 o 和 i 的一种例外的发音。这又是一种错误的说法,因为它意味着语言依附于书写的形式。这无异是说,人们可以容许有某种违反文字的东西,好像书写符号就是规范。

这种虚构甚至可以表现在语法规则方面,例如法语的 h。法语有些词的开头元音不带送气,但是为了纪念它们的拉丁语形式,却添上了一个 h:例如 homme("人",从前是 ome),因为拉丁语的形式是 homo。但是另外有些来自日耳曼语的词,其中的 h 确实是发音的,如 hache"大斧",hareng,"鲨鱼",honte"耻辱"等等。当送气继续存在的时候,这些词都服从有关开头辅音的规律。那时人们说 deu haches"两把大斧",is hareng"鲨鱼",同时按照以元音开头的词的规律,又说 deu-z-hommes"两个人",l'omme"人"。在那时期,"送气的 h 之前不能有连读和省音"这条规则是正确的。但是到现在,这个公式已经失去意义;送气的 h 已不再存在,这个名称不再指音,只不过表示在它的前面不能有连读或省音而已。于是这就成了一种循环论,h 只不过是一种来自文字的虚构的东西。

决定一个词的发音的,不是它的正字法,而是它的历史。它在某一时期的形式代表着它必须经历的发展中的一个时期,而词的发展要受一些确切的规律支配。每一阶段都可能决定于前一阶段。唯一要考虑的,也是人们最容易忘记的,是词的祖先,它的词源。

奥施(Auch)城的名称用语音转写是 oš。这是法语正字法的 ch 在词末表示 š 音的唯一例子。说词末的 ch 只有在这个词里念

## 第六章 文字表现语言

š,不是解释。唯一的问题是要知道拉丁语的 Auscii 在变化中怎样会变成 oš;正字法是不重要的。

法语的 gageure"赌注"应该念成带有一个 ö 还是 ü 呢[①]? 有些人回答:应该念成 gažör,因为 heure"小时"念 ör。另一些人说:不,应该念成 gažür,因为 ge,在比方 geôle"监牢"这个词里,等于 ž。这种争论真是枉费心机! 真正的问题在于词源:gageure 是由 gager"赌"构成的,正如 tournure"风度"是由 tourner"旋转"构成的一样;它们都属于同一类型的派生法:gažür 是唯一正确的,gažör 只是由于文字上的暧昧不明而引起的发音。

但是字母的暴虐还不仅止于此:它会欺骗大众,影响语言,使它发生变化。这只发生在文学语言里,书面文献在这里起着很大的作用。视觉形象有时会造成很恶劣的发音。这真是一种病理学的事实,我们在法语里往往可以看到。例如 Lefèvre(来自拉丁语的 faber)这个姓有两种写法:一种是通俗简单的 Lefèvre,一种是文绉绉的,讲究词源的 Lefèbvre。由于在古文里 v 和 u 不分,Lefèbvre 曾被念成 Lefébure,其中的 b 从来没有在这个词里真正存在过,u 也是来路不明,而现在人们可真照着这个形式念了。

这类畸形现象将来也许会出现得更加频繁;把那些没有用的字母念出来的情况会越来越多。现在在巴黎已经有人把 sept femmes"七个女人"中的 t 念出来[②];达尔姆斯特忒(Darmesteter)

---

① 用国际音标应标成[œ]和[y]。——校注

② 法语的 sept"t"单用时念[sɛt],后面跟着一个辅音时念[sɛ],把 sept femmes"七个女人"中的 t 念出来,本来是不合规范的。可是后来在巴黎已经有人把这个 t 念出来。——校注

预见到有朝一日人们甚至将会把 vingt"二十"这个词的最后两个字母念出来①,那可真是正字法上的怪现象呢!

这些语音上的畸形现象当然是属于语言的,但并不是它的自然作用的结果,而是由一个与语言无关的因素造成的。语言学应该有一个专门部分研究它们:这些都是畸形学的病例②。

---

① 达尔姆斯特忒(1846—1888),法国语言学家。索绪尔在这里所说的这一段话,见于他所著的《法语历史语法教程》一书。法语的 vingt(二十)念[vɛ̃],但是因为在写法上最后有 gt 这两个字母,他预料有一天将会有人把它念成[vɛ̃gt]。——校注

② 瑞士语言学家席业隆(Gilliéron)曾著《语言的病理学和治疗法》一书,里面谈到许多语言中的畸形现象和补救方法。德·索绪尔在这里采用了好些这本书里的术语。——校注

# 第七章 音 位 学

## §1. 定 义

假如一个人从思想上去掉了文字,他丧失了这种可以感知的形象,将会面临一堆没有形状的东西而不知所措,好像初学游泳的人被拿走了他的救生带一样。

他必须马上用自然的声音去代替这些人为的符号,但是假如没有研究过语言的声音,这是不可能的;因为声音脱离了书写符号,就只代表一些模模糊糊的概念,所以人们还是宁愿依靠文字,尽管那是会使人上当的。早期的语言学家对于发音生理学毫无所知,所以常会堕入这些陷阱;对他们来说,放开了字母就无所立足。对我们来说,这却是向真相迈出了第一步;因为正是对声音本身的研究,向我们提供了我们所寻求的援助。现代的语言学家终于明白了这一点;他们把别人(生理学家、歌唱理论家等等)所开创的研究拿来作为己用,使语言学有了一门辅助的科学,摆脱了书写的词[1]。

---

[1] 十九世纪中叶,语言学家如拉普(Rapp)、贝克(Bekker)和西佛士(Sievers)等利用当时生理学家布律克(E. Brücke)、捷尔马克(Czermak)和歌唱家加尔齐亚(Garcia)等人的研究成果,建立了近代语言学,使人摆脱了字母的羁绊,认清了语音的本质,对语言学很有帮助。——校注

语音生理学(德语 Laut-或 Sprachphysiologie)往往被称为"语音学"(德语 Phonetik,英语 phonetics)。这个术语我们觉得不适当,所以用音位学①来代替。因为语音学起初是指,现在还应该继续指语音演化的研究,我们不能乱用一个名称来指称两种绝对不同的研究。语音学是一门历史科学;它分析事件、变化,是在时间中转动的。音位学却是在时间之外的,因为发音的机构总是一样的。

但是这两种研究不仅不能混为一谈,它们甚至不能互相对立。前者是语言科学的一个主要部分,而音位学——我们要重说一遍——却只是一种辅助的学科,只属于言语的范围(参看第27页)。毫无疑问,要是语言不存在,我们就看不清发音动作的用处在哪里。但是发音动作并不就构成语言,我们即使把产生每个音响印象所必需的一切发音器官的动作都解释清楚,也并没有阐明语言的问题。语言是一种以这些音响印象在心理上的对立为基础的系统,正如一幅挂毯是用各种颜色的线条在视觉上的对立构成的艺术品一样。对分析来说,重要的是这些对立的作用,而不是

---

① 本书所说的"音位"(法 phonème,英 phoneme)是从发音机构、音色的角度划分的最小语音单位,即通常所说的"音素";它同后起的"音位"概念,即特定语言中具有区别词形功能的最小语音单位,名称虽同,其实不是一回事。本书所说的"音位学"(法 phonologie,英 phonology)属于现在一般称为"语音学"(法 phonétique,英 phonetics)的探讨范围,也和当前的"音位学"(法 phonologie,英 phonology 或 phonemics)概念不同。研究语音演变的学科,有人叫"音韵学"(法 phonologie,英 phonology),现在更确切的名称是"历史音位学"(法 phonologie historique,英 historical phonology)。有关学科的名称从德·索绪尔以来有较大的改变。法国语音学家格拉蒙(M. Grammont)曾按照德·索绪尔的含义使用"音位学"这一名称。我们认为,德·索绪尔虽然没有明确提出现代音位学的概念,却为它的产生奠定了理论基础。——校注

怎样获得这些颜色的过程。

关于音位学系统的梗概，我们留待第57页的附录再说；在这里只探讨语言学要避免文字的迷惑，可以指望从这门科学中得到什么样的援助。

## §2. 音位文字

语言学家首先要求人们向他提供一种不会引起任何模棱两可的表现语音的办法。事实上，人们已经提出过无数的书写体系[①]。

真正的音位文字的原则是怎样的呢？它的目标应该是用一个符号表现语链中的每一个要素。人们对这种要求并不是常常都考虑到的，例如英国的音位学家所关心的，与其说是分析，不如说是分类，他们常用两个甚至三个符号来表示某些音[②]。此外，外破音和内破音（参看第71页以下）应该严格地加以区别，我们下面再谈。

我们有没有必要用一种音位字母代替通用的正字法呢？这个有趣的问题在这里只能简单地谈一谈。依我们看，音位文字应该只留给语言学家使用。首先，我们怎能叫英国人、德国人、法国人等等都采用同一个体系呢？此外，对一切语言都适用的字母将会

---

[①] 例如德国列普秀斯（R. Lepsius）于1855年制定的《普通语言学字母》，瑞典龙德尔（J. A. Lundell）于1878年制定的《瑞典方言字母》，法国席业隆（Gilliéron）和卢斯洛（Rousselot）为法语和法语方言制定的一种法语标音字母，国际语音学学会于1888年制定的《国际音标》等等。——校注

[②] 这里指的是亨利·斯维特（Henry Sweet）在《语音学手册》一书中所提出的"严式标音"和"宽式标音"；"严式标音"可以用两个甚至三个拉丁字母标记一个音。——标注

带上许多区别符号,且不说这样的一页原文显得多么难看。为了追求精确,这种文字显然将会把它原想表示得很清楚的东西弄得晦涩不明,反而把读者给弄糊涂了,利弊相衡,是得不偿失的。在科学之外,音位学上的精确不是很值得羡慕的。

还有阅读的问题。我们阅读的方法有两种:新的或不认识的词要一个个字母拼出来,但对常用的和熟稔的词却只一眼溜过,不管是由什么字母组成的。这类词的形象对我们来说就获得了表意的价值。在这里,传统的正字法可以恢复它的权利:它对区别 tant "这么多"和 temps "时间"——et "和", est "是"和 ait "有"——du "的"和 dû "应该"——il devait "他以前应该"和 ils devaient "他们以前应该"等等是很有用的。我们只希望见到通用文字的那些最不合理的写法得以肃清;音位字母在语文教学中可能有用,但我们不能把它普遍使用。

## §3. 文字证据的评论

因此,要是一看到文字有欺骗性就认为首先要对正字法进行改革,那是错误的。音位学对我们的真正用处在使我们对书写的形式采取某种慎重态度,因为我们要通过它来认识语言。文字证据要经过解释才有价值。在任何情况下,我们都要为所研究的语言整理出一个音位系统,即为它所使用的声音绘出个图表来。事实上,任何语言都有一定数量的区别得很清楚的音位。这个系统才是语言学家唯一关心的现实,而书写符号不过它的形象,精确到什么程度还有待确定,确定的难易因语言和情况而不同。

## 第七章 音位学

如果那是一种过去的语言,我们只有一些间接的资料,这时我们究竟要利用哪些资源来建立它的音位系统呢?

(1)首先是一些外部标志,特别是描写当时的语音和发音的同时代人的证据。例如十六世纪和十七世纪法国的语法学家,尤其是那些想要教外国人的语法学家,曾给我们留下了许多很有趣味的纪要。但这种知识的来源不很可靠,因为作者没有音位学的方法。他们进行描写时所用的术语都是信手拈来的,缺乏科学的严谨性。因此,对他们的证据也应该加以解释。例如他们所定的各种语音的名称就往往非常含糊:希腊语法学家管浊音(如 b,d,g)叫"中音"(mésai),管清音(如 p,t,k)叫 psīlai(弱音),拉丁语译为 tenuēs[①]。

(2)把这些资料同内部标志结合起来可以得到一些较为可靠的消息,其中分为两项:

(a)由有规则的语音演变得出的标志。

要确定一个字母的音值,知道它在前一个时代曾代表什么音,是很重要的。它现在的音值就是一种演变的结果,这可以使我们马上消除某些假设。例如我们并不确切知道梵语 c 的音值是什

---

[①] 古希腊语法学家,例如特拉克斯(D. Thrax),把语音先分为元音(phōnēénta,拉丁语 vocales)、半元音(hēmiphōna,拉丁语 semivocales)和哑音(áphōna)三类;半元音和哑音统称为辅音(symphōna,拉丁语 consonantes)。元音分长音(makrá,拉丁语 longae) ē,ō、短音(brakhéa,拉丁语 breves):ĕ,ŏ 和长短不明音(díchrona,拉丁语 ancipites):a,i,u 三种;半元音分复合半元音(diplā):ks,ps,dz、单纯半元音(haplā):s 和流音(húgra,拉丁语 liquidae):l,rm,n 三种;哑音分强音(daséa,拉丁语 asperae):ph,th,kh、中音(mésa,拉丁语 mediae):b,d,g 和弱音(psila,拉丁语 tenuēs):p,t,k 三种(参看岑麒祥《语音学概论》,第46—48页,北京,1959年)。这个分类法一直为十六世纪和十七世纪法国的语法学家所沿用。——校注

么，但是由于它是继承印欧语的腭化 k 的，这一资料就分明限制了推测的范围。

除出发点以外，如果我们还知道同一种语言的类似的音在同一时期的平行发展情况，那么，就可以按类比进行推理，得出一个比例式。

如果是要确定一个我们已经知道它的起点和终点的中间的发音，那么问题自然比较容易解决。法语的 au（例如在 sauter"跳"这个词里的）在中世纪必然是一个复合元音，因为它的位置是在古法语的 al 和现代法语的 o 之间。如果我们通过另一条途径知道复合元音 au 在某一时期还存在着，那么，就可以确定它在前一个时期也一定存在①。我们不确切知道像古高德语 wazer"水"这个词中的 z 代表什么音；但是它的路标一方面指向更古的 water，另一方面指向现代的形式 wasser。于是这个 z 应该是一个介乎 t 和 s 之间的中间音，我们可以抛弃任何只能与 t 或者只能与 s 相协调的假设，例如不能认为它代表一个腭音，因为在两个齿音的发音之间只能假定是一个齿音。

(b) 同时代的标志。这样的标志有几种。

例如写法不同：在古高德语的某一时期，我们可以找到 wazer"水"，zehan"十"，ezan"吃"，但从来没有 wacer、cehan 等等。如果另一方面我们还找到 esan 和 essan，waser 和 wasser 等等，那就可以断定这个 z 的发音和 s 很相近，但是跟同一个时期用 c 表示的却

---

① 法语的 sauter 来自拉丁语的 saltare，其中的 au 在中世纪还念复合元音，到了十六世纪才变成[o]。——校注

差得相当远。后来出现了像 wacer 等等这样的形式,那可以证明这两个原来分别得很清楚的音位,到那时已或多或少混而不分了。

诗歌是认识发音的宝贵文献:诗法的体系有的以音节的数目为基础,有的以音量或语音的相同(头韵,半韵,脚韵)为基础,这些不朽的作品可以给我们许多关于这些方面的知识。希腊语用书写法来区别某些长音(如用 ω 表示 ō),有些却忽略了这种精确的表示,所以要知道 a,i 和 u 的音量,就只好去请教诗人①。古法语的脚韵可以告诉我们,例如 gras"肥"和 faz(拉丁语 faciō"我做")的词末辅音直到什么年代还有区别,从什么时候起就已互相接近以至相混了②。脚韵和半韵还可以使我们知道,在古法语里,来自拉丁语 a 的 e(如 père"父亲"来自 patrem,tel"这样的"来自 talem,mer"海"来自 mare),在发音上跟其他的 e 完全不同。这些词是从来不跟 elle"她"(来自 illa),vert"绿"(来自 viridem),belle"美"(来自 bella)等等押韵的。

最后,我们谈谈外来借词的写法,以及双关语和打诨等等。例如峨特语的 kawtsjo 可以使我们知道民间拉丁语 cautio"保证"的发音。尼洛普(Nyrop)在《法语历史语法》第一册第 178 页援引的一段故事可以证明十八世纪末法国人把 roi"国王"念成 rwè:在革命法庭上,法官问一个妇人她是否曾在见证人面前说过要有一个

---

① 希腊语有四个元音字母:η=ē,ε=ĕ,ω=ō,o=ŏ,都有长短音的区别,其余三个 α=a,ι=i,υ=u,不分长短。希腊语诗法是以音量为基础的,要知道 a,i,u 的长短只好参考诗歌的原文。——校注

② 古法语诗歌的脚韵表明古法语的词末辅音 s 和 z 自十三世纪下半叶起已经没有区别了。——校注

roi 国王。她回答说,她根本没有说过卡贝(Capet)王或别的什么国王,她只说过 rouet maître"一种纺车"①。

所有这些办法都可以帮助我们在一定程度上认识某一时期的音位系统,利用它来订正文字的证据。

如果是一种活的语言,那么唯一合理的方法是要:(a)通过直接观察确立它的语音系统;(b)注意观察它用来表示——很不完备地——声音的符号系统。许多语法学家还坚持采用我们在上面批评过的旧方法,即说明每个字母在他们所要描写的语言中怎样发音。用这种方法是不能清楚地提出一种语言的音位系统的。

但是人们在这一领域内确实有了很大的进步,音位学家在改造我们关于文字和正字法的观念方面已作出了许多贡献。

---

① 尼洛普(1858—1931),丹麦语言学家,罗曼语专家。这里所援引的故事见于他所著的《法语历史语法》第一册,1914 年第三版,第 178 页。——校注

附 录

# 音位学原理

# 第一章 音位的种类

## §1.音位的定义

〔这一部分,我们利用了德·索绪尔于1897年所作的关于《音节理论》的三次讲演的速记记录,在这些讲演中,他也接触到第一章的一般原理。此外,他的个人札记有一大部分是跟音位学有关的;在许多要点上阐明和补充了第一度讲课和第三度讲课的资料。(编者)〕

许多音位学家差不多都只注重发音动作,即用发音器官(喉头、口腔等等)发出声音,而忽略了听感方面。这种方法是不正确的:在我们耳朵里的产生的印象不仅与器官的发动形象一样直接,而且是整个理论的自然基础。

我们研究音位单位的时候,听觉资料就已经不知不觉地存在了;我们正是依靠耳朵才知道什么是b,t等等的。我们就算能用电影机把口腔和喉头发出一连串声音时的全部动作复制出来,也无法看出这一系列发音行为的小区分;我们不知道一个声音从哪里开始,另一个到什么地方为止。没有听觉印象,我们怎能说比方在 fāl 里有三个单位,而不是两个或四个呢?

我们只有在听到的语链中才能马上辨出那是否还是同一个声音；只要它给人的印象是同质的，那就是同一个声音。重要的也不是它有八分音符或十六分音符的长度（试比较 fāl 和 făl），而是印象的性质。听觉链不是分成相等的拍子，而是分成同质的拍子，它的特征就是印象的统一，这就是音位研究的自然出发点。

在这一方面，原始的希腊字母是很值得我们赞扬的。在这种字母里，每一个单纯的声音都只用一个书写符号来表示，反过来，每一个符号也只相当于一个单纯的声音，而且始终是同一个声音。这真是绝妙的发现，后来拉丁人把它继承了下来。例如 bárbaros "野蛮人"这个词的标音：

| B | A | P | B | A | P | O | Σ |

每个字母都相当于一个同质的拍子。在上图中，横线表示音链，小竖杆表示从一个声音过渡到另一个声音。在原始的希腊字母里既找不到像法语用"ch"表示 š 这样复杂的写法①，也找不到像用"c"和"s"代表 s 这样用两个字母表示一个声音②，或者像用"x"代表 ks 这样用一个简单的符号表示复音③的情况。一种良好的音位文

---

① 例如 chat"猫"念[ʃa]，champ"田地"念[ʃɑ̃]，用 ch 两个字母表示一个[ʃ]音（德·索绪尔标为 š）。——校注

② 例如 si[si]"如果"和 ceci[səsi]"这个"用 s，c 两个字母表示同一个[s]音。——校注

③ 例如 expirer [ɛkspire]"呼气"，用一个字母 x 表示[ks]这个复音。——校注

## 第一章 音位的种类

字所必需的原则,希腊人差不多都已经全部实现了①。

其他民族没有领会这个原则,它们的字母不是把语链分析为同质的听觉片段。例如塞浦路斯人就只停留在比较复杂的单位上面,如 pa,ti,ko 等等。人们管它叫音节标音②。这个名称不很确切,因为音节还可以按照另外的类型构成,例如 pak,tra 等等。闪族人只标出辅音;像 bárbaros 这样的一个词,他们将会把它标成 BRBRS③。

因此,要划分语链中各个音的界限只能凭听觉印象,但是描写音却是另一回事。那只能以发音行为为基础,因为听觉链条中的单位是不能分析的,我们必须求助于发音动作的链条。我们将可以看到,相同的行为就相当于相同的声音:b(听觉拍子)=b'(发音拍子)。我们分割语链最先得出的单位都是由 b 和 b' 构成的,我们管它们叫音位。音位是听觉印象和发音动作的总和,听见的单位和说出的单位的总和,它们是互相制约的。因此,那已经是一个复杂的单位,在每个链条里都有它的立足点。

---

① 的确,他们在文字上曾用 $X,\Theta,\Phi$ 表示 kh,th,ph;例如 $\Phi EP\Omega$ 就代表 phérō"我带",但这是一种后期的创新。古代碑铭标 $KHAPI\Sigma$,而不是 $XAPI\Sigma$。这些碑铭用两个符号即 kappa 和 koppa 表示 k,但情况不同:那是要标出发音上的两种实际色彩,因为 k 有时是腭音,有时是舌根音,而且 koppa 其后已经消失了。最后,还有一点更细致的,希腊语和拉丁语的原始碑铭往往用一个字母标记复辅音:例如拉丁语 fuisse 这个词就写作 FUISE;这是违背原则的,因为这重叠的 s 有两拍子的长度,我们从下面将可以看到,这两拍不是同质的,给人以不同的印象。但这是情有可原的错误,因为这两个音虽有不同,却有共同的特征(参看第 73 页以下)。——原编者注

② 塞浦路斯文字于 1850 年发现,经解读后被认为属希腊文字系统,但不像希腊文字那样采用音位标音,而是采用音节标音。——校注

③ 闪族人例如阿拉伯人的文字只有辅音字母,而没有元音字母,要标出元音,必须另外加上元音符号。——校注

分析语链首先得出的要素，仿佛这一链条的环节，是不能在它们所占的时间以外加以考虑的不能再行缩减的片刻。例如 ta 这样的一个音组总是一个片刻加上一个片刻，一个有一定长度的片段加上另一个片段。相反一个不能再行缩减的片段 t，却可以在时间以外抽象地加以考虑。如果只注重表示区别的特征，而不顾依存于时间上相连续的一切，那么我们可以说有一个一般的 t，即 T 音种（我们用大写来表示音种）。一个一般的 i，即 I 音种。同样，在音乐上，do, re, mi 等的组合也只能看作时间上的具体系列，但是如果把其中一个不能再行缩减的要素单独取出，也可以抽象地加以考虑。

分析了各种语言的足够数量的语链之后，就可以理解它们所使用的各个要素，并加以分类。我们可以看到，如果不顾那些无关轻重的音响上的细微色彩，上述音种的数目并不是无限的。我们在一些专门著作中可以找到这些音种的总表和详细的描写[1]。这里只想说明这种分类是以哪些永恒的和非常简单的原则为基础的。

但是首先让我们谈谈发音器官，各种器官的可能的运用，和这些器官作为发音器的作用。

---

[1] 参看西佛士的《语音学纲要》（Grundzüge der Phonetik），第五版 1902；叶斯泊森的《语音学读本》（Lehrbuch der Phonetik），第二版，1913；鲁德的《普通语音学概要》（Eléments de phonétique générale），1910。——原编者注

# §2. 发音器官及其功用[①]

1. 为了描写发音器官,这里只绘出一个简单的示意图[②],其中 A 表示鼻腔,B 表示口腔,C 表示喉头,包括两片声带中间的声门 ε。

在口腔里,主要的是嘴唇 α 和 a,舌头 β—γ(β 表示舌尖,γ 表示其余部分),上齿 d,上腭,其中包括有骨的、不能活动的前一部分 f—h,和柔软的、可以活动的后一部分或软腭 i,最后是小舌 δ。

希腊字母表示发音时主动的器官,拉丁字母表示被动的部分。

声门 ε 由两块平行的肌肉或声带构成:声带张开声门就开,声带收拢声门就闭。声门可以说不会完全关闭,声门张开却可以有时宽,有时窄。在前一种情况下,空气可以自由通过,声带不振动;在后一种情况下,空气通过会使声带振动发出浊音。在正常的发音中,二者必居其一,没有别的选择。

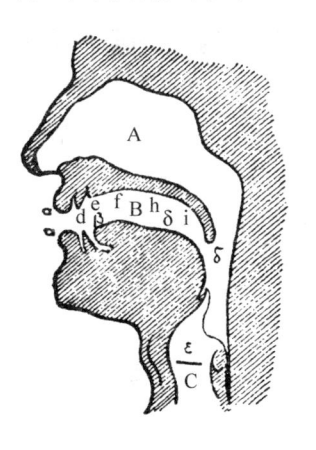

鼻腔是一个完全不能活动的器官,小舌 δ 举起可以阻止空气

---

[①] 德·索绪尔的描写有点简单,我们曾参照叶斯泊森的《语音学读本》加以补充,还借用了其中的原则来确立下面的音位公式。但那只是形式和说明技术的问题,读者可以相信这些变动并没有改变德·索绪尔的思想。——原编者注

[②] 这个插图用希腊字母表示主动的发音器官,拉丁字母表示被动的发音器官,完全是参照叶斯泊森的。——校注

从里面通过,再没有别的作用。这是一道可开可闭的门。

至于口腔,它可以起各种各样的变化:我们可以用嘴唇增加那通道的长度,鼓起或放松两颊,通过嘴唇和舌头的种种活动缩小甚至关闭口腔。

这些器官作为发音器的作用是跟它们的变动性成正比的:喉头和鼻腔的功能只能有一种,而口腔的功能却是多种多样的。

空气从肺部输出,首先通过声门,声带靠拢,就可能产生一种嗓音。但是喉头的活动不能产生音位的变种,好让我们区别语言的声音,并加以分类。在这一点上,嗓音是一模一样的。它由声门发出,直接听起来,在音质上好像差不多,没有什么变化。

鼻腔的用途只是为通过它的声音振动作共鸣器,因此也起不了发音器的作用。

相反,口腔却兼有发音器和共鸣器的功能。如果声门大开,不产生任何喉头振动,我们所听到的声音就只从口腔发出(我们留给物理学家去判定这是声音还只是噪音)。反之,如果声带靠拢使声门振动,那么,口腔就主要起嗓音调节器的作用。

所以,在发音中能起作用的因素是呼气、口部发音、喉头振动和鼻腔共鸣。

但是列举这些发音的因素还不是确定音位的表示区别的要素。要把音位加以分类,知道音位是怎么构成,远不如知道什么使它们彼此区别那么重要。对分类来,消极因素可能比积极因素更为重要。例如呼气是积极要素,但是因为在任何发音行为中都有呼气,所以它就没有表示区别的价值;缺少鼻腔共鸣是消极因素,但是它却像有鼻腔共鸣一样可以用来表明音位的特征。所以主要的是,

## 第一章 音位的种类

对发音来说,上面列举的因素中有两个是恒常的、必要的、充分的:

(a)呼气

(b)口部发音。

而其他两个却是可以缺少或者附加在头两个上面的:

(c)喉头振动,

(d)鼻腔共鸣。

另一方面,我们已经知道,以上的 a、c 和 d 是单一的,而 b 却可以有无限的变异。

此外,必须记住,我们确定了一个音位的发音行为,就辨认了这个音位;反过来,确认了所有的发音行为,也就确定了一切音位的种类。正如我们对发音中起作用的因素所作的分类表明的,发音行为之所以有差别只在后三个因素。因此,对每个音位必须确定:什么是它的口部发音,它有嗓音(∾)还是没有嗓音([ ]),它有鼻腔共鸣(……)还是没有鼻腔共鸣([ ])。只要这三个要素中有一个没有确定,那么,那个声音的确认就是不完备的,但是一旦三个要素全都已经知道,它们的各种配合就可以确定发音行为的一切主要种类了。

这样,我们可以得出各种可能的变化如下表:

| | I | II | III | IV |
|---|---|---|---|---|
| a | 呼气 | 呼气 | 呼气 | 呼气 |
| b | 口部发音 | 口部发音 | 口部发音 | 口部发音 |
| c | [ ] | ∾ | [ ] | ∾ |
| d | [ ] | [ ] | …… | …… |

第 I 栏表示清音,第 II 栏表示浊音,第 III 栏表示鼻化清音,第 IV 栏表示鼻化浊音。

但是还有一项不知道,即口部发音的性质;因此确定它的各种可能的变异是很重要的。

## §3. 按照口部发音对语音进行分类

人们一般是按照发音部位对语音进行分类的。我们的出发点却与此不同。不管发音部位怎样,它总有一定的开度,就是说,在完全闭合和最大限度的张开这两个极限之间总有一定程度的张开。根据这一点,我们从最小的开度到最大的开度把语音分为七类,分别用0,1,2,3,4,5,6等数字来表示。我们只在每一类的内部才按照发音部位把音位分成各种不同的类型。

我们仍然沿用目前流行的各个术语,尽管这些术语在好几点上是不完善和不正确的:有些术语如喉音、腭音、齿音、流音等等都或多或少有点儿不合逻辑[①]。比较合理的,是把上腭分为若干区域,这样,只要注意到舌头的发音,就常可以说出它每一次主要往哪一点靠拢。我们就是基于这种想法,并利用第61页插图中的字母,把每一种发音用符号列成一个公式,其中希腊字母表示主动的器官(在左侧),拉丁字母表示被动的器官(在右侧),开度的数字放在中间。例如βoe的意思就是在开度相当于全闭的情况下,舌尖β

---

① 这些术语都是从古希腊、罗马语法学家继承下来的,其特点是只注意到被动的发音器官,而忽视了主动的发音器官的作用,其中所谓喉音实是指舌根音,腭音实是指舌面音,齿音实是指舌尖音,流音如 m、n、l、r 等意义很不明确。德·索绪尔在这里批评它多少有点儿不合逻辑,主张把上腭分为若干区域,并注意舌头在发音时的作用。——校注

# 第一章 音位的种类

往上齿龈 e 贴紧①。

最后，在每种发音的内部，音位的不同种类是按照是否伴随着嗓音和鼻腔共鸣来区分的，带不带嗓音和鼻腔共鸣是区别音位的一个要素。

我们将按照这个原则去对语音进行分类。这只是合理分类的一种简单的图式：大家不要指望在这里会找到那些性质复杂或特殊的音位，例如送气音（ph，dh 等等），塞擦音（ts，dž，pf 等等），腭化辅音，弱化元音（ə 或哑 e 等等），不管它们实际上多么重要；反过来，也不要指望会找到那些没有什么实际重要性，不必看作有差别的声音的简单的音位。

A.——开度零：塞音。这一类包括一切暂时把口腔紧闭而发出的音位。我们在这里没有必要考究声音是在关闭的时刻还是在张开的时刻产生的；实际上，可以有两种发音方法（参看第 73 页以下）。

按照发音部位，我们可以把塞音分成三个主要类型：唇音（p，b，m），齿音（t，d，n）和所谓喉音（k，g，ṅ）②。

第一类是用双唇发音的；第二类发音时舌尖贴紧上腭的前部；第三类舌背和上腭的后部接触。

在许多语言里，特别是在印欧语里，有两种分得很清楚的喉部

---

① 这个办法是大致参照叶斯泊森的，参看他的《语音学读本》。——校注

② 德·索绪尔在这里所用的音标，大致跟法国语言学界所习用的相同。现在把其中一些特殊的，按出现的先后顺序，用国际音标标记如下：
ṅ[ŋ]，þ[θ]，đ[ð]，š[ʃ]，ž[ʒ]，χ'[c]，γ'[j]，χ[x]，γ[ɣ]，ḷ[l]，ḷ'[ʎ]，ṭ[t]，ü[y]，ẹ[e]，ọ[o]，ö̱[ø]，ę[ɛ]，ǫ[ɔ]，ö̈[œ]，ē[ɛ̄]，ō[ɔ̄]，ȫ[œ̄]．——校注

发音：一种是腭音，部位在 f—h；一种是软腭音，部位在 i。但是在别的语言，例如在法语里，这种差别是被忽略的，例如对 court"短的"中的后 k 和 qui"谁"中的前 k，靠用耳朵听不出什么差别来。

下表表明这些不同音位的公式：

| 唇音 | | | 齿音 | | | 喉音 | | |
|---|---|---|---|---|---|---|---|---|
| p | b | (m) | t | d | (n) | k | g | (ṅ) |
| αOα | αOα | αOα | βOe | βOe | βOe | γOh | γOh | γOh |
| [] | [] | [] | [] | [] | [] | [] | [] | [] |
| [[ | .... | .... | [[ | .... | .... | [[ | .... | .... |

鼻音 m，n，ṅ 本来是鼻化的浊塞音；我们发 amba，由 m 转到 b 的时候，小舌要举起，把鼻腔关上。

在理论上，每一类都有一种声门不振动的清鼻音，例如斯堪的纳维亚诸语言，清音后面有一种清 m，在法语里也可以找到这样的例子。但是说话人不把它看作有差别的要素。

鼻音在上表中用括号括着；实际上，它们发音时虽然要把口腔完全关闭，但是鼻腔张开，使它们具有较大的开度（参看 C 类）。

B.——开度 1：摩擦音或气息音。这一类声音的特点是发音时口腔不完全关闭，气流可以通过。气息音（spirante）这个术语完全是一般性的；摩擦音（fricative）虽然没有说明关闭的程度，但是可以使人想起气流通过时产生一种摩擦的印象（拉丁语 fricāre，"摩擦"）。

这一类声音不能像第一类那样分成三个类型。首先，固有意义的唇音（与塞音 p 和 b 相当）用得很少，我们可以把它撇开，通常用把下唇靠近上齿发出的唇齿音（法语的 f 和 v）代替。齿音可以按照舌尖靠拢时所采取的形式分成几个变种，这里不必详述，只用 β，β' 和 β" 来表示舌尖的各种形式。在与上腭有关的声音中，我们的耳朵一般只区别出前部的发音（腭音）和后部的发音（软腭音）①。

| 唇齿音 | | 齿音 | | | | | |
|---|---|---|---|---|---|---|---|
| *f* | *v* | *þ* | *đ* | *s* | *z* | *š* | *ž* |
| α ɪ d [] | α ɪ d [] | β ɪ d [] | β ɪ d [] | β' ɪ d [] | β' ɪ d [] | β" ɪ d [] | β" ɪ d [] |

| 腭音 | | 喉音 | |
|---|---|---|---|
| x' | γ' | x | γ |
| γ ɪ f [] | γ ɪ f [] | γ ɪ i [] | γ ɪ i [] |

þ = anglais *th* dans *thing*
đ = " *th* " *then*
s = francais *s* " *si*
z = " *s* " *rose*
š = " *ch* " *chant*
ž = " *g* " *génie*
x' = allemand *ch* " *ich*
γ' = all. Nord *g* " *liegen*
x = allemand *ch* " *Bach*
γ = all. Nord *g* " *Tage*

在摩擦音中有没有跟塞音的 n, m, ń 等相当的鼻音 v, 鼻音 z 等等呢？这类声音是不难设想的，例如在法语 inventer "发明" 一词中我们就可以听到一个鼻音 v；但是一般地说来，鼻摩擦音不是语言所意识到的。

C.——开度 2：鼻音（参看以上第 75 页）。

D.——开度 3：流音。

属于这一类的有两种发音：

（1）边音，发音时舌头靠着上腭的前部，但是左右两侧留一空

---

① 德·索绪尔遵守他的简化方法，认为在 A 类中不必作这样的区分，尽管 $K_1$ 和 $K_2$ 这两个系列在印欧语里是很重要的。他完全是故意把它省略掉的。——原编者注。

隙,在我们的公式里用 ļ 来表示它的位置。依照发音部位,我们可以分出齿音 ļ,腭音或"腭化音"ļ'和喉音或软胯音 ļ。这些音位差不多在任何语言里都是浊音,跟 b,z 等一样。但清音不是不可能的;在法语里就有这种音,ļ 在清音后面就不带嗓音(例如在 pluie"雨"一词里,与 bleu"蓝的"相对立),但是我们意识不到这种差别。

鼻音 ļ 很少见,而且没有分立出来,所以尽管有这种声音,特别是在鼻音后面(例如在法语 branlant"摆动的"一词里),这里就不用说了。

(2)颤音。发音时舌头没有像 1 那样靠近上腭,但是起颤动,而且多少带有搏击(在公式里用 ṷ 这个符号表示),因此开度同边音的相等。这种颤动可以有两种方式:把舌尖往前贴近上齿龈(法语所谓"打滚的"r),或者往后用舌头的后部(浅喉音 r)。关于清颤音或鼻颤音,情况与上述边音的相同。

| i | ļ' | l | r | |
|---|---|---|---|---|
| β<sup>l</sup>3e | γ<sup>l</sup>3ʃ-h | γ<sup>l</sup>3i | β<sup>ṷ</sup>3e | γ3δṷ |
| [] | [] | [] | [] | [] |

超出开度 3 以外,我们就进入了另一个领域:由辅音转到元音。直到现在,我们没有提到这种区别,因为发音的机构还是一样的。元音的公式完全可以跟任何浊辅音的相比。从口部发音看,那并没有什么区别,只是音响的效果不同;超过了一定的开度,口腔就主要起共鸣器的作用。嗓音的音色充分显露出来,口腔的噪音就消失了。口腔越闭,嗓音越被遮断;口腔越张大,噪音也就越

减少;所以声音①在元音中占优势,那完全是出于一种机械的过程。

E.——开度 4:i,u,ü。

同别的元音相比,这些声音还需要有相当大的闭度,跟辅音的颇相近。由此产生的后果,我们在下面将可以看到,因此人们一般把这些音位叫做半元音。

i 发音时双唇平展(符号——),发音部位在前;u 发音时双唇敛圆(符号 ͡ ),发音部位在后;ü 发音时唇位如 u,舌位如 i。

同所有元音一样,i,u,ü,都有鼻化的形式,但不多见,我们可以撇开不谈。值得注意的是,法语正字法中写成 in 和 un 的声音并不相当于 i 和 u 的鼻化音(参看下面)。

i 有没有清音,即不带嗓音的发音呢?u 和 ü 以及任何元音都会发生这同样的问题。跟清辅音相当的元音是有的,但是不能与耳语的元音,即发音时声门张开的元音混为一谈。我们可以把清元音看作在它们前面发出的送气音一样;例如在 hi 这个音组里,我们首先听到一个没有振动的 i,然后是正常的 i。

| *i* | *u* | *ü* |
|---|---|---|
| ⁻γ4ƒ | °γ4*i* | °γ4ƒ |
| 〜 | 〜 | 〜 |
| ▯ | ▯ | ▯ |

F.——开度 5:e,o,ö。发音分别与 i,u ü 相当。这些元音的

---

① 这里的"声音"是指和"噪音"相对的"乐音";声带振动发出的嗓音都属于乐音。——校注

鼻化音很常见(例如法语 pin"松树",pont"桥",brun"棕色的"等词中的 ē,ō,ŏ)。清音的形式就是 he,bo,hö 的送气的 h。

附注——许多语言在这里分出好几种开度;例如法语就至少有两个系列:一个是所谓闭的 ė,ọ,ö̇(例如在 dé"骰子",dos"背",deux"二"等词里的);另一个是开的 ę,ǫ,ǫ̈,(例如在 mer"海",mort"死的",meurt"死"等词里的)。

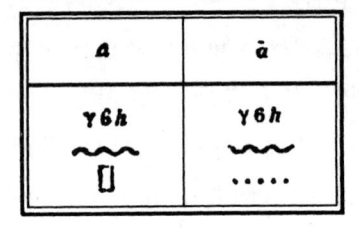

| e | o | ŏ | ė | ö̇ | ö̇̃ |
|---|---|---|---|---|---|
| ⁻γ5f | °γ5i | °γ5f | ⁻γ5f | °γ5i | °γ5f |
| ～ | ～ | ～ | ～ | ～ | ～ |
| □ | □ | □ | ⋯⋯ | ⋯⋯ | ⋯⋯ |

| a | ā |
|---|---|
| γ6h | γ6h |
| ～ | ～ |
| □ | ⋯⋯ |

G.——开度 6:a 开度最大。有一个鼻化形式 ā,开度略小(例如在 grand"大"一词里的),和一个清音形式,如 ha 的 h。

# 第二章 语链中的音位

## §1. 研究语链中声音的必要性

我们可以在专门的论著中,特别是英国语音学家的著作中,找到关于语音的精细分析。

这些分析是否足以使音位学适应它的作为语言学辅助科学的目的呢?这许多积聚起来的细节本身并没有什么价值,只有综合才是重要的[①]。语言学家没有必要成为练达的音位学家;他只要求人们给他提供一定数量的为研究语言所必需的资料。

这种音位学的方法有一点是特别欠缺的:它过分忘记了在语言中不仅有一个个音,而且有整片说出的音;它对于音的相互关系还没有给以足够的注意。我们首先接触到的不是前者,音节比构成音节的音更为直接。我们已经看到,有些原始的文字是标记音节单位的,到后来才有字母的体系。

此外,在语言学中令人感到困难的从来不是简单的单位。例如如果在某一个时期,某种语言里所有的 a 都变成了 o,结果什么

---

[①] 这是就英国亨利·斯维特关于语音的研究来说的。他在《语音学手册》中把语音研究分析的和综合的两方面:分析研究着重对语音作精细的分析;综合研究着重把语音结合成为音节。——校注

也没有产生；人们也许只限于确认这一现象，而不在音位学上探求解释。只有当两个或几个要素牵连在一种内部依存关系里的时候，语音科学才成为可贵，因为一个要素的变异要受另一个要素变异的限制。只要有两个要素就会引起一种关系，一种法则，这是跟简单的确认大不相同的。所以在音位学原理的探讨中，这门科学表现出对孤立的音有所偏爱，工作上就会搞错方向，碰到两个音位就足以使人茫然不知所措。例如在古高德语里，hagl "雹块"，balg "兽皮"，wagn "车子"，lang "长"，donr "打雷"，dorn "刺"后来变成了hagal, balg, wagan, lang, donnar, dorn；变化的结果随着组合中成分的性质和顺序而不同：有时在两个辅音之间长出了一个元音，有时整个音组保持着不变。但是怎样把它制成规律呢？其中的差别是从哪里来的呢？毫无疑问是从这些词里所包含的辅音组合（gl, lg, gn 等等）来的。这些组合都有一个塞音，有的前面有一个流音或鼻音，有的后面有一个流音或鼻音。但是结果怎样呢？只要我们把 g 和 n 假设为同质的量，就无法了解为什么 g-n 相接会产生跟 n-g 不同的效果。

所以，除了音种音位学以外，应该有一门以音位的二元组合和连接为出发点的科学。那是完全不同的一回事。研究孤立的音，注意到发音器官的位置就够了，音位的音响性质是不成问题的，那可以靠耳朵来确定：至于怎样发音，人们完全可以自由发出。但是要发出两个连接的音，问题就不那么简单了：我们不能不估计到所寻求的效果和实际发生的效果之间可能不一致。要发出我们想要发出的音，往往不是我们所能做到。连接音种的自由，要受连接发音动作的可能性的限制。要了解组合中发生的情况，就要建立一门把这些组合看作代数方程式的音位学：一个二元组合就包含一定数量互相制约的机械的和音响的要素，其中一个发生变异，会对其他要素产生必然的，可以预测得到的反响。

在发音现象中，如果有什么带有普遍性的可以说是超越音位的一切局部差异的东西，那无疑就是刚才所讨论的这种有规则的机械作用了。由此可见组合音位学对于普通语言学所应有的重要性。人们一般只限于对语言的一切声音——可变的和偶然的要素定出发音规则，而这种组合音位学却要划定各种可能性的界限，并确定各个互相依存的音位间的经常关系。例如 hagl, balg 等等（参看第72页）就曾引起关于印欧语响音问题的热烈讨论[①]，正是在这个领域内，组合音位学是最不可缺少的，因为音节的区分可以说是它自始至终要讨论的唯一事实。虽然这不是要用这种方法解决的唯一问题，但是有一件事是确实的：假如对支配音位组合的规律缺乏正确的评价，那么要讨论响音的问题几乎是不可能的。

## §2. 内破和外破

我们从一个基本的观察出发：当我们发出 appa 这个音组的时候，会感到这两个 p 之间有一种差别，其中一个与闭合相当，另一个与张开相当。这两个印象相当类似，所以有人只用一个 p 来表

---

[①] 关于印欧语响音构成音节的功能的问题，是十九世纪八十年代至九十年代欧洲语言学家争论得最热烈的一个问题。参加讨论的有德国的勃鲁格曼，古尔替乌士，费克，施密德和俄国的佛尔图纳托夫等人。讨论的中心是能否利用构成音节的响音重建印欧母语的原始的词干形式。——校注

示这两个连接的 pp(参看第 60 页原注)。但正是这种差别使我们可能用一些特别的符号(⌣ ⌢)来区别 appa 中的两个 p(a⌢p⌣pa),而且即使当它们不是在语链中相连接的时候也可以表明它们的特征(试比较 a⌢pta,atp⌣a)。这一区别不只限于塞音,而且可以应用于擦音(a⌢ffa)、鼻音(a⌢mma)、流音(a⌢lla)和所有一般的音位,直至除 a 以外的各个元音(a⌢o⌣oa)。

有人把闭合叫做内破,张开叫做外破;一个 p 被称为内破音(ṗ)或外破音(p̣)。在同一意义上我们可以叫做闭音和开音。

毫无疑问,在像 appa 这样的组合里,除内破和外破以外,我们还可以区别出一个静止时间,在这个时间里,闭合可以随意延长,如果那是一个开度较大的音位,例如 alla 这个组合里的 l,那么它是在发音器官维持不动的情况下持续发出的。一般地说,在任何语链中都有一些这样的中间阶段,我们管它叫持阻或持续的发音。但是我们可以把它们跟内破的发音看作同一样东西,因为它们的效果是相同的;我们在下面将只考虑内破或外破①。

这个方法或许进不了一部完备的音位学著作,却完全可以纳入一篇论述,把从基本因素来考虑的音节划分现象归结为尽可能简单的图式。我们不打算用它来解决把语链划分为音节所引起的

---

① 这是在理论上最容易引起争论的一点。为了防止某些反对意见,我们可以指出,任何持续的发音,例如 f 的发音,都是两种力量产生的结果:(1)空气对与它对立的器官内壁施加的压力,(2)这些器官内壁为了平衡压力而互相靠拢作出的抵抗。所以持阻只是延续的内破。因此,如果内破之后紧接着一个同类的压力和持续,那么,效果自始至终是继续不断的。根据这一点,把这两种发音结合起来成为一个机械的和音响的单位不是不合逻辑的。相反,外破同这结合起来的双方都是对立的,它从定义上说,就是一种放松;又参看§6。——原编者注

一切困难，而只是想为这个问题的研究打下一个合理的基础。

　　还有一点要注意。不要把发音所必需的闭合动作和张开动作同这些声音本身的各种开度混为一谈。任何音位都可以是内破音，也可以是外破音。但是开度确实会对内破和外破有所影响，因为声音的开度越大，这两种动作的区别就越不那么清楚。例如就 i，u，ü 来说，区别还是很容易觉察的。在 aĭia 里，我们就可以分出一个闭 i 和一个开 i；同样在 auua，aüüa 里，也可以清楚地把内破音和后面的外破音区别开来，以致有时在文字上一反习惯，把这种区别标记出来；英语的 w，德语的 j，往往还有法语的 y（在 yeux "眼睛"等词里的）都表示开音(ŭ,ĭ)，与用来表示 ŭ 和 ĭ 的 u 和 i 相对立。但是，如果开度较大（e 和 o），那么，内破和外破的区别在理论上虽然可以理解（试比较 aĕea，aŏoa），但是实际上却很难分别。最后，正如我们在上面已经看到的，开度最大的 a 不会有什么内破和外破，因为对这个音位来说，开度把这一类差别全都抹掉了。

　　因此，除 a 以外，我们应该把那音位图扩大一倍，从而把各个不能再行缩减的单位列成如下的表：

　　　　p̆p̑等等；

　　　　f̆f̑等等；

　　　　m̆m̑等等；

　　　　r̆ȓ等等；

　　　　ĭy̑等等；

　　　　ĕȇ等等；

　　　　a。

　　我们绝不取消利用写法（y，w）表现的区别；我们要小心保持着这些区别，对这一观点所持理由见以下§7。

我们第一次走出了抽象的范围，第一次找到了在语链中占有一个位置而且相当于一个拍子的不可分解的具体要素。我们可以说 P 不过是一个把在现实中唯一看到的 p̌ 和 p̂ 的共同特性结合在一起的抽象单位，正如 B, P, M 结合在一个更高的抽象——唇音里一样。我们可以说，P 好像是动物学上的一个种；它有雄的和雌的标本，但是并没有种的观念的标本。直到现在，我们加以区别和分类的都是这些抽象的东西，但是我们必须更进一步找出具体的要素。

过去音位学的一个大错误就是把这些抽象的东西看作现实的单位，不更仔细在考察单位的定义。希腊字母已经达到把这些抽象的要素区别开来的境界，而且，我们在上面说过，它所设想的分析是最值得注意的。但那究竟是一种不完备的分析，只停留在一定程度上。

其实，不作进一步确定的 p 到底是什么呢？如果我们从时间上把它看作语链中的一个成员，那么它不可能具体的是 p̂，也不可能是 p̌，更不可能是 p̌p̂，因为这个组合显然还是可以分解的。如果把它看作是在语链和时间之外的，那么，它就只是一种没有自身存在的东西，我们对它不能有什么作为。像 l+g 这样的组合本身意味着什么呢？两个抽象的东西在时间上不能构成一个片刻。但是说到 îk, îk, îk，并把言语的真正要素这样结合在一起，却是另一回事。由此可见，为什么只消两个要素就足以使传统的音位学束手无策，这说明要像它所做的那样用抽象的音位学单位进行工作是不可能的。

曾有人提出过一种理论，认为语链中任何一个简单的音位，例如 pa 或 apa 中的 p,都连续有一个内破和一个外破($\overset{>}{apa}$)。毫无疑问,任何张开之前都应该有一个闭合。再举一个例子,如果我说 $\overset{>}{rp}$,那么,在完成 r 的闭合之后就应该用小舌发出一个开 r,同时用双唇构成 p 的闭合。但是为了回答上面的异议,着实说明我们的观点就够了。在我们正要分析的发音行为中,我们所考虑的只是一些耳朵听得清楚,而且可以用来划定语链中各个音响单位界限的有差别的要素。只有音响·发动单位才是应该考虑的;因此,在我们看来,伴随外破 p 的发音的外破 r 的发音是不存在的,因为它并不产生一个听得见的音,或者至少因为它在音位链条里并不重要。要了解下面的进一步陈述,我们必须深透体会这一要点。

## §3. 外破和内破在语链中的各种结合

现在我们来看一看外破和内破的连接在(1)<>,(2)><,(3)<<,(4)>>这四种理论上可能的组合中会产生一些什么样的结果。

(1)外破·内破组合(<>)。我们常可以把两个音位,其中一个是外破音,另一个是内破音,连接在一起而不致切断语链。例如 $\overset{<}{kr}$,$\overset{<}{ki}$,$\overset{<}{ym}$ 等等(试比较梵语的 $\overset{<}{krta}$-,法语的 $\overset{<}{kite}$ "quitter,离开",印欧语的 $\overset{<}{ymto}$ 等等)。毫无疑问,有些组合,如 $\overset{<}{kt}$ 等等,没有实际的音响效果,但是发音器官在发出开 k 之后就处于可在任何一点上靠拢的位置,这同样也是事实。这两个发音状态可以相继实现而不互相妨碍。

(2)内破·外破组合(><)。在相同的条件和相同的限制下,

把两个音位,其中一个是内破音,另一个是外破音连接起来,没有什么不可能。例如 i̯m, k̯t 等等(试比较希腊语的 haîma,法语的 actif"活泼的"等等)。

毫无疑问,这些连续的发音片刻不会像前一种那样很自然地一个连接着一个。在头一个内破和头一个外破之间有这么一个差别:倾向使口腔采取中立态度的外破不牵连到后面的片刻,而内破却会造成一个任何外破都不能用作出发点的确定的位置,因此常须作出某种适应的动作,使发音器官取得发出第二个音位所必需的位置。例如像 s̯p 这样的一个音组,人们在发出 s 的时候就要把双唇闭起来准备发出 p。但是经验表明,这种适应的动作只会产生一些在任何情况下都不致妨碍语链连续的不必加以考虑的躲躲闪闪的声音,而不会产生什么觉察得出的效果。

(3)外破环节(<<)。两个外破可以相继产生;但是如果后一个外破属于开度较小或开度相等的音位,那么,人们就没有像在相反情况或前两种情况下所获得的那种统一性的音响感觉。p̌k 是可以发出的(p̌ka),但是这两个音不能构成一个链条,因为 P 音和 K 音的开度是相等的。我们在发出 cha-p̌ka① 的头一个 a 之后停一下所得到的,就是这种不大自然的发音。相反,p̌r 却可以使人得到一种连续的印象(试比较法语的 prix"价钱"),řy 也不会有什么困难(试比较法语的 rien"没有什么")。为什么呢?因为在头一

---

① 毫无疑问,这一类组合在某些语言里是很常见的(例如希腊语开头的 kt,试比较 kteinō);但是这种组合虽然容易发音,却没有音响统一性(参看下一个附注)。——原编者注

第二章　语链中的音位

个外破产生的时候，发音器官已能处于准备发出第二个外破的位置，而不致妨碍头一个外破的音响效果。例如法语的 prix"价钱"这个词，当我们发 p 音的时候，发音器官已经处于发 r 音的位置。但是顺序相反的 r̆p̆ 却不能发成连续的环节；这不是因为我们的发音器官在发出开 r 的时候不能同时机械地采取发 p̆ 音的位置，而是因为这个 r̆ 音的动作遇到开度较小的 p̆ 是听不出来的。所以，如果要让人听清楚 r̆p̆ 的发音，必须分两次发出，而它们的发音就被切断了。

一个连续的外破环节可以包含两个以上的要素，只要它们的开度总是由小到大（例如 k̆r̆w̆a）。撇开某些我们不能强调的特殊情况不谈[1]，可以说，我们实际上能区别多少个开度，就自然限定了可能有多少个外破。

（4）内破环节（>>）。内破环节受相反规律的支配。只要一个音位的开度比后一个的大，我们就有连续的印象（例如 ĭr̀,r̀t̀）；如果这一条件得不到满足，后一个音位的开度大于或等于前一个，虽然还能发音，但是连续的印象却丧失了：例如 ȧsr̀tȧ 的 sr̀ 就跟 chapka 的 p̀k̀ 这个组合（参看以上第 78 页以下）有相同的性质。这种

---

[1] 在这里，由于一种有意的简化，我们只考虑音位的开度，而不管它的发音部位，也不管它的发音的特殊性质（清音或浊音，颤音或边音等等）。所以只根据开度的原则得出的结论是不能毫无例外地应用于一切实际情况的。例如在像 trya 这样的一个组合里，我们就很难发出头三个要素而不致切断语链（除非 y 使 r̆ 颚化，同它溶合在一起）；但是 try 这三个要素却可以构成一个很完备的外破环节（此外，试看第 87 页关于 meurtrier"凶手"等词）；相反，trwa 却没有什么困难。我们还可以举出一些像 pmla 这样的环节，在这里很难不把鼻音发成内破音（pm̀la）。这些反常的情况特别是出现在外破方面，因为外破按本质来说就是一种稍纵即逝的行为，它是不容许有任何拖延的。——原编者注

现象跟我们在外破环节中所分析的完全吻合：$\overset{>}{rt}$ 中的 $\overset{>}{t}$ 由于开度较小，免除了 $\overset{>}{r}$ 的外破；或者，假如有一个环节，它的两个音位的发音部位不同，例如 $\overset{>}{rm}$，那么，$\overset{>}{m}$ 虽不免除 $\overset{>}{r}$ 的外破，但是用它的开度较小的发音完全掩盖了那外破，结果还是一样。否则，例如在顺序相反的 $\overset{>}{mr}$ 中，那在发音机构上少不了的躲躲闪闪的外破就会把语链切断。

我们可以看到，内破环节也同外破环节一样，可以包含两个以上的要素，如果其中每一个的开度都比后一个的大的话（试比较 $\overset{>>>>}{arst}$）。

现在姑且把环节的切断搁在一边，让我们来看看正常的，也可以叫做"生理的"连续链条。例如法语的 particulièrement "特别地"这个词，即 $\overset{<>><<><<}{partikülyermā}$ 所代表的。它的特点是一连串与口部器官的开闭相当的递进的外破和内破的环节。

这样确定的正常的语链使我们有必要进行以下的极其重要的验证。

## §4. 音节的分界和元音点

在音链中，由一个内破过渡到一个外破（＞｜＜）就可以得到一种标志着音节分界的特殊效果，例如法语 particulièrement "特别地"中的 $\overset{><}{ik}$。机械的条件和确定的音响效果的有规则的暗合，确保内破·外破组合在音位学秩序中的独特存在：不管这个组合由什么音种构成，它的性质始终不变，它构成了一个音类，有多少个可能的组合就有多少个音种。

## 第二章　语链中的音位

在某些情况下，由于从内破过渡到外破的速度不同，音节的分界可能落在同一系列音位的两个不同的点上面。例如在 ardra 这个组合里，无论分成 ar̂d̂r̂ǎ 还是 ar̂d̂ř̌ǎ，语链都没有被切断，因为内破环节 ar̂d̂ 和外破环节 d̂ř 都一样是递进的。particulièrement 的 ülye(ül̂y̌ě 或 ül̂ y̌ě)也是这样。

其次，我们要注意，在我们由静默过渡到第一个内破(>)，例如 artiste"艺术家"的 âr̂t，或者由一个外破过渡到一个内破(<>)，例如 particulièrement 的 p̌ǎr̂t 的时候，出现这第一个内破的音之所以能区别于相邻的音，是由于一种特殊的效果，即元音效果。这元音效果不取决于 a 音的开度较大，因为在 p̌ř̂t 里，r 也可以产生同样的效果。这效果是第一个内破所固有的，不管它属于什么音种，就是说，不管开度大小如何。内破出现在静默之后还是在外破之后也并不重要。以第一个内破的性质使人产生这种印象的音可以称为元音点。

这个单位又称响音，同一个音节里所有在它之前或之后的音都称为辅响音。元音和辅音等术语，正如我们在第 65 页已经看到的，表示不同的音种；相反，响音和辅响音却表示音节里的功能。有了这两套术语就可以避免长期以来的混乱。例如音种 I 在 fidèle"忠实的"和 pied"脚"里都是元音；但它在 fidèle 里是响音，而在 pied 里却是辅响音。这一分析表明，响音永远是内破音，而辅响音却有时是内破音(例如英语 bǒî，写作 boy"男孩")，有时是外破音(例如法语的 p̌y̌ě 的 y̌，写作 pied"脚")。这个例子只是为了证实两大类定出的区别。事实上，e,o,a 通常都是响音，但这只是偶合：它们的开度比其他任何音都大，所以总是在一个内破环节的开端。相反，塞音的开度最小，所以永远是辅响音。实际上，按环境和发音性质而起这种或那种作用的，只有开度2,3和4的音位（鼻音，流音，半元音）。

## §5. 关于音节区分理论的批判

我们的耳朵可以在任何语链中听出音节的区分，而且在任何音节中听出响音。这两个事实是众所周知的，但是人们可以提出疑问：它们的存在理由是在哪儿呢？过去曾有人作过种种解释。

(1)有人注意到有些音位比别的更为响亮，于是试图以音位的响亮度作为音节的基础①。但是有些响亮的音位，如 i 和 u，为什么不一定构成音节呢？其次，有些像 s 这样的擦音也能构成音节，例如法语 pst"呸"里的，响亮度的界限又在哪儿呢？如果说那只是指的相邻声音的相对响亮度，那么，在像 wl̥（例如印欧语 *wl̥kos "狼"）这样的组合里，构成的音节的却是那最不响亮的要素，这又该怎样解释呢？

(2)西佛士先生曾头一个指出，被归入元音类的音给人的印象可能并不是元音（我们已经看到，例如 y 和 w 不外就是 i 和 u）。假如有人问为什么会有这种双重的功能或双重的音响效果（因为"功能"这个词没有别的意思），那么，他所得到的回答是：某个音的功能要看它是否带有"音节重音"。

---

① 这里指的是费约托，叶斯泊森，西佛士等人主张根据语音的响亮度区分音节的理论，特别是叶斯泊森主张最力，试参看他的《语音学读本》。——校注

这是一种循环论法：要么任何情况下我都可以自由安排造成响音的音节重音，这样，我就没有理由把它叫做音节重音，而不叫做响音重音；要么，音节重音确实有所指，那么这所指的意思显然来自音节的规律，可是我们不但拿不出这种规律，而且把这响音的性质叫做"silbenbildend"（构成音节的），仿佛音节的构成又要依靠于音节重音似的。

大家可以看到，我们的方法跟前面两种对立：我们先分析语链中的音节，得出不能再行缩减的单位，开音或闭音，然后把这些单位结合起来就可以确定音节的界限和元音点，于是知道这些音响效果应该是在什么样的生理条件下产生的。上面批判的理论走的却是相反的道路：他们先挑选出一些孤立的音种，自以为可以从这些音推断出音节的界限和响音的位置。当然，任何一系列音位都可能有一种发音法比另一种的更自然，更方便，但是选择开的发音和闭的发音的能力在很大程度上仍继续存在，音节区分正是决定于这种选择，而不是直接决定于音种。

毫无疑问，这一理论既包括不了，也解决不了所有的问题①。例如常见的元音连续就只是一种有意或无意的中断内破环节。比方 i-a(il cria"他叫喊")或 a-i(ébahi"瞠目结舌")。它在开度大的音种里更容易产生。

也有中断的外破环节，虽然不是递进的，但也像正常的组合一

---

① 德·索绪尔在这里承认他的这一理论解决不了音节区分的一切问题。关于划分音节的各种理论的评价，试参看岑麒祥《语音学概论》，科学出版社，1959年，第84—93页。——校注

样进入音链;我们曾举过希腊语 kteínō 的例子,试参看第 74 页原注。再如 pzta 这个组合:它在正常的情况下只能发成 p̌žťa,所以应该包含两个音节,如果把 z 的嗓音发清楚,它确实有两个音节;但是如果把 z 发成清音,那么,由于它是一个要求开度最小的音位,它和 a 的对立就会使人觉得只有一个音节,而听起来有点像 p̌žťa。

在所有这类情况下,意志和愿望的介入都可能引起变化,并在一定程度上改变生理上的必然性。要确切说出是意志还是生理的作用,往往很困难。但是不管怎样,发音总会有一连串内破和外破,而这就是音节区分的基本条件。

## §6. 内破和外破的长度

用外破和内破的效能来解释音节,会引导我们作一个重要的观察,那是一种韵律事实的一般化。我们可以在希腊语和拉丁语的词里分出两种长音:本来的长音(māter"母亲")和位置上的长音(fāctus"事实")。factus 里的 fac 为什么是长音呢?回答是:因为有 ct 这个组合。但如果这是跟组合本身有关联,那么,任何开头有两个辅音的音节就都是长的了;事实上却不是这样(试比较 cliens"顾客"等等)。

真正的理由是,外破和内破在长度方面有本质的不同。前者总是念得很快,耳朵分辨不出它的音量,因此,它永远不给人以元音的印象。只有内破是可以衡量的,所以用内破开头的元音,我们总感到比较长。

另一方面，我们知道，位于由塞音或擦音＋流音构成的组合前的元音有两种发音法：patrem"父亲"的 a 可以是长音，也可以是短音，都基于同样的原理。事实上，t̆r 和 t̯r 都一样可以发出；用前一种方法发音可以使 a 仍然是短音；用后一种方法发音却造成了一个长音节。在像 factus 这样的词里，a 却不能用这两种方法发音，因为只能发成 c̯t，不能发成 c̆t。

## §7. 第四级开度的音位，复合元音，写法的问题

最后，我们对第四级开度的音位需要进行某些观察。我们在第 75 页已经看到，跟别的声音相反，人们习惯上用两种写法标记这些音位（w＝ŭ,u＝ū,y＝ĭ,i＝ī）。因为在像 aiya,auwa 这样的组合里，我们比在其他任何地方都更容易看出用＜和＞所表示的区别；ĭ 和 ŭ 清楚地给人以元音的印象，ĭ 和 ŭ 给人以辅音的印象①。我们不打算解释事实，而是想指出辅音 i 永远不会以闭音的面貌出现。例如 ai 的 ĭ 和 aiya 的 y 不能产生相同的效果（试比较英语的 boy"男孩"和法语的 pied"脚"）；因此 y 之所以是辅音和 i 之所以是元音，那是由位置决定的，因为音种 I 的这些变体不可能在任何地方都同样地出现。这些话也适用于 u 和 w,ü 和 ẅ。

这可以阐明复合元音的问题。复合元音不过是一种特殊的内

---

① 不要把这个第四级开度的要素和软腭摩擦音（如北部德语 liegen"卧下"）混为一谈。这一音种属于辅音，并具有辅音的一切特征。——原编者注

破环节；a͡rta 和 a͡uta 两个组合是完全平行的，只有第二个要素的开度不同。复合元音是两个音位的内破环节，其中第二个音位的开度较大，因此产生一种特殊的音响效果：似乎可以说，响音在那组合的第二个要素里还延续着。相反，像 t͡ya 这个组合和 t͡ra 这个组合的区别只在后一个外破音的开度不同。这等于说，音位学家所说的上升复合元音其实并不是复合元音，而是外破·内破组合，其中第一个要素的开度较大，但是从音响的观点看并不产生什么特殊的效果（如 t͡y͡a）。至于 u͡o, i͡a 这样的组合，假如重音落在 ú 和 í 上面，例如我们在德语某些方言中所看到的（试比较 buob, liab），那也只是一些假的复合元音①，不像 o͡u, a͡i 等那样给人以统一性的印象。把 u͡o 发成内破音＋内破音，就得切断语链，除非我们人为地把一种不自然的统一性强加给这个组合。

这个把复合元音归结为内破环节一般原理的定义表明，复合元音并不像人们所相信的那样是一种不能归入音位现象的格格不入的东西，因此不必为它特辟一类。它所固有的性质实际上没有什么意思，也并不重要。重要的不是确定响音的结尾，而是它的开头。

西佛士先生和许多语言学家要在文字写法上把 i, u, ü, r̥, n̥ 等等和 i̯, u̯, ü̯, r̯, n̯ 等等加以区别（i＝"非音节的"i, i＝"成音节的"i）；

---

① 语音学家一般把复合元音分为上升复合元音和下降复合元音两种。上升复合元音中第一个要素的开度比第二个要素的小，例如汉语 tcia"家"的 ia；下降复合元音中第一个要素的开度比第二个要素的大，例如汉语 tsai"斋"的 ai。德·索绪尔在这里认为上升复合元音只是一种外破·内破组合，不是复合元音，只有重音落在第一个要素时才可以叫做假的复合元音。这是他按照他的理论鉴定复合元音所必然得出的结论。——校注

因此，他们写作 mirta, mai̯rta, mi̯arta, 而我们写作 mirta, mairta, myarta。他们因为注意到 i 和 y 属于同一个音种，所以首先想到要用同类的符号。（还是那种认为音链是由并列的音种构成的老观念！）但是这种标记法虽然以耳朵的证据为基础，却是违反常识的，而且恰恰抹杀了所要作出的区别。结果是：①混淆了开 i, 开 u(=y, w) 和闭 i, 闭 u; 例如不能区别 newo 和 neu̯o; ②与此相反，把闭 i, 闭 u 分成了两个（试比较 mirta 和 mairta）。下面举几个表明这种写法不合适的例子。例如古希腊语的 dwís 和 duís, 以及 rhéwō 和 rheûma。这两个对立是在完全相同的音位条件下产生的，而且按正规用相同的写法上的对立来表示：u 随着后面音位开度的大小，有时变成开音（w），有时变成闭音（u）。如果写成 du̯ís, du̯is, rheu̯ō, rheu̯ma, 对立就全被抹杀了。同样，印欧语的 māter, mātrai, māteres, matrsu 和 sūneu, sūnewai, sūnewes, sūnusu 两个系列，对于 r 和 u 的双重写法是严格平行的。至少在后一系列里，内破和外破的对立在文字写法上非常明显。可是如果采用我们在这里批判的写法（sūnu̯e, sūneu̯ai, sūneu̯es, sūnusu），对立就给弄模糊了。我们不仅要保存习惯上对开音和闭音作出的区别（u: w 等等），而且应该把它们扩展到整个书写系统，例如 māter, mātrai, māteres, mātrsu。这样一来，音节区分的效能就将昭然若揭，元音点和音节的界限都可以由此而推断出来。

编者附注——这些理论可以阐明德·索绪尔在他的讲课中所曾接触到的几个问题。下面举出几个例子。

(1) 西佛士先生援引了 beritṇṇṇ（德语 berittenen "乘马"）作为

典型的例子，说明同一个音可以交替地两次用作响音，两次用作辅响音(实际上 n 在这里只有一次用作辅响音。应该写成 beritṇṇṇ；但是并不重要)。要表明"音"和"音种"不是同义词，再没有其他比这更引人注目的了。事实上，如果停留在同一个 n 上面，即停留在内破和持续的发音上面，结果就只能得出一个长音节。而要造成响音 n 和辅响音 n 的交替，我们必须在内破(第一个 n)之后接着发出外破(第二个 n)，然后再发出内破(第三个 n)。由于这两个内破之前没有其他任何内破，所以它们都有响音的性质。

(2) 在法语 meurtrier "凶手"，ouvrier "工人"等词里，最后的-trier, -vrier 从前只构成一个音节(不管它们怎样发音，试参看第 79 页附注)。后来人们把它们发成两个音节(meur-tri-er，带有或不带有元音连续，即-trie 或 triye)。这种变化之所以发生，不是由于把一个"音节重音"放在 i 这个要素上面，而是由于把它的外破发音改成内破发音。

老乡们把 ouvrier 说成 ouvérier：现象完全相同，不过改变发音并变成响音的是第二个要素，而不是第三个要素：uvrye→uvrye。接着在响音 r 之前长出了一个 e。

(3) 再举法语里那个在后面跟着辅音的 s 之前长出个补形元音的著名例子，如拉丁语 scūtum→iscūtum→法语 escu, écu "长盾"[①]。我们在第 79 页已经看到，sk 是个中断环节，sk 更为自然。

---

[①] 在由拉丁语发展为法语的过程中，s 后面跟着辅音，从公元一世纪起，要在它的前面添上一个补形元音 i，到纪元七世纪，这个补形元音 i 变成了 e，原有的 s 就跟着脱落了。——校注

但是这个内破的 s,如果是在句子的开头,或者前面的词最后有一个开度很小的辅音,就应该成为元音点。补形的 i 或 e 不过是把这个响音性质加以夸张:任何不大感觉到的音位特征,如果想要把它保存下来,都会有逐渐增大的倾向。例如 esclandre"吵闹"和流俗的发音 esquelette"骸骨",estatue"塑像"①,都正在发生这同样的现象。我们在前置词 de"的"的流俗发音中也可以找到这种现象,人们把它转写成 ed,如:un oeil ed tanche"大头鱼的眼睛"。由于音节的省略,de tanche"大头鱼的"变成了 d'tanche;但是为了让人在这个位置听到它,d 应该是一个内破音:d̬tanche,结果跟上述例子一样,在它的前面发展出一个元音来。

(4)我们似乎没有什么必要再回到印欧语的响音问题,追究为什么例如古高德语的 hagl 变成了 hagal,而 balg 却保持不变。后一个词的 l 是内破环节的第二个要素(bal̬g),它起着辅响音的作用,没有任何理由要改变它的功能。相反,hagl 的 l 虽然也是内破音,却成了元音点。既然是响音,它就有可能在它的前面发展出一个开度更大的元音来(如果要相信写法上的证据,那是一个 a)。不过,随着时间的推移,这个元音已日渐模糊,因为现在 Hagel 又重新念成 hag̬l 了。这个词的发音跟法语 aigle"鹰"的发音不同,甚至就是这样造成的;l 在日耳曼语的词里是闭音,而在法语的词里却是开音,词末带一个哑 e(eg̬l̬e)。

---

① 即法语的 squelette 和 statue,有人把它们念成 esquelette 和 estatue,在 s 的前面添上一个补形元音 e。——校注

第一编

# 一般原则

# 第一章 语言符号的性质

## §1. 符号、所指、能指

在有些人看来,语言,归结到它的基本原则,不外是一种分类命名集,即一份跟同样多的事物相当的名词术语表。例如:

这种观念有好些方面要受到批评。它假定有现成的、先于词而存在的概念(关于这一点,参看以下第 150 页)。它没有告诉我们名称按本质来说是声音的还是心理的,因为 arbor "树"可以从这一方面考虑,也可以从那一方面考虑。最后,它会使人想到名称

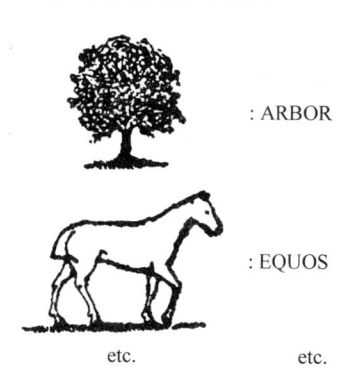

: ARBOR

: EQUOS

etc.　　etc.

和事物的联系是一种非常简单的作业,而事实上绝不是这样。但是这种天真的看法却可以使我们接近真理,它向我们表明语言单位是一种由两项要素联合构成的双重的东西。

我们在第 19 页谈论言语循环时已经看到,语言符号所包含的两项要素都是心理的,而且由联想的纽带连接在我们的脑子里。我们要强调这一点。

语言符号连接的不是事物和名称，而是概念和音响形象①。后者不是物质的声音，纯粹物理的东西，而是这声音的心理印迹，我们的感觉给我们证明的声音表象。它是属于感觉的，我们有时把它叫做"物质的"，那只是在这个意义上说的，而且是跟联想的另一个要素，一般更抽象的概念相对立而言的。

我们试观察一下自己的言语活动，就可以清楚地看到音响形象的心理性质：我们不动嘴唇，也不动舌头，就能自言自语，或在心里默念一首诗。那是因为语言中的词对我们来说都是一些音响形象，我们必须避免说到构成词的"音位"。"音位"这个术语含有声音动作的观念，只适用于口说的词，适用于内部形象在话语中的实现。我们说到一个词的声音和音节的时候，只要记住那是指的音响形象，就可以避免这种误会。

因此语言符号是一种两面的心理实体，我们可以用图表示如下：

这两个要素是紧密相连而且彼此呼应的。很明显，我们无论是要找出拉丁语 arbor 这个词的意义，还是拉丁语用来表示"树"这个概念的词，都会觉得只有那语言所认定的连接才是符合实际的，并把我们所能想象的其他任何

---

① 音响形象这个术语看来也许过于狭隘，因为一个词除了它的声音表象以外，还有它的发音表象，发音行为的肌动形象。但是在德·索绪尔看来，语言主要是一个贮藏所，一种从外面接受过来的东西（参看第 21 页）。音响形象作为在一切语言实现之外的潜在的语言事实，就是词的最好不过的自然表象。所以动觉方面可以是不言而喻的，或者无论如何跟音响形象比较起来只占从属的地位。——原编者注

连接都抛在一边。

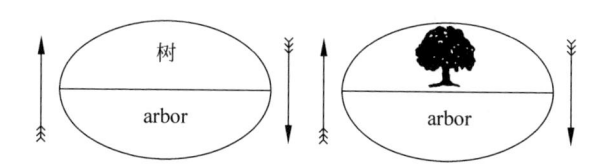

这个定义提出了一个有关术语的重要问题。我们把概念和音响形象的结合叫做符号,但是在日常使用上,这个术语一般只指音响形象,例如指词(arbor 等等)。人们容易忘记,arbor 之所以被称为符号,只是因为它带有"树"的概念,结果让感觉部分的观念包含了整体的观念。

如果我们用一些彼此呼应同时又互相对立的名称来表示这三个概念,那么歧义就可以消除。我们建议保留用符号这个词表示整体,用所指和能指分别代替概念和音响形象。后两个术语的好处是既能表明它们彼此间的对立,又能表明它们和它们所从属的整体间的对立。至于符号,如果我们认为可以满意,那是因为我们不知道该用什么去代替,日常用语没有提出任何别的术语。

这样确定的语言符号有两个头等重要的特征。我们在陈述这些特征的时候将同时提出整个这类研究的基本原则。

## §2. 第一个原则:符号的任意性

能指和所指的联系是任意的,或者,因为我们所说的符号是指能指和所指相联结所产生的整体,我们可以更简单地说:语言符号是任意的。

例如"姊妹"的观念在法语里同用来做它的能指的 s-ö-r(sœur) 这串声音没有任何内在的关系；它也可以用任何别的声音来表示。语言间的差别和不同语言的存在就是证明："牛"这个所指的能指在国界的一边是 b-ö-f(bœuf)，另一边却是 o-k-s(Ochs)①。

符号的任意性原则没有人反对。但是发现真理往往比为这真理派定一个适当的地位来得容易。上面所说的这个原则支配着整个语言的语言学，它的后果是不胜枚举的。诚然，这些后果不是一下子就能看得同样清楚的；人们经过许多周折才发现它们，同时也发现了这个原则是头等重要的。

顺便指出：等到符号学将来建立起来的时候，它将会提出这样一个问题：那些以完全自然的符号为基础的表达方式——例如哑剧——是否属于它的管辖范围②。假定它接纳这些自然的符号，它的主要对象仍然是以符号任意性为基础的全体系统。事实上，一个社会所接受的任何表达手段，原则上都是以集体习惯，或者同样可以说，以约定俗成为基础的。例如那些往往带有某种自然表情的礼节符号（试想一想汉人从前用三跪九叩拜见他们的皇帝）也仍然是依照一种规矩给定下来的。强制使用礼节符号的正是这种规矩，而不是符号的内在价值。所以我们可以说，完全任意的符号比其他符号更能实现符号方式的理想；这就是为什么语言这种最复杂、最广泛的表达系统，同时也是最富有特点的表达系统。正是

---

① 法语管"牛"叫 bœuf [bœf]，德语管"牛"叫 Ochs[ɔks]。——校注
② 这里暗指冯德(Wundt)认为语言的声音表情动作出于自然的哑剧运动，参看他所著的《民族心理学》第一编《语言》。——校注

# 第一章　语言符号的性质

在这个意义上，语言学可以成为整个符号学中的典范，尽管语言也不过是一种特殊的系统。

曾有人用象征一词来指语言符号，或者更确切地说，来指我们叫做能指的东西[①]。我们不便接受这个词，恰恰就是由于我们的第一个原则。象征的特点是：它永远不是完全任意的；它不是空洞的；它在能指和所指之间有一点自然联系的根基。象征法律的天平就不能随便用什么东西，例如一辆车，来代替。

任意性这个词还要加上一个注解。它不应该使人想起能指完全取决于说话者的自由选择（我们在下面将可以看到，一个符号在语言集体中确立后，个人是不能对它有任何改变的）。我们的意思是说，它是不可论证的，即对现实中跟它没有任何自然联系的所指来说是任意的。

最后，我们想指出，对这第一个原则的建立可能有两种反对意见：

(1) 人们可能以拟声词为依据认为能指的选择并不都是任意的。但拟声词从来不是语言系统的有机成分，而且它们的数量比人们所设想的少得多。有些词，例如法语的 fouet "鞭子" 或 glas "丧钟" 可能以一种富有暗示的音响刺激某些人的耳朵；但是如果我们追溯到它们的拉丁语形式（fouet 来自 fāgus "山毛榉"，glas 来

---

[①] 这里特别是指德国哲学家卡西勒尔（Cassirer）在《象征形式的哲学》中的观点。他把象征也看作一种符号，忽视了符号的特征。德·索绪尔认为象征和符号有明显的差别。——校注

自 classicum"一种喇叭的声音")①,就足以看出它们原来并没有这种特征。它们当前的声音性质,或者毋宁说,人们赋予它们的性质,其实是语音演变的一种偶然的结果。

至于真正的拟声词(像 glou-glou"火鸡的叫声或液体由瓶口流出的声音",tic-tac"嘀嗒"等等),不仅为数甚少,而且它们的选择在某种程度上已经就是任意的,因为它们只是某些声音的近似的、而且有一半已经是约定俗成的模仿(试比较法语的 ouaoua 和德语的 wauwau"汪汪"(狗吠声))。此外,它们一旦被引进语言,就或多或少要卷入其他的词所经受的语音演变,形态演变等等的旋涡(试比较 pigeon"鸽子",来自民间拉丁语的 pipiō,后者是由一个拟声词派生的):这显然可以证明,它们已经丧失了它们原有的某些特性,披上了一般语言符号的不可论证的特征。

(2)感叹词很接近于拟声词,也会引起同样的反对意见,但是对于我们的论断并不更为危险。有人想把感叹词看作据说是出乎自然的对现实的自发表达。但是对其中的大多数人来说,我们可以否认在所指和能指之间有必然的联系。在这一方面,我们试把两种语言比较一下,就足以看到这些表达是多么彼此不同(例如德语的 au!"唉!"和法语的 aïe! 相当)。此外,我们知道,有许多感叹词起初都是一些有确定意义的词(试比较法语的 diable!(鬼＝"见鬼!"mordieu!"天哪"!＝mort Dieu"上帝的死",等等)。

---

① 现代法语的 fouet"鞭子"是古代法语 fou 的指小词,后者来自拉丁语的 fāgus"山毛榉";glas"丧钟"来自民间拉丁语的 classum,古典拉丁语的 classicum"一种喇叭的声音",c 在 l 之前变成了浊音。——校注

总而言之，拟声词和感叹词都是次要的，认为它们源出于象征，有一部分是可以争论的。

## §3. 第二个原则：能指的线条特征

能指属听觉性质，只在时间上展开，而且具有借自时间的特征：(a)它体现一个长度，(b)这长度只能在一个向度上测定：它是一条线。

这个原则是显而易见的，但似乎常为人所忽略，无疑是因为大家觉得太简单了。然而这是一个基本原则，它的后果是数之不尽的；它的重要性与第一条规律不相上下。语言的整个机构都取决于它（参看第167页）。它跟视觉的能指（航海信号等等）相反：视觉的能指可以在几个向度上同时迸发，而听觉的能指却只有时间上的一条线；它的要素相继出现，构成一个链条。我们只要用文字把它们表示出来，用书写符号的空间线条代替时间上的前后相继，这个特征就马上可以看到。

在某些情况下，这表现得不很清楚。例如我用重音发出一个音节，那似乎是把不止一个有意义的要素结集在同一点上。但这只是一种错觉。音节和它的重音只构成一个发音行为，在这行为内部并没有什么二重性，而只有和相邻要素的各种对立（关于这一点，参看第176页）。

# 第二章 符号的不变性和可变性

## §1. 不 变 性

能指对它所表示的观念来说,看来是自由选择的,相反,对使用它的语言社会来说,却不是自由的,而是强制的。语言并不同社会大众商量,它所选择的能指不能用另外一个来代替。这一事实似乎包含着一种矛盾,我们可以通俗地叫做"强制的牌"[①]。人们对语言说:"您选择罢!"但是随即加上一句:"您必须选择这个符号,不能选择别的。"已经选定的东西,不但个人即使想改变也不能丝毫有所改变,就是大众也不能对任何一个词行使它的主权;不管语言是什么样子,大众都得同它捆绑在一起。

因此语言不能同单纯的契约相提并论;正是在这一方面,语言符号研究起来特别有趣;因为如果我们想要证明一个集体所承认的法律是人们必须服从的东西,而不是一种可以随便同意或不同意的规则,那么语言就是最明显的证据。

---

[①] "强制的牌"(la carte forcée)是变戏法的人使用的一种障眼术:他在洗牌的时候私下把一张牌夹在一副纸牌里让人家挑选,但是说,"你必须选择这张牌,不能选择别的。"——校注

## 第二章 符号的不变性和可变性

所以首先让我们来看看语言符号怎样不受意志的管束,然后引出这种现象所产生的严重后果。

在任何时代,哪怕追溯到最古的时代,语言看来都是前一时代的遗产。人们什么时候把名称分派给事物,就在概念和音响形象之间订立了一种契约——这种行为是可以设想的,但是从来没有得到证实。我们对符号的任意性有一种非常敏锐的感觉,这使我们想到事情可能是这样。

事实上任何社会,现在或过去,都只知道语言是从前代继承来的产物而照样加以接受。因此,语言起源的问题并不像人们一般认为的那么重要。它甚至不是一个值得提出的问题①。语言学的唯一的真正的对象是一种已经构成的语言的正常的、有规律的生命。一定的语言状态始终是历史因素的产物。正是这些因素可以解释符号为什么是不变的,即拒绝一切任意的代替。

但是仅仅说语言是一种遗产,如果不更进一步进行考察,那么问题也解释不了。我们不是随时可以改变一些现存的和继承下来的法律吗?

这种反驳使我们不能不把语言放到它的社会环境里去考察,并像对待其他社会制度一样去提出问题。其他社会制度是怎样流传下来的呢?这是一个包含着不变性问题的更一般的问题。我们首先必须评定其他制度所享受的或大或小的自由;可以看到,对其

---

① 语言起源的问题是十八世纪欧洲各派学者最喜欢讨论的问题,从十九世纪起,许多语言学家由于一种实证主义精神的激发,往往拒绝讨论这个问题,尤以法国语言学家表现得最为突出。德·索绪尔正是在这种精神的影响下提出这个问题的。——校注

中任何一种来说,在强制的传统和社会的自由行动之间各有一种不同的平衡。其次,我们要探究,在某类制度里,为什么头一类因素会比另一类因素强些或弱些。最后再回到语言,我们不仅要问为什么累代相传的历史因素完全支配着语言,排除任何一般的和突如其来的变化。

为了回答这个问题,我们可以提出许多论据。比方说语言的变化同世代的交替没有联系①,因为世代并不像家具的抽屉那样一层叠着一层,而是互相混杂,互相渗透,而且每一世代都包含着各种年龄的人。我们也可以考虑一下一个人学会自己的母语需要花多大的力气,从而断定全面的变化是不可能的。此外,我们还可以再加上一句:语言的实践不需要深思熟虑,说话者在很大程度上并不意识到语言的规律,他们既不知道,又怎能改变呢?即使意识到,我们也不应该忘记,语言事实差不多不致引起批评,因为任何民族一般都满意于它所接受的语言。

这些考虑很重要,但不切题。我们在下面将提出一些更主要、更直接的考虑,其他一切考虑都取决于它们:

(1)**符号的任意性**。在上面,符号的任意性使我们不能不承认语言的变化在理论上是可能的;深入一步,我们却可以看到,符号的任意性本身实际上使语言避开一切旨在使它发生变化的尝试。大众即使比实际上更加自觉,也不知道怎样去讨论。因为要讨论

---

① 十九世纪八十年代,欧洲有些语言学家如洛伊德(Lloyd)和皮平(Pipping)等认为语音的自发变化是由儿童和成年人发同一个音有差别引起的。德·索绪尔在这里不同意他们的这种"世代理论"。——校注

一件事情，必须以合理的规范为基础。例如我们可以辩论一夫一妻制的婚姻形式是否比一夫多妻制的形式更为合理，并提出赞成这种或那种形式的理由。我们也可以讨论象征系统，因为象征同它所指的事物之间有一种合理的关系（参看第 96 页）。但是对语言——任意的符号系统——来说，却缺少这种基础，因此也就没有任何进行讨论的牢固的基地。为什么要用 sœur 而不用 sister，用 Ochs 而不用 bœuf[①] 等等，那是没有什么道理可说的。

(2) 构成任何语言都必须有大量的符号。这一事实的涉及面很宽。一个文字体系只有二十至四十个字母，必要时可以用另一个体系来代替。如果语言只有为数有限的要素，情况也是这样；但语言的符号却是数不胜数的。

(3) 系统的性质太复杂。一种语言就构成一个系统。我们将可以看到，在这一方面，语言不是完全任意的，而且里面有相对的道理，同时，也正是在这一点上表现出大众不能改变语言。因为这个系统是一种很复杂的机构，人们要经过深切思考才能掌握，甚至每天使用语言的人对它也很茫然。人们要经过专家、语法学家、逻辑学家等等的参与才能对某一变化有所理解；但是经验表明，直到现在，这种性质的参与并没有获得成功。

(4) 集体惰性对一切语言创新的抗拒。这点超出了其他的任何考虑。语言无论什么时候都是每个人的事情；它流行于大众之中，为大众所运用，所有的人整天都在使用着它。在这一点上，我

---

① Sœur 是法语的词，sister 是英语的词，都是"姊妹"的意思；Ochs 是德语的词，bœuf 是法语的词，都是"牛"的意思。——校注

们没法把它跟其他制度作任何比较。法典的条款，宗教的仪式，以及航海信号等等，在一定的时间内，每次只跟一定数目的人打交道，相反，语言却是每个人每时都在里面参与其事的，因此它不停地受到大伙儿的影响。这一首要事实已足以说明要对它进行革命是不可能的。在一切社会制度中，语言是最不适宜于创制的。它同社会大众的生活结成一体，而后者在本质上是惰性的，看来首先就是一种保守的因素。

然而，说语言是社会力量的产物还不足以使人看清它不是自由的。回想语言始终是前一时代的遗产，我们还得补充一句：这些社会力量是因时间而起作用的。语言之所以有稳固的性质，不仅是因为它被绑在集体的镇石上，而且因为它是处在时间之中。这两件事是分不开的。无论什么时候，跟过去有连带关系就会对选择的自由有所妨碍。我们现在说 homme "人"和 chien "狗"，因为在我们之前人们就已经说 homme 和 chien。这并不妨碍在整个现象中两个互相抵触的因素之间有一种联系：一个是使选择得以自由的任意的约定俗成，另一个是使选择成为固定的时间。因为符号是任意的，所以它除了传统的规律之外不知道有别的规律；因为它是建立在传统的基础上的，所以它可能是任意的。

## §2. 可 变 性

时间保证语言的连续性，同时又有一个从表面看来好像是跟前一个相矛盾的效果，就是使语言符号或快或慢发生变化的效果；因此，在某种意义上，我们可以同时说到符号的不变性和可

## 第二章 符号的不变性和可变性

变性①。

最后分析起来，这两件事是有连带关系的：符号正因为是连续的，所以总是处在变化的状态中。在整个变化中，总是旧有材料的保持占优势；对过去不忠实只是相对的。所以，变化的原则是建立在连续性原则的基础上的。

时间上的变化有各种不同的形式，每一种变化都可以写成语言学中很重要的一章。我们不作详细讨论，这里只说明其中几点重要的。

首先，我们不要误解这里所说的变化这个词的意义。它可能使人认为，那是特别指能指所受到的语音变化，或者所指的概念在意义上的变化。这种看法是不充分的。不管变化的因素是什么，孤立的还是结合的，结果都会导致所指和能指关系的转移。

试举几个例子。拉丁语的 necāre 原是"杀死"的意思，在法语变成了 noyer"溺死"，它的意义是大家都知道的。音响形象和概念都起了变化。但是我们无须把这现象的两个部分区别开来，只从总的方面看到观念和符号的联系已经松懈，它们的关系有了转移也就够了②。如果我们不把古典拉丁语的 necāre 跟法语的 noyer 比较，而把它跟四世纪或五世纪民间拉丁语带有"溺死"意义的

---

① 责备德·索绪尔认为语言有两种互相矛盾的性质不合逻辑或似是而非，那是错误的。他只是想用两个引人注目的术语的对立着重表明这个真理：语言发生变化，但是说话者不能使它发生变化。我们也可以说，语言是不可触动的，但不是不能改变的。——原编者注

② 在十九世纪末和二十世纪初，许多语言学家和心理学家，如德国的保罗和冯德，常把语言变化分为语音变化和意义变化两部分，并把它们对立起来。德·索绪尔在这里认为应该把这两部分结合起来，考虑它们之间的关系。——校注

necare 对比，那么，情况就有点不同。可是就在这里，尽管能指方面没有什么显著的变化，但观念和符号的关系已有了转移①。

古代德语的 dritteil "三分之一" 变成了现代德语的 Drittel。在这里，虽然概念还是一样，关系却起了两种变化：能指不只在它的物质方面有了改变，而且在它的语法形式方面也起了变化；它已不再含有 Teil "部分" 的观念，变成了一个单纯词。不管是哪种变化，都是一种关系的转移。

在盎格鲁·撒克逊语里，文学语言以前的形式 fōt "脚" 还是 fōt（现代英语 foot），而它的复数 *fōti 变成了 fēt（现代英语 feet）。不管那是什么样的变化，有一件事是确定的：关系有了转移。语言材料和观念之间出现了另一种对应。

语言根本无力抵抗那些随时促使所指和能指的关系发生转移的因素。这就是符号任意性的后果之一。

别的人文制度——习惯、法律等等——在不同的程度上都是以事物的自然关系为基础的；它们在所采用的手段和所追求的目的之间有一种必不可少的适应。甚至服装的时式也不是完全任意的：人们不能过分离开身材所规定的条件。相反，语言在选择它的手段方面却不受任何的限制，因为我们看不出有什么东西会妨碍我们把任何一个观念和任何一连串声音联结起来。

为了使人感到语言是一种纯粹的制度，辉特尼曾很正确地强调符号有任意的性质，从而把语言学置于它的真正的轴线上②。

---

① 德·索绪尔在这期讲课里（1911 年 5 月至 7 月），常把"观念"和"符号"以及"所指"和"能指"这些术语交替运用，不加区别。——校注

② 辉特尼的这一观点，见于他所著的《语言的生命和成长》。——校注

## 第二章 符号的不变性和可变性

但是他没有贯彻到底,没有看到这种任意的性质把语言同其他一切制度从根本上分开。关于这点,我们试看看语言怎么发展就能一目了然。情况是最复杂不过的:一方面,语言处在大众之中,同时又处在时间之中,谁也不能对它有任何的改变;另一方面,语言符号的任意性在理论上又使人们在声音材料和观念之间有建立任何关系的自由。结果是,结合在符号中的这两个要素以绝无仅有的程度各自保持着自己的生命,而语言也就在一切可能达到它的声音或意义的动原的影响下变化着,或者毋宁说,发展着。这种发展是逃避不了的;我们找不到任何语言抗拒发展的例子。过了一定时间,我们常可以看到它已有了明显的转移。

情况确实如此,这个原则甚至在人造语方面也可以得到验证。人造语只要还没有流行开,创制者还能把它控制在手里;但是一旦它要完成它的使命,成为每个人的东西,那就没法控制了。世界语就是一种这样的尝试①;假如它获得成功,它能逃避这种注定的规律吗?过了头一段时期,这种语言很可能进入它的符号的生命,按照一些与经过深思熟虑创制出来的规律毫无共同之处的规律流传下去,再也拉不回来。想要制成一种不变的语言,让后代照原样接受过去的人,好像孵鸭蛋的母鸡一样:他所创制的语言,不管他愿

---

① 世界语(Esperanto)是波兰眼科医生柴门霍夫(Zamenhof)于1887年创制的一种人造语,只有二十八个字母,十六条语法规则,词根百分之七十五出自拉丁语,其余的出自日耳曼语和斯拉夫语,简单易学。这种语言自问世后曾引起许多语言学家的讨论。新语法学派奥斯特霍夫和勃鲁格曼于1876年曾撰《人造世界语批判》一书,对一般人造语持极端怀疑的态度。德·索绪尔在这里对世界语的评价,大致采取了其中的观点。但是拥护世界语的人,如波兰的博杜恩·德·库尔特内和法国的梅耶等,却认为这种人造语只是一种国际辅助语,不能代替自然语言,不必考虑它会发生什么样的变化。——校注

意不愿意,终将被那席卷一切语言的潮流冲走。

符号在时间上的连续性与在时间上的变化相连,这就是普通符号学的一个原则;我们在文字的体系,聋哑人的言语活动等等中都可以得到验证。

但是变化的必然性是以什么为基础的呢？人们也许会责备我们在这一点上没有说得像不变性的原则那么清楚。这是因为我们没有把变化的各种因素区别开来;只有考察了多种多样的因素,才能知道它们在什么程度上是必然的。

连续性的原因是观察者先验地看得到的,而语言随着时间起变化的原因却不是这样。我们不如暂时放弃对它作出确切的论述,而只限于一般地谈谈关系的转移。时间可以改变一切,我们没有理由认为语言会逃脱这一普遍的规律。

我们现在参照绪论中所确立的原则,把上面陈述的各个要点总括一下。

（1）我们避免下徒劳无益的词的定义,首先在言语活动所代表的整个现象中分出两个因素:语言和言语。在我们看来,语言就是言语活动减去言语。它是使一个人能够了解和被人了解的全部语言习惯。

（2）但是这个定义还是把语言留在它的社会现实性之外,使语言成了一种非现实的东西,因为它只包括现实性的一个方面,即个人的方面。要有语言,必须有说话的大众。在任何时候,同表面看来相反,语言都不能离开社会事实而存在,因为它是一种符号现象。它的社会性质就是它的内在的特性之一。要给语言下一个完备的

## 第二章 符号的不变性和可变性

定义,必须正视两样分不开的东西,如右图所示:

但是到了这一步,语言只是能活的东西,还不是活着的东西;我们只考虑了社会的现实性,而没有考虑历史事实。

(3)语言符号既然是任意的,这样下定义的语言看来就好像是一个单纯取决于理性原则的,自然而可以随意组织的系统。语言的社会性质,就其本身来说,并不与这种看法正面抵触。诚然,集体心理并不依靠纯粹逻辑的材料进行活动,我们必须考虑到人与人的实际关系中使理性屈服的一切因素。然而我们之所以不能把语言看作一种简单的、可以由当事人随意改变的规约,并不是因为这一点,而是同社会力量的作用结合在一起的时间的作用。离开了时间,语言现实性就不完备,任何结论都无法作出。

要是单从时间方面考虑语言,没有说话的大众——假设有一个人孤零零地活上几个世纪——那么我们也许看不到有什么变化;时间会对它不起作用。反过来,要是只考虑说话的大众,没有时间,我们就将看不见社会力量对语言发生作用的效果。所以,要符合实际,我们必须在上图中添上一个标明时间进程的符号:(见左图)

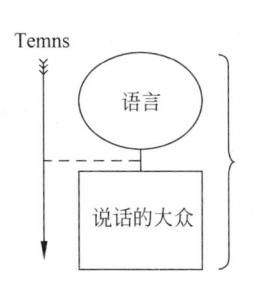

这样一来,语言就不是自由的了,因为时间将使对语言起作用的社会力量可能发挥效力,而我们就达到了那把自由取消的连续性原则。但连续性必然隐含着变化,隐含着关系的不同程度的转移。

# 第三章　静态语言学和演化语言学

## §1. 一切研究价值的科学的内在二重性

很少语言学家怀疑时间因素的干预会给语言学造成特别的困难，使他们的科学面临着两条完全不同的道路。

别的科学大多数不知道有这种根本的二重性，时间在这些科学里不会产生特殊的效果。天文学发现星球经历过很大的变化，但并没有因此一定要分成两个学科。地质学差不多经常谈到连续性，但是当它探讨地层的固定状态的时候，后者并没有成为一个根本不同的研究对象。我们有一门描写的法律学和一门法律史，谁也没有把它们对立起来。各国的政治史完全是在时间上展开的，但是如果一个历史学家描绘某个时代的情况，人们并没有认为他已离开了历史的印象。反过来，关于政治制度的科学主要是描写的，但是遇到必要的时候也大可以讨论历史的问题而不致扰乱它的统一性。

相反，我们所说的二重性却专横地强加于经济学上面。在这里，同上述情况相反，政治经济学和经济史在同一门科学里构成了两个划分得很清楚的学科；最近出版的有关著作都特别强调这种区分。从事这种研究的人常常不很自觉地服从于一种内部的需要①。同样的需要迫使我们把语言学也分成两部分，每部分各有它自己的原则。在这里，正如在政治经济学里一样，人们都面临着价值这个概念。那在这两种科学里都是涉及不同类事物间的等价系统，不过一种是劳动和工资，一种是所指和能指。

确实，任何科学如能更仔细地标明它的研究对象所处的轴线，都会是很有益处的。不管在什么地方都应该依照下图分出：(1)同时轴线(AB)，它涉及同时存在的事物间的关系，一切时间的干预都要从这里排除出去；(2)连续轴线(CD)，在这轴线上，人们一次只能考虑一样事物，但是第一轴线的一切事物及其变化都位于这条轴线上。

对研究价值的科学来说，这种区分已成了实际的需要，在某些情况下并且成了绝对的需要。在这样的领域里，我们可以向学者们提出警告，如果不考虑这两条轴线，不把从本身考虑的价值的系统和从时间考虑的这同一些价值区别开来，就无法严密组织他们的研究。

语言学家特别要注意到这种区别；因为语言是一个纯粹的价值系统，除它的各项要素的暂时状态以外并不决定于任何东西。只要价值有一个方面扎根于事物和事物的自然关系（在经济学里，

---

① 在经济学方面，德·索绪尔受到以华尔拉斯（Walras）等人为代表的瑞士正统经济学派的影响比较深，从中吸取了一些观点，用来阐明他的语言理论。——校注

情况就是这样。例如地产的价值和它的产量成正比),我们就可以从时间上追溯这价值到一定的地步,不过要随时记住它在任何时候都要取决于同时代的价值系统。它和事物的联系无论如何会给它提供一个自然的基础,由此对它作出的估价绝不会是完全任意的,其中的出入是有限度的。但是正如我们刚才所看到的,在语言学里,自然的资料没有什么地位。

不但如此,价值系统越是复杂,组织得越是严密,正因为它的复杂性,我们越有必要按照两条轴线顺次加以研究。任何系统都不具备这种可与语言相比的特点,任何地方都找不到这样准确地起作用的价值,这样众多、纷繁、严密地互相依存的要素。我们在解释语言的连续性时提到的符号的众多,使我们绝对没有办法同时研究它们在时间上的关系和系统中的关系。

所以我们要分出两种语言学。把它们叫做什么呢?现有的术语并不都同样适宜于表明这种区别。例如历史和"历史语言学"就不能采用,因为它们提示的观念过于含糊。正如政治史既包括各个时代的描写,又包括事件的叙述一样,描写语言的一个接一个的状态还不能设想为沿着时间的轴线在研究语言,要做到这一点,还应该研究使语言从一个状态过渡到另一个状态的现象。演化和演化语言学这两个术语比较确切,我们以后要常常使用;与它相对的可以叫做语言状态的科学或者静态语言学。

但是为了更好地表明有关同一对象的两大秩序的现象的对立和交叉,我们不如叫做共时语言学和历时语言学。有关语言学的静态方面的一切都是共时的,有关演化的一切都是历时的。同样,共时态和历时态分别指语言的状态和演化的阶段。

## §2. 内在二重性和语言学史

我们研究语言事实的时候,第一件引人注目的事是,对说话者来说,它们在时间上的连续是不存在的。摆在他面前的是一种状态。所以语言学家要了解这种状态,必须把产生这状态的一切置之度外,不管历时态。他要排除过去,才能深入到说话者的意识中去。历史的干预只能使他的判断发生错误。要描绘阿尔卑斯山的全景,却同时从汝拉山的几个山峰上去摄取,那是荒谬绝伦的[①];全景只能从某一点去摄取。语言也是这样:我们要集中在某一个状态才能把它加以描写或确定使用的规范。要是语言学家老是跟着语言的演化转,那就好像一个游客从汝拉山的这一端跑到那一端去记录景致的移动。

自有近代语言学以来,我们可以说,它全神贯注在历时态方面。印欧语比较语法利用掌握的资料去构拟前代语言的模型;比较对它来说只是重建过去的一种手段。对各语族(罗曼语族、日耳曼语族等等)所作的专门研究,也使用同样的方法;状态的穿插只是片段的、极不完备的。这是葆朴所开创的路子;他对语言的理解是混杂的、犹豫不定的。

另一方面,在语言研究建立以前,那些研究语言的人,即受传统方法鼓舞的"语法学家",是怎样进行研究的呢?看来奇怪,在我

---

① 阿尔卑斯山在意大利北部,是欧洲一座最高的山。汝拉山在法国和瑞士交界处,与阿尔卑斯山遥遥相对。——校注

们所研究的问题上面,他们的观点是绝对无可非议的。他们的工作显然表明他们想要描写状态,他们的纲领是严格地共时的。例如波尔·洛瓦雅耳语法[1]试图描写路易十四时代法语的状态,并确定它的价值。它不因此需要中世纪的语言;它忠实地遵循着横轴线(参看第111页),从来没有背离过。所以这种方法是正确的。但并不意味着它对方法的应用是完备的。传统语法对语言的有些部分,例如构词法,毫无所知;它是规范性的,认为应该制定规则,而不是确认事实;它缺乏整体的观点;往往甚至不晓得区别书写的词和口说的词,如此等等。

曾有人责备古典语法不科学[2],但是它的基础比之葆朴所开创的语言学并不那么该受批评,它的对象更为明确。后者的界限模糊,没有确定的目标,它跨着两个领域,因为分不清状态和连续性。

语言学在给历史许下了过大的地位之后,将回过头来转向传统语法的静态观点。但是这一次却是带着新的精神和新的方法回来的。历史方法将作出贡献,使它青春焕发。正是历史方法的反戈一击将使人更好地了解语言的状态。古代语法只看到共时事实,语言学已揭露了一类崭新的现象。但这是不够的,我们应该使人感到这两类事实的对立,从而引出一切可能的结果。

---

[1] 波尔·洛瓦雅耳(Port-Royal)是法国的一所修道院,原是"王港"的意思,建立于1204年。1664年,该院佐理阿尔诺(A. Arnaud)和兰斯洛(Lancelot)合编一本语法,叫做"唯理普遍语法",完全以逻辑为基础,试图描写路易十四时代法语的状态。——校注

[2] 这是指的新语法学派的看法。他们认为十九世纪以前的语法是不科学的,只有从历史方面研究语法才是合乎科学原理的。——校注

## §3. 内在二重性例证

这两种观点——共时观点和历时观点——的对立是绝对的，不容许有任何妥协。我们可以举一些事实来表明这种区别是在什么地方，为什么它是不能缩减的。

拉丁语的 crispus"波状的、卷绉的"给法语提供了一个词根 crép-，由此产生出动词 crépir"涂上灰泥"和 décrépir"除去灰泥"。另一方面，在某一个时期，人们又向拉丁语借了 dēcrepitus"衰老"一词，词源不明，并把它变成了 décrépit。确实，今天说话者大众在 un mur *décrépi*"一堵灰泥剥落的墙"和 un homme *décrépit*"一个衰老的人"之间建立了一种关系，尽管在历史上这两个词彼此毫不相干：人们现在往往说 la façade *décrépite* d'une maison"一所房子的破旧的门面"。这就是一个静态的事实，因为它涉及语言里两个同时存在的要素间的关系。这种事实之所以能够产生，必须有某些演化现象同时迸发：crisp-的发音变成了 crép-①，而在某个时期，人们又向拉丁语借来了一个新词。这些历时事实——我们可以看得很清楚——同它们所产生的静态事实并没有任何关系；它们是不同秩序的事实。

再举一个牵涉面很广的例子。古高德语 gast"客人"的复数起

---

① 法语的词根 crép-，在古代法语为 cresp-，来自民间拉丁语的 crespu，古典拉丁语的 crispus。到八世纪，古代法语的 cresp-由于 s 在辅音之前脱落，变成了现代法语的 crép-。——校注

初是 gasti,hant"手"的复数是 hanti,等等,等等。其后,这个 i 产生了变音(umlaut),使前一音节的 a 变成了 e,如 gasti→gesti, hanti→henti。然后,这个 i 失去了它的音色,因此 gesti→geste 等等。结果,我们今天就有了 Gast:Gäste, Hand:Hände 和一整类单复数之间具有同一差别的词。在盎格鲁·撒克逊语里也曾产生差不多相同的事实:起初是 fōt"脚",复数 * fōti;tōþ"牙齿",复数 * tōþi;gōs"鹅",复数 * gōsi 等等。后来由于第一次语音变化,即"变音"的变化,* fōti 变成了 * fēti;由于第二次语音变化,词末的 i 脱落了,* fēti 又变成了 fēt。从此以后,fōt 的复数是 fēt,tōþ 的复数是 tēþ,gōs 的复数是 gēs(即现代英语的 foot:feet, tooth:teeth, goose:geese)。

从前,当人们说 gast:gasti,fōt:fōti 的时候,只简单地加一个 i 来表示复数;Gast:Gäste 和 fōt:fēt 表明已有了一个新的机构表示复数。这个机构在两种情况下是不同的:古英语只有元音的对立,德语还有词末-e 的有无;但这种差别在这里是不重要的。

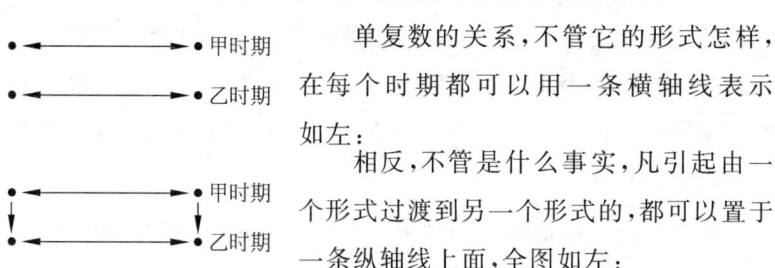

●←——→● 甲时期
●←——→● 乙时期

●←——→● 甲时期
↕     ↕
●←——→● 乙时期

单复数的关系,不管它的形式怎样,在每个时期都可以用一条横轴线表示如左:

相反,不管是什么事实,凡引起由一个形式过渡到另一个形式的,都可以置于一条纵轴线上面,全图如左:

我们的范例可以提示许多与我们的主题直接有关的思考:

(1)这些历时事实的目标绝不是要用另外一个符号来表示某一个价值:gasti 变成了 gesti,geste(Gäste),看来跟名词的复数没有什么关系;在 tragit→trägt"挑运"里,同样的"变音"牵涉到动词的屈折形式,如此等等。所以,历时事实是一个有它自己的存在理由的事件;由它可能产生什么样特殊的共时后果,那是跟它完全没有关系的。

(2) 这些历时事实甚至没有改变系统的倾向。人们并不愿意由一种关系系统过渡到另一种关系系统;变化不会影响到安排,而只影响到被安排的各个要素。

我们在这里又碰上了一条已经说过的原则:系统从来不是直接改变的,它本身不变,改变的只是某些要素,不管它们跟整体的连带关系怎样。情况有点像绕太阳运行的行星改变了体积和重量:这一孤立的事实将会引起普遍的后果,而且会改变整个太阳系的平衡。要表示复数,必须有两项要素的对立:或是 fōt:*fōti,或是 fōt:fēt;两种方式都是可能的,但是人们可以说未加触动就从一个方式过渡到另一个方式。变动的不是整体,也不是一个系统产生了另一个系统,而是头一个系统的一个要素改变了,而这就足以产生出另一个系统。

(3) 这一观察可以使我们更好地理解一个状态总带有偶然的性质。同我们不自觉地形成的错误看法相反,语言不是为了表达概念而创造和装配起来的机构。相反,我们可以看到,变化出来的状态并不是注定了要表达它所包含的意思的。等到出现了一个偶然的状态:fōt:fēt,人们就紧抓住它,使它负担起单复数的区别;为了表示这种区别,fōt:fēt 并不就比 fōt:*fōti 更好些。不管是哪一种状态,都在一定的物质里注入了生机,使它变成了有生命的东西。这种看法是历史语言学提示给我们的,是传统语法所不知道的,而且也是用它自己的方法永远得不到的。大多数的语言哲学家对这一点也同样毫无所知,可是从哲学的观点看,这是最重要不过的①。

(4) 历时系列的事实是否至少跟共时系列的事实属于同一秩序呢？绝不,因为我们已经确定,变化是在一切意图之外发生的。相反,共时态的事实总是有意义的,它总要求助于两项同时的要素；表达复数的不是 Gäste,而是 Gast∶Gäste 的对立。在历时事实中,情况恰好相反：它只涉及一项要素；一个新的形式(Gäste)出现,旧的形式(gasti)必须给它让位。

所以,要把这样一些不调和的事实结合在一门学科里将是一种空想。在历时的展望里,人们所要处理的是一些跟系统毫不相干的现象,尽管这些现象制约着系统。

现在再举一些例子来证明和补充由前一些例子中所得出的结论。

法语的重音总是落在最后的一个音节上的,除非这最后一个音节有个哑 e(ə)。这就是一个共时事实,法语全部的词和重音的关系。它是从哪里来的呢？从以前的状态来的。拉丁语有一个不同的、比较复杂的重音系统：如果倒数第二个音节是一个长音节,那么,重音就落在这个音节上面；如果是短音节,重音就转移到倒数第三个音节(试比较 amícus"朋友",ánǐma"灵魂")。这个规律引

---

① 德·索绪尔在这里完全采用了洪葆德(W. von Humboldt)在《论人类语言结构的差异及其对于人类精神发展的影响》一书中反对唯理语法所提出的论点。所谓传统语法就是指唯理语法和十七世纪以前的语法；所谓大多数的语言哲学家就是指洪葆德以外的语言学家。——校注

起的关系跟法语的规律毫无类似之处。重音,从它留在原处这个意义上看,当然还是同一个重音;它在法语的词里总是落在原先拉丁语带重音的音节上:amícum→ami,ánimam→âme,然而,两个公式在两个时期是不同的,因为词的形式已经变了。我们知道,所有在重音后面的,不是消失了,就是弱化成了哑 e。经过这种变化之后,重音的位置从总体方面看,已经不一样了。从此以后,说话者意识到这种新的关系,就本能地把重音放在最后一个音节,甚至在通过文字借来的借词里(facile"容易",consul"领事",ticket"票",burgrave"城关")也是这样。很显然,人们并不想改变系统,采用一个新的公式,因为在 amícum→ami 这样的词里,重音总还是停留在同一个音节上面;但是这里已插入了一个历时的事实:重音的位置虽然没有受到触动,却已经改变了。重音的规律,正如与语言系统有关的事实一样,都是各项要素的一种安排,来自演化的偶然的、不由自主的结果。

再举一个更引人注目的例子。古斯拉夫语的 slovo"词",工具格单数是 slovemь,主格复数是 slova,属格复数是 slovъ,等等,在变格里,每个格都有它的词尾。但是到了今天,斯拉夫语代表印欧语 ĭ 和 ŭ 的"弱"元音 ь 和 ъ 已经消失,由此变成了例如捷克语的 slovo,slovem,slova,slov。同样,žena"女人"的宾格单数是ženu,主格复数是 ženy,属格复数是 žen。在这里,属格(slov,žen)的标志是零。由此可见,物质的符号对表达观念来说并不是必不可少的;语言可以满足于有无的对立。例如在这里,人们之所以知道有属格复数的 žen,只是因为它既不是 žena,又不是 ženu,或者其他任何形式。像属格复数这样一个特殊的观念竟至采用零符号,乍一看来似乎很奇怪,但恰好证明一切都来自纯粹的偶然。语言不管会遭受什么样的损伤,都是一种不断运转的机构。

这一切可以确证上述原则,现在把它们概括如下:

语言是一个系统,它的任何部分都可以而且应该从它们共时的连带关系方面去加以考虑。

变化永远不会涉及整个系统,而只涉及它的这个或那个要素,只能在系统之外进行研究。毫无疑问,每个变化都会对系统有反响,但是原始事实却只能影响到一点;原始事实和它对整个系统可能产生的后果没有任何内在的关系。前后相继的要素和同时存在的要素之间,以及局部事实和涉及整个系统的事实之间的这种本质上的差别,使其中任何一方面都不能成为一门单独科学的材料。

## §4. 用比拟说明两类事实的差别

为了表明共时态和历时态的独立性及其相互依存关系,我们可以把前者比之于物体在平面上的投影。事实上,任何投影都直接依存于被投影的物体,但是跟它不同,物体是另一回事。没有这一点,就不会有整个的投影学,只考虑物体本身就够了。在语言学里,历史现实性和语言状态之间也有同样的关系,语言状态无异就是历史现实性在某一时期的投影。我们认识共时的状态,不是由于研究了物体,即历时的事件,正如我们不是因为研究了,甚至非常仔细地研究了不同种类的物体,就会对投影几何获得一个概念一样。

同样,把一段树干从横面切断,我们将在断面上看到一个相当复杂的图形，它无非是纵向纤维的一种情景；这些纵向纤维，如果把树干垂直切开，也可以看到。这里也是一个展望依存于另一个展望：纵断面表明构成植物的纤维本身，横断面表明这些纤维在特定平面上的集结。但是后者究竟不同于前者，因为它可以使人看到各纤维间某些从纵的平面上永远不能理解的关系。

但是在我们所能设想的一切比拟中，最能说明问题的莫过于把语言的运行比之于下棋。两者都使我们面临价值的系统，亲自看到它们的变化。语言以自然的形式呈现于我们眼前的情况，下棋仿佛用人工把它体现出来。

现在让我们仔细地看一看。

首先，下棋的状态与语言的状态相当。棋子的各自价值是由它们在棋盘上的位置决定的，同样，在语言里，每项要素都由于它同其他各项要素对立才能有它的价值。

其次，系统永远只是暂时的，会从一种状态变为另一种状态。诚然，价值还首先决定于不变的规约，即下棋的规则，这种规则在开始下棋之前已经存在，而且在下每一着棋之后还继续存在。语言也有这种一经承认就永远存在的规则，那就是符号学的永恒的原则。

最后，要从一个平衡过渡到另一个平衡，或者用我们的术语说，从一个共时态过渡到另一个共时态，只消把一个棋子移动一下就够了，不会发生什么倾箱倒箧的大搬动。在这里，历时事实及其全部细节可以得到对照。事实上：

(a) 我们每下一着棋只移动一个棋子；同样，在语言里受变化影响的只有一些孤立的要素。

(b) 尽管这样，每着棋都会对整个系统有所反响，下棋的人不可能准确地预见到这效果的界限。由此引起的价值上的变化，有的是零，有的很严重，有的具有中等的重要性，各视情况而不同。一着棋可能使整盘棋局发生剧变，甚至对暂时没有关系的棋子也有影响。我们刚才看到，对语言来说，情况也恰好一样。

(c) 一个棋子的移动跟前后的平衡是绝对不同的两回事。所起的变化不属于这两个状态中的任何一个；可是只有状态是重要的。

在一盘棋里，任何一个局面都具有从它以前的局面摆脱出来的独特性，至于这局面要通过什么途径达到，那完全是无足轻重的。旁观全局的人并不比在紧要关头跑来观战的好奇者多占一点便宜。要描写某一局面，完全用不着回想十秒钟前刚发生过什么。这一切都同样适用于语言，更能表明历时态和共时态之间的根本区别。言语从来就是只依靠一种语言状态进行工作的，介于各状态间的变化，在有关的状态中没有任何地位。

只有一点是没法比拟的：下棋的人有意移动棋子，使它对整个系统发生影响，而语言却不会有什么预谋，它的棋子是自发地和偶然地移动的——或者毋宁说，起变化的。由 hanti 变为 Hände "手"，gasti 变为 Gäste "客人" 的 "变音"（参看第 115 页）固然造成了一个构成复数的新方法,但是也产生了一个动词的形式,如由 tragit 变为 trägt"搬运"等等。要使下棋和语言的运行完全相同,必须设想有一个毫不自觉的或傻头傻脑的棋手。然而这唯一的差别正表明语言学中绝对有必要区别两种秩序的现象,从而使这个比拟显得更有教益。因为在有意志左右着这类变化的时候,历时事实尚且不能归结到受自己制约的共时系统,如果历时事实促使一种盲目的力量同符号系统的组织发生冲突,那么情况就更是这样了。

## §5. 在方法和原则上对立的两种语言学

历时和共时的对立在任何一点上都是显而易见的。

例如——从最明显的事实说起——它们的重要性是不相等的。在这一点上,共时方面显然优于历时方面[①],因为对说话的大众来说,它是真正的、唯一的现实性(参看第113页)。对语言学家说来也是这样:如果他置身于历时的展望,那么他所看到的就不再是语言,而是一系列改变语言的事件。人们往往断言,认识某一状态的起源是最重要不过的。这在某种意义上说是对的:形成这一状态的条件可以使我们明了它的真正的性质,防止某种错觉(参看第116页以下)。但是这正好证明历时态本身没有自己的目的。它好像人们所说的新闻事业一样:随波逐浪,不知所往。

---

① 在这一点上,德·索绪尔和新语法学派处在完全相反的地位,因为新语法学派认为在语言研究中,只有语言的历史研究才是合乎科学原理的。——校注

它们的方法也不同,表现在两个方面:

(a)共时态只知有一个展望,即说话者的展望,它的整个方法就在于搜集说话者的证词。要想知道一件事物的实在程度,必须而且只消探究它在说话者意识中的存在程度。相反,历时语言学却应该区分两个展望:一个是顺时间的潮流而下的前瞻的展望,一个是逆时间的潮流而上的回顾的展望。因此而有方法上的二分,我们将在第五篇加以讨论。

(b)第二种差别来自这两种学科各自包括的范围的界限。共时研究的对象不是同时存在的一切,而只是与每一语言相当的全部事实,必要时可以分到方言和次方言。共时这个术语其实不够精确,应该用稍稍长一些的特异共时来代替。相反,历时语言学不但没有这种需要,而且不容许对它作这样的明确规定。它所考虑的要素不一定是属于同一种语言的(试比较印欧语的 * esti"是",希腊语的 ésti"是",德语的 ist"是",法语的 est"是")。造成语言的分歧的正是历时事实的继起以及它们在空间上的增殖。为了证明两个形式的接近,只要指出它们之间有一种历史上的联系就够了,不管这联系是多么间接。

这些对立不是最明显,也不是最深刻的。演化事实和静态事实的根本矛盾所招来的后果是,它们双方的有关概念都同样程度地无法互相归结。不论哪个概念都能用来表明这个真理。因此,共时"现象"和历时"现象"毫无共同之处(参看第 118 页):一个是同时要素间的关系,一个是一个要素在时间上代替了另一个要素,是一种事件。我们在第 147 页也将看到,历时同一性和共时同一性是极不相同的两回事:在历史上,否定词 pas"不"和名词 pas

第三章　静态语言学和演化语言学

"步"是同一的东西，可是就现代法语来说，这两个要素却是完全不同的①。这些已足以使我们明白为什么一定不能把这两个观点混为一谈；不过表现得最明显的，还在于下面就要作出的区别。

## §6. 共时规律和历时规律

人们常常谈到语言学的规律，但是语言事实是否真受规律的支配呢？语言事实又可能是什么性质的呢？语言既是一种社会制度，人们可以先验地想到，它要受到一些与支配社会集体的条例相同的条例支配。可是，任何社会规律都有两个基本的特征②：它是命令性的，又是一般性的；它是强加于人的，它要扩展到任何场合——当然，有一定时间和地点的限制。

语言的规律能符合这个定义吗？要知道这一点，依照刚才所说，头一件要做的事就是要再一次划分共时和历时的范围。这是不能混淆的两个问题：一般地谈论语言的规律，那就无异于捕风捉影。

我们在下面举出几个希腊语的例子，故意把两类"规律"混在

---

① 现代法语有些否定词如 pas"不"，rien"没有什么"，personne"没有人"，point"一点也没有"等等是由有肯定意义的词变来的，如 pas 就是"脚步"的意思，rien 就是"某种东西"的意思，personne 就是"人"的意思，point 就是"点"的意思，如此等等。这些意思之所以发生这种变化，是因为它们常与否定词 ne"不"连用，如 je ne sais pas 是"我不知道"的意思，结果受到 ne 的感染，由肯定词变成了否定词。——校注

② 德·索绪尔对于社会规律的两个基本特征是按照法国社会学家涂尔干（E. Durkheim）的理论来理解的。涂尔干认为一切社会规律必须符合两个基本原则：强制性和普遍性。德·索绪尔在这里所说的命令性就等于涂尔干的强制性，一般性就等于普遍性。——校注

一起：

(1) 印欧语的送气浊音变成了送气清音：*dhūmos→thūmós "生命"，*bherō→phérō "我携带"等等。

(2) 重音从不越过倒数第三个音节。

(3) 所有的词都以元音或 s, n, r 结尾，排除其他一切辅音。

(4) 元音之前开头的 s 变成了 h（强烈的送气）：*septm（拉丁语 septem）→heptá "七"。

(5) 结尾的 m 变成了 n：*jugom→zugón（试比较拉丁语的 jugum "轭"）[1]。

(6) 结尾的塞音脱落了：*gunaik→gúnai "女人" *epheret→éphere "（他）携带了"，*epheront→épheron "他们携带了"[2]。

这些规律当中，第一条是历时的：dh 变成了 th 等等。第二条表示词的单位和重音的关系——两项同时存在的要素间的一种结合，这是一条共时的规律。第三条也是这样，因为它涉及词的单位和它的结尾。第四、第五和第六条规律都是历时的：s 变成了 h，-n 代替了 -m；-t，-k 等等消失了，没有留下任何痕迹。

此外，我们要注意，第三条规律是第五条和第六条规律的结

---

[1] 依照梅耶（A. Meillet）先生（《巴黎语言学学会学术报告》第九种第 365 页及以下）和高彼约（Gauthiot）先生（《印欧语词的结尾》第 158 页及以下）的意见，印欧语只有结尾的 -n，没有 -m。如果我们接受这一理论，那么，把第五条规律列成这样就够了：印欧语一切结尾的 -n 在希腊语里都保存着。它说明问题的价值并不因此而减弱，因为一个语音现象最后结果是把一个古代状态保存下来还是造成了一种变化，在性质上是相同的（参看第 199 页）。——原编者注

[2] *gunaik→gúnai 是名词 gune "女人"的单数呼格，*epheret→éphere 是动词 phéro "我携带"第三人称单数直陈式未完成体的形式，*epheront→epheron 是同一个动词第三人称复数直陈式未完成体的形式。——校注

## 第三章　静态语言学和演化语言学

果；两个历时事实造成了一个共时事实。

我们把这两种规律分开，就可以看到，第二、第三条和第一、第四、第五、第六条是不同性质的。

共时规律是一般性的，但不是命令性的。毫无疑问，它会凭借集体习惯的约束而强加于个人（参看第 103 页），但是我们在这里考虑的不是与说话者有关的义务。我们的意思是说，在语言里，当规律性支配着某一点的时候，任何力量也保证不了这一规律性得以保持下去。共时规律只是某一现存秩序的简单的表现，它确认事物的状态，跟确认果园里的树排列成梅花形是同一性质的。正因为它不是命令性的，所以它所确定的秩序是不牢靠的。例如，支配拉丁语重音的共时规律是再有规则不过的了（可与第二条规律相比），然而，这一重音制度并没有抵抗得住变化的因素，它终于在一个新的规律，即语法的规律面前让步了（参看以上第 118 页以下）。总之，如果我们谈到共时态的规律，那就意味着排列，意味着规则性的原理。

相反，历时态却必须有一种动力的因素，由此产生一种效果，执行一件事情。但是，这一命令性的特征不足以把规律的概念应用于演化的事实；只有当一类事实全都服从于同一规则的时候，我们才能谈得上规律。而历时事件总有一种偶然的和特殊的性质，尽管从表面上看有些并不是这样。

这一点从语义事实方面可以马上看到。如果法语的 poutre"母马"取得了"木材、橡子"的意义，那是由于一些特殊的原因，并不取决于其他可能同时发生的变化。它只不过是纪录在一种语言的历史里的所有偶然事件中的一件。

句法和形态的变化却不是一开始就能看得这样清楚的。在某一个时代，几乎所有古代主格的形式都从法语中消失了；这难道不是整类事实都服从于同一规律吗？不，因为这些都不过是同一个孤立事实的多种表现。受影响的是主格这个独特的概念，它的消失自然会引起一系列形式的消失。对于任何只看见语言外表的人来说，单一的现象会淹没在它的多种表现之中；但是这现象本身，按它的深刻本质来说，却是单一的，而且会像 poutre 所遭受的语义变化一样在它自己的秩序中构成一个孤立的历史事件。它只因为是在一个系统中实现的，所以才具有"规律"的外貌：系统的严密安排造成了一种错觉，仿佛历时事实和共时事实一样都服从于相同的条件。

最后，对语音变化来说，情况也完全一样。可是人们却常常谈到语音规律。实际上，我们看到在某一个时期，某一个地区，一切具有相同的语音特点的词都会受到同一变化的影响。例如第126页所说的第一条规律（\*dhūmos→希腊语 thūmós）就牵涉到希腊语一切含有送气浊音的词（试比较 \*nebhos→néphos，\*medhu→méthu，\*anghō→ánkhō 等等）；第四条规律（\*septm→heptá）可以适用于 serpō→hérpo，\*sūs→hûs 和一切以 s 开头的词。这一规律性，有时虽然有人提出异议，但在我们看来已经很好地确立。有些明显的例外不足以削弱这种变化的必然性，因为例外可以用一些更特殊的语音规律（参看第133页 tríkhes∶thriksí 的例子）或者另一类事实（类比，等等）的干预来加以解释。因此，看来再没有什么更符合上面对规律这个词所下的定义了。然而，可以用来证明一条语音规律的例子不管有多少，这规律所包括的一切事实都不过是某一单个的特殊事实的表现罢了。

真正的问题是要知道受到语音变化影响的是词，抑或只是声音。回答是没有什么可以怀疑的：在 néphos, méthu, ánkhō 等词里，那是某一个音位，印欧语的送气浊音变成了送气清音，原始希腊语的开头的 s 变成了 h 等等，其中每一个事实都是孤立的，既与其他同类的事件无关，又与发生变化的词无关①。所有这些词的语音材料自然都起了变化，但是这不应该使我们对于音位的真正性质有什么误解。

我们凭什么断言词不是跟语音变化直接有关的呢？只凭一个非常简单的看法，即这些变化对词来说毕竟是外在的东西，不能触及它们的实质。词的单位不只是由它的全部音位构成的，它还有物质以外的其他特征。假如钢琴有一根弦发生故障，弹琴的时候每次触动它，都会发出一个不谐和的声音。毛病在什么地方呢？在旋律里吗？肯定不是。受影响的不是旋律，那只是因为钢琴坏了。语音学的情况也正是这样。音位系统就是我们演奏来发出语词的乐器；如果其中一个要素改变了，引起的后果可能是各种各样的，但事实本身却与词无关，词可以说就是我们演奏节目中的旋律。

所以历时事实是个别的；引起系统变动的事件不仅与系统无

---

① 不消说，上面援引的例子都是纯粹属于图式性质的：当前的语言学家正在努力把尽可能广泛的语音变化归结为同一个根本的原理。例如梅耶先生就是用发音的逐步弱化来解释希腊语塞音的变化(参看《巴黎语言学学会学术报告》第九种第 163 页以下)。上述有关语音变化的性质的结论，最后分析起来，自然也适用于这些一般事实存在的一切场合。——原编者注

关(参看第 116 页),而且是孤立的,彼此不构成系统。

让我们总括一下:任何共时事实都有一定的规律性,但是没有命令的性质;相反,历时事实却是强加于语言的,但是它们没有任何一般的东西。

一句话,而且这就是我们要得出的结论:两者不论哪一种都不受上述意义的规律的支配。如果一定要谈到语言的规律,那么,这一术语就要看应用于哪一个秩序的事物而含有完全不同的意义。

## §7. 有没有泛时观点?

直到现在,我们是就法律学上的意义来理解规律这个术语的[①]。但是在语言里,是否也许有一些就物理科学以及博物学上的意义理解的规律,即无论在什么地方,什么时候都可以得到证明的关系呢?一句话,语言能否从泛时观点去加以研究呢?

毫无疑问。例如,语音会发生变化,而且永远会发生变化,因此,我们可以把这个一般的现象看作言语活动的一个经常的方面;这就是它的一个规律。语言学像下棋一样(参看第 121 页以下)都有一些比任何事件都更长寿的规则。但这些都是不依赖于具体事实而独立存在的一般原则。一谈到具体的看得见摸得着的事实,就没有什么泛时观点了。例如,任何语音变化,不管它扩张的地域

---

[①] 西方语言中"法律"、"规律"、"定律"等都用的是同一个术语,如法语的 loi,英语的 law 等等。——校注

多么宽广，都只限于一定的时间和一定的地区①。没有一个变化是任何时候和任何地点都发生的；它只是历时地存在着。这恰好就是我们用来辨明什么是语言的，什么不是语言的一个准则。能加以泛时解释的具体事实不是属于语言的。比方法语的 chose"事物"这个词，从历时观点看，它来自拉丁语的 causa，并与之对立；从共时观点看，它跟现代法语里一切可能与它有联系的要素相对立。只有把这个词的声音（šọz）单独拿出来加以考虑，才能对它进行泛时的观察。但是这些声音没有语言的价值。而且即使从泛时的观点看，šọz 在像 ün šọz admirablə（une chose admirable"一件值得赞赏的事情"）这样的语链中也不是一个单位，而是一个没有定形的、无从划分界限的浑然之物。事实上，为什么是 šọz，而不是 ọza 或 nšọ 呢？这不是一个价值，因为它没有意义。泛时观点和语言的特殊事实永远沾不上边。

## §8. 把共时和历时混为一谈的后果

可能有两种情况：

(a) 共时真理似乎是历时真理的否定。从表面看，人们会设想必须作出选择，事实上没有必要，一个真理并不排斥另一个真理。法语的 dépit"气恼"从前曾有"轻蔑"的意思，但是这并不妨碍它现在有了一个完全不同的意义。词源和共时价值是有区别

---

① 这是针对施来赫尔（A. Schleicher）的自然主义观点来说的，因为施氏认为我们可以确立一个从塞纳河和波河沿岸到恒河和印度河沿岸都相同的规律。——校注

的两回事。同样,现代法语的传统语法还教导我们,在某些情况下,现在分词是可变的,要像形容词一样表示一致关系(试比较 une eau *courante*"流水"),而在另外一些情况下却是不变的(试比较 une personne *courant* dans la rue"在街上跑的人")。但是历史语法告诉我们,那不是同一个形式:前者是可变的拉丁语分词(currentem)的延续,而后者却来自不变的离格动名词(currendō)①。共时真理是否同历时真理相矛盾,我们是否必须以历史语法的名义谴责传统语法呢?不,因为这将是只看到现实性的一半。我们不应该相信只有历史事实重要,足以构成一种语言。毫无疑问,从来源的观点看,分词 courant 里有两样东西。但是语言的意识已把它们拉在一起,只承认其中一个。共时真理和历时真理都同样是绝对的,无可争辩的。

(b)共时真理和历时真理如此协调一致,人们常把它们混为一谈,或者认为把它们拆散是多此一举。例如,人们相信,说拉丁语的 pater 有相同的意义,就算解释了法语 père"父亲"这个词的现有意义。再举一个例子:拉丁语开音节非开头的短 a 变成了 i,如 faciō"我做":conficiō"我完成",amīcus"朋友":inimīcus"敌人"等等。人们往往把它列成一条规律说:faciō 的 a 变成了 conficiō 的 i,因为它已不在第一个音节。这是不正确的:faciō 的 a 从来没有"变成"conficiō 的 i。为了重新确定真理,我们必须区别两个时期

---

① 这个一般公认的理论最近曾为列尔赫(E. Lerch)先生所驳斥(《不变形的现在分词》,埃尔兰根,1913 年),但是我们相信没有成功。因此,这里没有必要把一个在任何场合都还有教学意义的例子删去。——原编者注

和四个要素。人们起初说 faciō→confaciō；其后 confaciō 变成了 conficiō，而 faciō 却保持不变，因此说 faciō—conficiō。

$$
\begin{array}{ccc}
faci\bar{o} \leftrightarrow confaci\bar{o} & & 甲时期 \\
\updownarrow & \updownarrow & \\
faci\bar{o} \leftrightarrow confici\bar{o} & & 乙时期
\end{array}
$$

如果说发生了"变化"，那是在 confaciō 和 conficiō 之间发生的。可是这规则表述得不好，头一个词连提也没有提到！其次，除了这个变化——那自然是一个历时的变化——，还有第二个跟头一个绝对不同的事实，那是涉及 faciō 和 conficiō 之间的纯粹共时的对立的。有人认为这不是事实，而是结果。然而，它在它自己的秩序里确实是一个事实，而且甚至所有共时的现象都是属于这一性质的。妨碍大家承认 faciō—conficiō 的对立有真正价值的，是因为它不是很有意义。但是我们只要考虑一下 Gast→Gäste"客人"，gebe-gibt"给"的对立，就可以看到它们也是语音演变的偶然结果，但是在共时的秩序里仍不失为主要的语法现象。由于这两个秩序的现象有极其紧密的联系，而且互相制约，所以到头来人们终于相信用不着把它们区别开来。事实上，语言学已把它们混淆了几十年而没有发觉它的方法竟然一文不值。

然而，这种错误在某些情况下是显而易见的。例如，要解释希腊语的 phuktós"逃跑了"这个词，可能有人认为，只要指出希腊语的 g 或 kh 在清辅音之前变成了 k，同时举一些共时的对应如 phugeîn：phuktós，lékhos：léktron 等等加以说明就够了。但是碰上像 tríkhes：thriksí 这样的例子，其中的 t 怎样"过渡"到 th 却是一个很复杂的问题。这个词的形式只能从历史方面用相对年代来解释。原始词干 * thrikh 后面跟着词尾-si 变成了 thriksí,这是一个很古老的现象,跟由词根 lekh-构成 léktron 是一模一样的。其后,在同一个词里,任何送气音后面跟着另一个送气音,都变成了清音,于是 * thríkhes 就变成了 tríkhes,而 thriksí 当然不受这一规律支配。

## §9. 结　　论

于是,语言学在这里遇到了它的第二条分叉路。首先,我们必须对语言和言语有所选择(参看第 27 页);现在我们又处在两条道路的交叉点上:一条通往历时态,另一条通往共时态。

一旦掌握了这个二重的分类原则,我们就可以补充说:语言中凡属历时的,都只是由于言语。一切变化都是在言语中萌芽的。任何变化,在普遍使用之前,无不由若干个人最先发出。现代德语说:ich war"我从前是",wir waren"我们从前是",可是古代德语,直到十六世纪,还是这样变位的:ich was,wir waren(现在英语还说:I was,we were)①。war 是怎样代替 was 的呢? 有些人因为受了 waren 的影响,于是按类比造出了 war;这是一个言语的事实。这个形式一再重复,为社会所接受,就变成了语言的事实。但不是

---

① 古高德语这个词的变位是 ich was,wir wasen,到六世纪才变成了 ich was,wir waren。变化的原因是由于这个词的单数第一人称,重音落在词根音节上面,s 在重音之后不变;复数第一人称,重音落在屈折词尾上面,s 在重音之前浊音化变成了 z,再变为 r,如 wir wasen→wir wazen→wir waren,至于后来 ich was:wir waren 之所以变成 ich war:wir waren,那完全是由于类比作用。——校注

任何的言语创新都能同样成功,只要它们还是个人的,我们就没有考虑的必要,因为我们研究的是语言。只有等到它们为集体所接受,才进入了我们的观察范围。

在一个演化事实之前,总是在言语的范围内先有一个或毋宁说许多个类似的事实。这丝毫无损于上面确立的区别,甚至反而证实这种区别。因为在任何创新的历史上,我们都可以看到两个不同的时期:(1)出现于个人的时期;(2)外表虽然相同,但已为集体所采纳,变成了语言事实的时期。

下图可以表明语言研究应该采取的合理形式:

$$
\text{言语活动}\begin{cases} \text{语言}\begin{cases} \text{共时态} \\ \text{历时态} \end{cases} \\ \text{言语} \end{cases}
$$

应该承认,一门科学的理论上的和理想的形式并不总是实践所要求的形式。在语言学里,这些要求比别处更为强烈;它们为目前统治着语言研究的混乱提供几分口实。即使我们在这里所确立的区别最后被接受了,我们或许也不能以理想的名义强行要求研究工作有明确的指针。

例如在古代法语的共时研究中,语言学家所使用的事实和原则,与他探索这种语言从十三世纪到二十世纪的历史所发现的毫无共同之处,反之,与描写当前的一种班图语,公元前四百年的阿狄克希腊语,乃至现代法语所揭示的却很相似,因为其中种种陈述都是以类似的关系为基础的。尽管每种语言各自构成封闭的系统,却都体现一定的永恒的原则,我们可以在不同的语言中找到,因为我们是处在同一个秩序之中。历史的研究也是这样。我们试涉猎一下法语的某一时期（例如十三世纪到二十世纪），爪哇语或任何语言的某一时期的历史，就可以看到，到处都是处理类似的事实，只要把它们加以比较就足以建立历时秩序的一般真理。最理想的是每个学者都专搞一方面的研究，掌握尽可能多的有关这方面的事实。不过要想科学地占有这许多不同的语言的确是很困难的。另一方面，每种语言实际上就构成一个研究单位。我们为情势所迫，不能不依次从静态方面和历史方面去加以考虑。尽管这样，我们千万不要忘记，在理论上，这一单位是表面上的，而语言的差异中实隐藏着深刻的一致。在语言的研究中，无论从哪一个方面进行观察，都要想方设法把每一事实纳入它的领域，不要把方法混淆起来。

语言学中这样划定的两部分，将依次成为我们的研究对象。

**共时语言学**研究同一个集体意识感觉到的各项同时存在并构成系统的要素间的逻辑关系和心理关系。

**历时语言学**，相反地，研究各项不是同一个集体意识所感觉到的相连续要素间的关系，这些要素一个代替一个，彼此间不构成系统。

# 第二编

# 共时语言学

# 第一章 概 述

　　一般共时语言学的目的是要确立任何特异共时系统的基本原则,任何语言状态的构成因素。前面讲过的东西,有好些其实是属于共时态的。例如符号的一般特性就可以看作共时态的组成部分,虽则我们当初用它来证明区别两种语言学的必要性。

　　人们称为"普通语法"的一切都属于共时态;因为我们只有通过语言的状态才能确立语法管辖范围内的各种关系。我们在下面只考虑一些主要原则,没有这些原则就没法探讨静态语言学的更专门的问题,也没法解释语言状态的细节。

　　一般地说,研究静态语言学要比研究历史难得多。演化的事实比较具体,更易于设想。我们在这里观察到的是不难理解的相连续的要素间的关系。要探索一系列变化并非难事,往往甚至是很有趣味的。但是老在价值和同时存在的关系中兜圈子的语言学却会显露出许多更大的困难。

　　实际上,语言状态不是一个点,而是一段或长或短的时间,在这段时间内,变化的数量很小。那可能是十年、一代、一世纪,甚至更长一些的时间。一种语言可能长时期差不多没有什么改变,然后在几年之间却发生了很大的变化。同一时期内共存的两种语言中,一种可能改变了许多,而另一种却几乎没有什么改变。在后一种情况下，研究必然是共时的，而在另一种情况下却是历时的。人们常把绝对状态规定为没有变化。可是语言无论如何总在发生变化，哪怕是很小的变化，所以研究一种语言的状态，实际上就等于不管那些不重要的变化，正如数学家在某些运算，比如对数的计算中，不管那些无限小数一样。

在政治史里，人们把时代和时期区别开来。时代是指时间上的一点，时期却包括一定的长度。但是历史学家常说到安托宁王朝时代，十字军东征时代，这时他考虑的是各该期间全部的经常特点。我们也可以说，静态语言学是研究时代的，但不如说状态：一个时代的始末一般都有某种变革作为标志，它带有不同程度的突发性，趋于改变事物的现状。状态这个词可以避免使人们以为语言里也会发生类似的情况。此外，时代这个术语借自历史学，它会使人想到环绕着语言和制约着语言的环境，而不是想到语言本身。一句话，它会唤起我们曾称之为外部语言学的那个观念（参看第30页）。

时间的划定还不是我们确定语言状态时所遇到的唯一困难；关于空间也会提出这同样的问题。简言之，语言状态的概念只能是近似的。在静态语言学里，正如在大多数科学里一样，如果不按惯例把事实材料加以简化，那么，任何论证都是不可能的。

# 第二章 语言的具体实体

## §1. 实体和单位，定义

构成语言的符号不是抽象的事物，而是现实的客体（参看第24页）。语言学研究的正是这些现实的客体和它们的关系；我们可以管它们叫这门科学的具体实体（entités concrètes）。

首先，让我们回忆一下支配着整个问题的两个原则：

（1）语言的实体是只有把能指和所指联结起来才能存在的，如果只保持这些要素中的一个，这一实体就将化为乌有。这时，摆在我们面前的就不再是具体的客体，而只是一种纯粹的抽象物。我们每时每刻都会有只抓住实体的一部分就认为已经掌握它的整体的危险。例如我们把语链分成音节，就会遇到这种情况。音节是只有在音位学中才有价值的。一连串声音要支持着某一观念，才是属于语言学的；单独拿出来，只是生理学研究的材料。

把所指同能指分开，情况也是这样。有些概念，如"房子"、"白"、"看见"等等，就它们本身考虑，是属于心理学的，要同音响形象联结起来，才能成为语言学的实体。在语言里，概念是声音实质的一种素质，正如一定的音响是概念的一种素质一样。

人们往往把这种具有两面的单位比之于由身躯和灵魂构成的

人。这种比较是难以令人满意的。比较正确的是把它比作化学中的化合物,例如水。水是氢和氧的结合;分开来考虑,每个要素都没有任何水的特性。

(2)语言实体要划定界限,把它同音链中围绕着它的一切分开,才算是完全确定了的。在语言的机构中互相对立的,正是这些划定了界限的实体或单位。

人们在开始的时候往往会把语言符号同能在空间并存而不相混的视觉符号看作同样的东西,而且设想可以同样把有意义的要素分开而不需要任何心理活动。人们往往用"形式"这个词来表示有意义的要素——试比较"动词形式""名词形式"等词语——,这更助长了我们的这种错误。但是我们知道,音链的第一个特征就是线条的(参看第99页)。就它本身来考虑,那只是一条线,一根连续的带子,人们用耳朵听不出其中有任何充分而明确的划分,为此,必须求助于意义。当我们听到一种我们不懂的语言的时候,说不出应该怎样去分析那一连串声音,因为只考虑语言现象的声音方面是没法进行这种分析的。但是,假如我们知道音链的每一部分应该具有什么意义和作用,那么,这些部分就互相脱离开来,而那没有定形的带子也就切成各个片段;可是这种分析中并没有任何物质的东西。

总之,语言不是许多已经预先划定、只需要研究它们的意义和安排的符号,而是一团模模糊糊的浑然之物,只有依靠注意和习惯才能找出一个个的要素。单位没有任何特别的声音性质,我们可能给它下的唯一定义是:在语链中排除前后的要素,作为某一概念的能指的一段音响①。

## §2. 划分界限的方法

懂得一种语言的人常用一种非常简单的方法来划分它的各个单位的界限——至少在理论上是这样。这种方法就是以言语为依据，把它看作语言的记录，并用两条平行的链条表现出来，一条代表概念(a)，一条代表音响形象(b)。

正确的划分要求音响链条的区分($\alpha\beta\gamma\cdots$)同概念链条的区分($\alpha'\beta'\gamma'\cdots$)相符：

例如，法语的 sižlaprā，能不能在 1 之后把链条切断，使 sižl 成为一个单位呢？不能：只要考虑一下概念就可以看出这样区分是错误的。把它切成 siž-la-prā 等音节也不能想当然地认为符合语言的情况。唯一可能的区分是：(1) si-ž-la-prā(si je la prends"如果我拿它")和(2) si-ž-l-aprā(si je l'apprends"如果我学习它")。这是根据言语的意义来确定的。

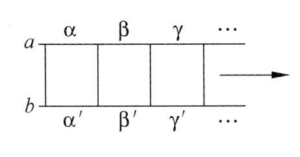

要检验这一做法的结果并肯定那确实是一个单位，必须把一系列含有这同单位的句子拿来比较，看它是否在任何情况下都能从上下文中分出来，而且在意义上容许这样划分。例如 laforsdüvā (la force du vent"风力")和 abudfors(à bout de force"精疲力竭")

---

① 关于怎样划分语言单位的界限，有些语言学家如英国的斯维特(H. Sweet)，德国的保罗(H. Paul)和法国的高提约(Gauthiot)等曾主张要根据发音的特点。德·索绪尔在这里批评了他们的理论，提出了他自己的办法。——校注

这两个句子成分,其中都有一个相同的概念跟相同的音段 fǫrs 相吻合,它当然是一个语言单位。但是在 iləfǫrsaparlẹ(il me force à parler"他强迫我说话")一句中,fǫrs 的意思完全不同,因此是另一个单位。

## §3. 划分界限的实际困难

这个方法在理论上很简单,应用起来是否容易呢?如果认为要划分的单位是词,那么,从这一观念出发,就会相信那是容易的:因为一个句子如果不是词的结合,又是什么呢?难道有什么比词更能直接掌握的吗?例如,再看上面所举的例子,人们会说 sižlaprā 这个语链经过分析可以划分为四个单位,即 si-je-l'-apprends 四个词。但是注意到人们对于词的性质曾有过许多争论,那就马上会引起我们怀疑;可是稍为细想一下就可以看到,对词的理解是跟我们的具体单位的概念不相容的。

关于这一点,我们只要想一想 cheval"马"和它的复数 chevaux 就能明白是怎么回事。人们常说这是同一个名词的两个形式;但是,从它们的整体来看,无论是在意义方面还是声音方面,它们都是截然不同的两回事。mwa(le *mois* de décembre"十二月")和 mwaz(un *mois* après"一个月后")也是同一个词有两个不同面貌[①],不会是一个具体单位的问题:意义一样,但是音段不同。因

---

① 法语 mois"月"单独或在辅音之前念[mwa],在元音之前要连续念成[mwaz]。——校注

此,只要我们把具体单位和词看作同一样东西,就会面临一个进退两难的困境:要么不管 cheval 和 chevaux,mwa 和 mwaz 等等的尽管是明显的关系,硬说它们是不同的词,要么满足于把同一个词的不同形式联结起来的抽象的东西,闭口不谈具体的单位。我们不能在词里找具体的单位,必须到别的地方去找。此外,许多词都是复杂的单位,我们很容易从里面区分出一些次单位(后缀、前缀、词根)。有些派生词,如 désir-eux"切望",malheur-eux"不幸",可以分成不同的部分,每一部分都有明显的意义和作用。反过来,也有一些比词更大的单位:复合词(porte-plume"笔杆"),熟语(s'il vous plaît"请"),屈折形式(il a été"他曾是")等等。但是这些单位,跟固有的词一样,是很难划定界限的;要在一条音链里分清其中各个单位的作用,说明一种语言运用哪些具体的要素,是极端困难的。

毫无疑问,说话者是不知道这些困难的。在他们看来,任何程度上有一点儿意义的东西都是具体的要素,准能在话语中把它们区别开来。但是感觉到单位的这种迅速而微妙的作用是一回事,通过有条理的分析加以说明又是一回事。

有一种流传得相当广泛的理论认为唯一的具体单位是句子:我们只用句子说话,然后从句子中提取词。但是,首先,句子在什么程度上是属于语言的呢(参看第167页)?如果句子属于言语的范围,我们就不能把它当作语言单位。就算把这个困难撇开不谈,试设想全部能够说出的句子,它们的最明显的特征是彼此间毫无相似之处。我们起先会把五花八门的句子和在动物学上构成一个"种"的同样五花八门的个体等量齐观,但这是一种错觉:在同属一个"种"的动物里,它们的共同的特征远比它们的差别重要得多;相反,在各个句子间,占优势的却是它们的差异。如果我们要探究究竟是什么东西把如此纷繁的句子联结在一起,那么,无需探究就可以看到,那还是带着语法特征的词,于是又陷入了同样的困难。

## §4. 结　　论

在大多数作为科学研究对象的领域里,单位的问题甚至并没有提出:它们一开始就是给定了的。例如动物学的单位就是动物。天文学研究的也是在空间已经分开的单位,即天体。在化学里,我们可以研究重盐酸钾的性质和组成,从不怀疑那是不是一个十分确定的对象。

如果一门科学没有我们能够直接认识的具体单位,那是因为这些单位在这门科学里并不必要。例如,在历史学里,具体单位是个人呢?时代呢?还是民族呢?不知道。但是那有什么关系呢?不清楚照样可以研究历史。

但是正如下棋的玩意完全是在于各种棋子的组合一样,语言的特征就在于它是一种完全以具体单位的对立为基础的系统。我们对于这些单位既不能不有所认识,而且不求助于它们也将寸步难移;然而划分它们的界限却是一个非常微妙的问题,甚至使人怀疑它们是不是真正确定了的。

所以语言有一个奇特而明显的特征:它的实体不是一下子就能看得出来,可是谁也无法怀疑它们是存在的,正是它们的作用构成了语言。这无疑就是使语言区别于其他任何符号制度的一个特性。

# 第三章　同一性、现实性、价值

　　刚才作出的验证使我们面临一个问题。这个问题，由于静态语言学中任何基本概念都直接取决于我们对单位的看法，甚至跟它混淆，而显得更为重要。所以我们想依次说明共时的同一性（identité）、现实性（réalité）和价值（valeur）等概念。

　　A. 什么叫做共时的同一性呢？这里指的不是法语的否定词 pas"不"和拉丁语的 passum"步"之间的同一性；这是属于历时方面的，——我们往后在第 251 页再来讨论——而是指的一种同样有趣的同一性，由于这种同一性，我们说像法语 je ne sais pas"我不知道"和 ne dites pas cela"别说这个"这两个句子里有一个相同的要素。有人会说，这简直是废话：这两个句子里，同一个音段（pas）具有相同的意义，当然有同一性。但这种解释是不充分的，因为如果说音段和概念相对应就可以证明有同一性（参看上面的例子 la *force* du vent"风力"和 à bout de *force*"精疲力竭"），那么，反过来说就不正确，因为不存在这种对应也可能有同一性。我们在一次讲演中听见好几次重复着 Messieurs!"先生们！"这个词，感到每一次都是同一个词语，但是口气和语调的变化表明它在不同的段落中在语音上带有明显的差别——跟在别的地方用来区别不同的词一样明显（试比较 pomme"苹果"和 paume"手掌"，

goutte"一滴"和 je goûte"我尝",fuir"逃走"和 fouir"挖掘"等等)。此外,即使从语义的观点看,一个 Messieurs! 和另一个 Messieurs! 之间也没有绝对的同一性,可是我们还是有这种同一性的感觉。同样,一个词可以表达相当不同的观念,而它的同一性不致因此遭受严重的损害(试比较 *adopter* une mode"采用一种时式"和 *adopter* un enfant"收养一个小孩",la *fleur* du pommier"苹果花"和 la *fleur* de la noblesse"贵族的精华"等等)。

　　语言机构整个是在同一性和差别性上面打转的,后者只是前者的相对面。因此,同一性的问题到处碰到,但是另一方面,它跟实体和单位的问题部分一致,只不过是后一个问题的富有成效的复杂化。我们试把它跟一些言语活动以外的事实比较就能很清楚看到这种特征。例如两班"晚上八时四十五分日内瓦—巴黎"快车相隔二十四小时开出,我们说这两班快车有同一性。在我们的眼里,这是同一班快车,但是很可能车头、车厢、人员,全都不一样。或者一条街道被拆毁后重新建筑起来,我们说这是同一条街道,但是在物质上,那旧的街道可能已经荡然无存。一条街道为什么能够从头到尾重新建筑而仍不失为同一条街道呢?因为它所构成的实体并不纯粹是物质上的。它以某些条件为基础,而这些条件,例如它与其他街道的相对位置,却是跟它的偶然的材料毫不相干的。同样,构成快车的是它的开车时间、路程,和使它区别于其他快车的种种情况。每次这些相同的条件得以实现,我们就得到相同的实体。然而实体不是抽象的,街道或快车离开了物质的实现都无从设想。

　　再举一个跟上述情况完全不同的例子:我有一件衣服被人偷

## 第三章 同一性、现实性、价值

走,后来在一家旧衣铺的架子上找到。这是一个只由无生气的质料:布、夹里、贴边等等构成的物质的实体。另一件衣服尽管跟前一件很相似,却不是我的。但语言的同一性不是衣服的同一性,而是快车和街道的同一性。我每一次使用 Messieurs 这个词都换上了新的材料,即新的发音行为和新的心理行为。把一个词使用两次,如果说其间有什么联系,那不是在于物质上的同一性,也不是在于它们的意义完全相同,而是在于一些亟待探讨的要素,这些要素将可以使我们接触到语言单位的真正本质。

B. 什么叫做共时的现实性呢?语言中什么样的具体要素或抽象要素可以称为共时的现实性呢?

试以词类的区分为例:我们根据什么把词分为名词、形容词等等呢?那是像把经纬度应用于地球那样,以纯逻辑的、语言以外的原则的名义,从外边应用于语法来区分的呢?还是与某种在语言的系统中占有地位,并受语言系统的制约的东西相对应呢[①]?一句话,它是共时的现实性吗?这后一种解释似乎是可能的,但是人们会为前一种假设辩护。在法语 ces gants sont *bon marché* "这些手套很便宜"这个句子里,*bon marché* "便宜"是不是形容词呢?在逻辑上,它的确有形容词的意义,但是在语法上却并不那么确实,因为它的举止不像形容词(它是不变形的,永远不置于名词之前等等)。此外,它由两个词组成,而词类的区分正是应该用来为语言

---

[①] 德·索绪尔在这里所说"以纯逻辑的、语言以外的原则的名义,从外边应用于语法"云云,是指划分词类的语义标准;"与某种在语言的系统中占有地位,并受语言系统的制约的东西"云云,是指划分词类的形态标准和句法标准。——校注

的词进行分类的，词组怎么能划入某一"类"呢？反过来，如果说 *bon*"好"是形容词，*marché*"市场"是名词，那么，人们对于这一词语就会感到莫名其妙。可见这种分类是有缺陷的，或者不完备的；把词分为名词、动词、形容词等等并不是无可否认的语言现实性。

语言学就这样依靠语法学家所捏造的概念不断地进行着工作，我们不知道这些概念是否真的相当于语言系统的组成因素。但是怎样知道呢？如果这些都是捕风捉影的东西，我们又拿什么样的现实性来同它们对抗呢？

为了避免错觉，我们首先要确信语言的具体实体是不会亲自让我们观察得到的。我们要设法抓住它们，才能接触现实，进而作出语言学所需要的一切分类，把它管辖范围内的事实安顿好。另一方面，如果分类不以具体实体为基础，比方说，认为词类之所以是语言的因素，只是因为它们与某些逻辑范畴相对立，那就是忘记了任何语言事实都不能脱离被切成表义成分的语音材料而存在。

C. 最后，本节涉及的概念都跟我们在别处称为价值的概念没有根本差别。再拿下棋来比较，就可以使我们明白这一点（参看第121页以下）。比方一枚卒子，本身是不是下棋的要素呢？当然不是。因为只凭它的纯物质性，离开了它在棋盘上的位置和其他下棋的条件，它对下棋的人来说是毫无意义的。只有当它披上自己的价值，并与这价值结为一体，才成为现实的和具体的要素。假如在下棋的时候，这个棋子弄坏了或者丢失了，我们可不可以用另外一个等价的来代替它呢？当然可以。不但可以换上另外一枚卒子，甚至可以换上一个外形上完全不同的棋子。只要我们授以相同的价值，照样可以宣布它是同一个东西。由此可见，在像语言这样的符号系统中,各个要素是按照一定规则互相保持平衡的,同一性的概念常与价值的概念融合在一起,反过来也是一样。

因此,简言之,价值的概念就包含着单位、具体实体和现实性的概念。但是如果这些不同的方面没有根本的差别,问题就可以用好几种形式依次提出。我们无论要确定单位、现实性、具体实体或价值,都要回到这个支配着整个静态语言学的中心问题。

从实践的观点看,比较有意思的是从单位着手,确定它们,把它们加以分类来说明它们的多样性。这就需要探求划分词的依据,因为词的定义尽管很难下,它毕竟是一个加于我们的心理的单位,是语言的机构中某种中心的东西;但是只这一个题目就可以写一部著作。其次,我们还要对次单位进行分类,然后是较大的单位,等等。这样确定了我们这门科学所支配的要素,它就将完成自己的全部任务,因为它已能把自己范围内的一切现象全都归结为它们的基本原则。我们不能说我们一直正视这个中心问题,也不能说我们已经了解了这个问题的范围和困难;就语言来说,人们常满足于运用一些没有很好地确定的单位。

但是,尽管单位很重要,我们还是以从价值方面来讨论这个问题为好,因为在我们看来,这是它的最重要的方面。

# 第四章 语言的价值

## §1. 语言是组织在声音物质中的思想

要了解语言只能是一个纯粹价值的系统,我们考虑两个在语言的运行中起作用的要素就够了,那就是观念和声音。

从心理方面看,思想离开了词的表达,只是一团没有定形的、模糊不清的浑然之物。哲学家和语言学家常一致承认,没有符号的帮助,我们就没法清楚地、坚实地区分两个观念。思想本身好像一团星云,其中没有必然划定的界限。预先确定的观念是没有的。在语言出现之前,一切都是模糊不清的。

同这个飘浮不定的王国相比,声音本身是否呈现为预先划定的实体呢?也不是。声音实质并不更为固定,更为坚实;它不是一个模型,思想非配合它的形式不可,而是一种可塑的物质,本身又可以分成不同的部分,为思想提供所需要的能指。因此,我们可以把全部语言事实,即语言,设想为一系列相连接的小区分,同时画在模模糊糊的观念的无限平面(A)和声音的同样不确定的平面(B)上面,大致如右图所示:

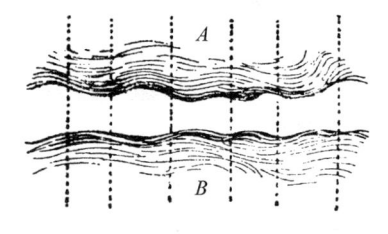

语言对思想所起的独特作用不是为表达观念而创造一种物质的声音手段,而是作为思想和声音的媒介,使它们的结合必然导致各单位间彼此划清界限。思想按本质来说是混沌的,它在分解时不得不明确起来。因此,这里既没有思想的物质化,也没有声音的精神化,而是指的这一颇为神秘的事实,即"思想—声音"就隐含着区分,语言是在这两个无定形的浑然之物间形成时制定它的单位的。我们试设想空气和水面发生接触:如果大气的压力发生变化,水的表面就会分解成一系列的小区分,即波浪;这些波浪起伏将会使人想起思想和声音物质的结合,或者也可以说交配。

　　我们可以按照第 17 页所规定的意义把语言叫做分节的领域:每一项语言要素就是一个小肢体,一个 articulus,其中一个观念固定在一个声音里,一个声音就变成了一个观念的符号。

　　语言还可以比作一张纸:思想是正面,声音是反面。我们不能切开正面而不同时切开反面,同样,在语言里,我们不能使声音离开思想,也不能使思想离开声音。这一点只有经过一种抽象工作才能做到,其结果就成了纯粹心理学或纯粹音位学。

　　所以语言学是在这两类要素相结合的边缘地区进行工作的;这种结合产生的是形式(forme),而不是实质(substance)。

　　这些观点可以使我们更好地了解上面第 94 页所说的符号的任意性。不但语言事实所联系的两个领域是模糊而不定形的,而且选择什么音段表示什么观念也是完全任意的。不然的话,价值的概念就会失去它的某种特征,因为它将包含一个从外面强加的要素。但事实上,价值仍然完全是相对而言的,因此,观念和声音的联系根本是任意的。

符号的任意性又可以使我们更好地了解为什么社会事实能够独自创造一个语言系统。价值只依习惯和普遍同意而存在，所以要确立价值就一定要有集体，个人是不能确定任何价值的。

这样规定的价值观念还表明，把一项要素简单地看作一定声音和一定概念的结合将是很大的错觉。这样规定会使它脱离它所从属的系统，仿佛从各项要素着手，把它们加在一起就可以构成系统。实则与此相反，我们必须从有连带关系的整体出发，把它加以分析，得出它所包含的要素。

为了发挥这个论点，我们将依次从所指或概念的观点（§2），能指的观点（§3）和整个符号的观点（§4）分别加以考察。

由于不能直接掌握语言的具体实体或单位，我们将以词为材料进行研究。词虽然同语言单位的定义（参看第143页）不完全相符，但至少可以给我们一个近似的观念，并且有一个好处，就是具体。因此，我们将把词当作与共时系统实际要素相等的标本；由词引出的原理对于一般实体也是同样有效的。

## §2. 从概念方面考虑语言的价值

谈到词的价值，一般会首先想到它表现观念的特性，这其实是语言价值的一个方面。但如果是这样，那么，这价值跟人们所称的意义又有什么不同呢？这两个词是同义词吗？我们相信不是，尽管很容易混淆，特别是因为这种混淆与其说是由术语的类似引起的，不如说是由它们所标志的区别很细微引起的。

价值，从它的概念方面看，无疑是意义的一个要素，我们很难知道意义既依存于价值,怎么又跟它有所不同。但是我们必须弄清楚这个问题,否则就会把语言归结为一个分类命名集(参看第92页)。

首先,且就一般所设想的和我们在第93页用插图表示的意义来看。它正如图中的箭头所指出的,只是听觉形象的对立面。一切都是在听觉形象和概念之间,在被看作封闭的、独自存在的领域的词的界限内发生的。

但这里存在着问题的奇特的方面:一方面,概念在符号内部似乎是听觉形象的对立面,另一方面,这符号本身,即它的两个要素间的关系,又是语言的其他符号的对立面。

语言既是一个系统,它的各项要素都有连带关系,而且其中每项要素的价值都只是因为有其他各项要素同时存在的结果,如下图:

这样规定的价值怎么会跟意义,即听觉形象的对立面发生混同呢?在这里用横箭头表示的关系似乎不能跟上面用纵箭头表示的关系等量齐观。换句话说——再拿剪开的纸张相比(参看第153页)——我们看不出为什么A、B、C、D等块间的关系会跟同一块的正面和反面间的关系,如A/A′ B/B′等等,没有区别。

为了回答这个问题,我们首先要看到,即使在语言以外,任何价值似乎都要受这个奇特原则支配。价值总是由下列构成:

(1)一种能与价值有待确定的物交换的不同的物;

(2) 一些能与价值有待确定的物相比的类似的物。

要使一个价值能够存在，必须有这两个因素。例如，要确定一枚五法郎硬币的价值，我们必须知道：(1)能交换一定数量的不同的东西，例如面包；(2)能与同一币制的类似的价值，例如一法郎的硬币，或者另一币制的货币（美元等等）相比。同样，一个词可以跟某种不同的东西即观念交换；也可以跟某种同性质的东西即另一个词相比。因此，我们只看到词能跟某个概念"交换"，即看到它具有某种意义，还不能确定它的价值；我们还必须把它跟类似的价值，跟其他可能与它相对立的词比较。我们要借助于在它之外的东西才能真正确定它的内容。词既是系统的一部分，就不仅具有一个意义，而且特别是具有一个价值；这完全是另一回事。

试举几个例子就可以表明情况的确是这样的。法语的 mouton "羊，羊肉"跟英语的 sheep "羊"可以有相同的意义，但是没有相同的价值。这里有几个原因，特别是当我们谈到一块烧好并端在桌子上的羊肉的时候，英语说 mutton "羊肉"，而不是 sheep。英语的 sheep 和法语的 mouton 的价值不同，就在于英语除 sheep 之外还有另一个要素，而法语的词却不是这样。

在同一种语言内部，所有表达相邻近的观念的词都是互相限制着的。同义词如法语的 redouter "恐惧"，craindre "畏惧"，avoir peur "害怕"，只是由于它们的对立才各有自己的价值。假如 redouter 不存在，那么，它的全部内容就要转到它的竞争者方面去。反过来，也有一些要素是因为同其他要素发生接触而丰富起来的。例如，法语 décrépit ( un vieillard *décrépit* "一个衰老的人"，参看第 115 页)这个词里引入了新要素，就是由于它与 décrépi ( un mur décrépi"一堵剥落的墙")同时存在的结果。因此，任何要素的价值都是由围绕着它的要素决定的。甚至指"太阳"的词，如果不考虑到它的周围的要素，也没法直接确定它的价值；有些语言是不能说"坐在太阳里"的。

上面所说的关于词的一切，也可以应用于语言的任何要素，比如应用于语法实体。例如法语复数的价值就跟梵语复数的价值不一样，尽管它们的意义大体上相同。梵语有三个数，而不是两个（"我的眼睛"，"我的耳朵"，"我的胳膊"，"我的腿"等等都要用双数）；认为梵语和法语的复数有相同的价值是不正确的，因为梵语不能在任何情况下都按法语的规则采用复数。由此可见，复数的价值决定于在它之外和周围的一切。

如果词的任务是在表现预先规定的概念，那么，不管在哪种语言里，每个词都会有完全相对等的意义；可是情况并不是这样。法语对"租入"和"租出"都说 louer（une maison"租房子"），没有什么分别，而德语却用 mieten"租入"和 vermieten"租出"两个要素，可见它们没有完全对等的价值。德语 schätzen"估价"和 urteilen"判断"这两个动词的意义总的跟法语 estimer"估价"和 juger"判断"相当，但是在好些点上又不相当。

屈折形式的例子特别引人注目。时制的区别是大家所熟悉的，但是有些语言却没有这种区别。希伯来语甚至不知有过去时、现在时和将来时这种基本的区别。原始日耳曼语没有将来时的固有形式，说它用现在时表示将来时是不适当的，因为日耳曼语现在时的价值，跟除现在时之外又有将来时的语言不一样。斯拉夫语有规则地区分动词的两种体：完成体表示动作的整体，好像是时间上没有任何过程的一个点；未完成体表示在时间的线上正在进行的动作。这些范畴会给法国人造成很大困难，因为他们的语言没有这些范畴；如果它们是预先规定的，情况就不会是这样。所以我们在这些例子里所看到的，都不是预先规定了的观念，而是由系统发出的价值。我们说价值与概念相当，言外之意是指后者纯粹是表示差别的，它们不是积极地由它们的内容，而是消极地由它们跟系统中其他要素的关系确定的。它们的最确切的特征是：它们不是别的东西。

我们由此可以看到符号图式的真正解释。例如：（见下图）那就是说，在法语里，"判断"这个概念和 juger 这个音响形象相联结；一句话，这就是意义的图解。但是，不言而喻，这概念没有什么初始的东西，它不过是由它与其他类似的价值的关系决定的价值；没有这些价值，意义就不会存在。如果我简单地断言词意味着某种事物，如果我老是记住音响形象与概念的联结，这在某种程度上可能是正确的，而且提出了对现实性的一种看法，但是绝没有表达出语言事实的本质和广度。

## §3. 从物质方面考虑语言的价值

如果价值的概念部分只是由它与语言中其他要素的关系和差别构成，那么对它的物质部分同样也可以这样说。在词里，重要的不是声音本身，而是使这个词区别于其他一切词的声音上的差别，因为带有意义的正是这些差别。

## 第四章　语言的价值

这样说也许会使人感到惊奇,可是,事实上哪有相反的可能性呢?因为声音形象之表示事物,不存在谁比谁更合适的问题,所以任何语言片段归根到底除了不同于其他片段以外,哪怕是先验地也显然绝不可能有别的基础①。任意和表示差别是两个相关联的素质。

语言符号的变化很可以表明这种相互关系。正因为 a 和 b 两项要素根本不能原原本本地达到意识的领域——意识所感到的永远只是 a/b 的差别——所以其中任何一项都可以按照跟它的表意功能无关的规律自由发生变化。捷克语的复数属格 žen "妻子们的" 没有任何积极的符号表示它的特征(参看第 119 页),但是 žena:žen 这一组形式的功能却跟以前 žena:ženъ 的一样。起作用的只是符号的差别;žena 只是因为它与别的不同才有它的价值。

这里还有一个例子可以使我们更清楚地看到这声音差别的系统效能。在希腊语里,éphēn "我从前说" 是未完成过去时,而 éstēn "我放置了" 是不定过去时,但它们的构成方式相同。可是前者属于现在时直陈式 phēmí "我说" 的系统,后者却没有像 * stēmi 这样的现在时,正是 phēmí——éphēn 的关系相当于现在时和未完成过去时的关系(试比较 deíknūmi "我显示"——edeíknūn "我从前显示")。由此可见,这些符号不是通过它们的内在价值,而是通过它们的相对位置而起作用的。

此外,声音是一种物质要素,它本身不可能属于语言。它对于

---

① 这是指的有些人认为声音和概念之间有一定的联系,如 i 表示小的东西,a 表示大的东西,fl 表示流动的东西等等。——校注

语言只是次要的东西,语言所使用的材料。任何约定的价值都有这个不与支持它的、可以触知的要素相混的特点。例如决定一枚硬币的价值的不是它所包含的金属。一枚在名义上值五法郎的银币所包含的银可能只有这个数目的一半。它的价值多少会随上面所铸的头像以及在政治疆界的这边或那边使用而不同。语言的能指更是这样;它在实质上不是声音的,而是无形的——不是由它的物质,而是由它的音响形象和其他任何音响形象的差别构成的。

这一原则是基本的,我们可以把它应用于语言的一切物质要素,包括音位在内。每种语言都是在音响要素的系统的基础上构成它的词的。每个要素都是界限分明的单位,它们的数目是完全确定的。它们的特点并不像大家所设想的那样在于它们自己的积极的素质,而只是因为它们彼此间不相混淆。音位首先就是一些对立的、相关的、消极的实体。

可作证明的是,说话者在使各个声音仍能互相区别的限度内享有发音上的自由。例如法语的 r 按一般习惯是一个小舌音,但并不妨碍有许多人把它发成舌尖颤音,语言并不因此而受到扰乱。语言只要求有区别,而不像大家所设想的那样要求声音有不变的素质。我甚至可以把法语的 r 发成德语 Bach"小河",doch"但是"等词中的 ch①。可是说德语的时候,我却不能用 r 当作 ch,因为这种语言承认有这两个要素,必须把它们区别开来。同样,说俄语时不能随便把 t 发成 t'(软 t),因为这将会混淆俄语中两个有区别的

---

① 法语的 r 是一个小舌颤音,发音时小舌不颤动就很容易变成这个小舌擦音 [χ]。——校注

音（试比较 govorit'"说话"和 govorit"他说"），但是把它发成 th（送气的 t）却有较大的自由，因为俄语的音位系统里没有这个音。

这种情况在另一个符号系统——文字——里也可以看到，我们可以拿来比较，借以阐明这整个问题。事实上：

（1）文字的符号是任意的；例如字母 t 和它所表示的声音之间没有任何关系。

（2）字母的价值纯粹是消极的和表示差别的，例如同一个人可以把 t 写成好些变体，如：

$$t\ \mathcal{t}\ \mathcal{t}$$

唯一要紧的是，在他的笔下，这个符号不能跟 l,d 等等相混。

（3）文字的价值只靠它们在某一个由一定数目的字母构成的系统中互相对立而起作用。这个特征跟第二个特征不同，但是密切相关，因为这两个特征都决定于第一个特征。正因为书写符号是任意的，所以它的形式是不重要的，或者毋宁说，只在系统所规定的限度内才是重要的。

（4）符号怎样产生是完全无关轻重的，因为它与系统无关（这也来自第一个特征）。我把字母写成白的或黑的，凹的或凸的，用钢笔还是用凿子，对它们的意义来说都是并不重要的。

## §4. 从整体来考虑符号

综上所述，我们可以看到，语言中只有差别。此外，差别一般要有积极的要素才能在这些要素间建立，但是在语言里却只有没有积极要素的差别。就拿所指或能指来说，语言不可能有先于语言系统而存在的观念或声音，而只有由这系统发出的概念差别和声音差别。一个符号所包含的观念或声音物质不如围绕着它的符号所包含的那么重要。可以证明这一点的是：不必触动意义或声音，一个要素的价值可以只因为另一个相邻的要素发生了变化而改变（参看第 156 页）。

但是说语言中的一切都是消极的，那只有把所指和能指分开来考虑才是对的；如果我们从符号的整体去考察，就会看到在它的秩序里有某种积极的东西。语言系统是一系列声音差别和一系列观念差别的结合，但是把一定数目的音响符号和同样多的思想片段相配合就会产生一个价值系统，在每个符号里构成声音要素和心理要素间的有效联系的正是这个系统。所指和能指分开来考虑虽然都纯粹是表示差别的和消极的，但它们的结合却是积极的事实；这甚至是语言唯一可能有的一类事实，因为语言制度的特性正是要维持这两类差别的平行。

在这一方面，有些历时事实很是典型。无数的例子表明，能指的变化常会引起观念的变化，我们并且可以看到，有区别的观念的总数和表示区别的符号的总数在原则上是一致的。如果有两个要素由于语音变化成了混而不分（例如法语中由 décrépitus 变来的 décrépit"衰老"和由 cripus 变来的 décrépi"剥落"），那么它们的意义哪怕很不合适，也会有混同的倾向。一个要素会不会起分化（例如法语的 chaise"椅子"和 chaire"讲座"）呢？差别一经产生，必然会表示意义，尽管不一定成功，也不是一下子就能实现。反之，任

## 第四章　语言的价值

何观念上的差别，只要被人们感到，就会找到不同的能指表达出来；如果有两个观念，人们已感到没有什么区别，也会在一个能指里混同起来。

如果我们把符号——积极要素——互相比较，我们就不能再谈差别；差别这个词是不妥当的，因为它只适用于把两个音响形象，如 père"父亲"和 mère"母亲"，或者两个观念，如"父亲"和"母亲"，互相比较。两个符号各有所指和能指，它们不是有差别，而只是有区别。它们之间只有对立。我们下面所要讨论的整个言语活动的机构都将以这种对立以及它们所包含的声音差别和观念差别为依据。

价值是这样，单位也是这样（参看第 151 页）。单位是语链中与某一概念相当的片段；二者在性质上都纯粹是表示差别的。

应用于单位，差别的原则可以这样表述：单位的特征与单位本身相合。语言像任何符号系统一样，使一个符号区别于其他符号的一切，就构成该符号。差别造成特征，正如造成价值和单位一样。

这一原则还有另一个奇特的后果：人们通常所称的"语法事实"，最后分析起来，实与单位的定义相符，因为它总是表示要素的对立；不过这一对立格外意义深长，像德语 Nacht∶Nächte"夜"这一类复数的构成就是例子。语法事实中的每一项要素（单数没有"变音"，也没有 e 尾，复数有"变音"和 e 尾，二者相对立）本身都是由系统内部的对立作用构成的。孤立地考虑，Nacht 和 Nächte 都算不了什么；所以一切都在于对立。换句话说，我们可以用一个代数公式 a/b 来表示 Nacht:Nächte 的关系，其中 a 和 b 都不是简单的项，两者都产生于种种关系。语言可以说是一种只有复杂项的代数。在它所包含的各种对立当中，有些比另一些更表示意义；但单位和语法事实都只是用来表示同一个一般事实（语言对立的作用）的各个方面的不同名称。情况确实是这样，所以我们大可以从语法事实开始来研究单位的问题。提出 Nacht:Nächte 这样一个对立，人们将会发生疑问：在这对立中起作用的是哪些单位？只是两个词呢，还是一系列相类似的词？是 a 和 ä 呢，还是所有的单数和所有的复数？如此等等。

　　如果语言符号是由差别以外的什么东西构成的，那么，单位和语法事实就不会相合。但语言的实际情况使我们无论从哪一方面去进行研究，都找不到简单的东西；随时随地都是这种互相制约的各项要素的复杂平衡。换句话说，语言是形式而不是实质（参看第150页）。人们对这个真理钻研得很不够，因为我们的术语中的一切错误，我们表示语言事实的一切不正确的方式，都是由认为语言现象中有实质这个不自觉的假设引起的。

# 第五章　句段关系和联想关系

## §1. 定　　义

因此,在语言状态中,一切都是以关系为基础的;这些关系是怎样起作用的呢？

语言各项要素间的关系和差别都是在两个不同的范围内展开的,每个范围都会产生出一类价值;这两类间的对立可以使我们对其中每一类的性质有更好的了解。它们相当于我们的心理活动的两种形式,二者都是语言的生命所不可缺少的。

一方面,在话语中,各个词,由于它们是连接在一起的,彼此结成了以语言的线条特性为基础的关系,排除了同时发出两个要素的可能性(参看第 99 页)。这些要素一个挨着一个排列在言语的链条上面。这些以长度为支柱的结合可以称为句段(syntagmes)[①]。所以句段总是由两个或几个连续的单位组成的

---

[①] 句段(syntagmes)的研究与句法(syntaxe)不能混为一谈,这是差不多不用指出的。我们在下面第 181 页将可以看到,句法只是句段研究的一部分。——原编者注
按:在法语里,syntagme 和 syntaxe 都有"组合"的意思,因此 syntagme 特别是 rapport syntagmatique 本来可以译为"组合"和"组合关系",可是因为习惯上已把 syntaxe 译为"句法",这里也只好把它们译为"句段"和"句段关系"。——校注

(例如法语的 re-lire"再读"；contre tous"反对一切人"；la vie humaine"人生"；Dieu est bon"上帝是仁慈的"；s'ilfait beau temps,nous sortirons"如果天气好,我们就出去",等等)。一个要素在句段中只是由于它跟前一个或后一个,或前后两个要素相对立才取得它的价值。

另一方面,在话语之外,各个有某种共同点的词会在人们的记忆里联合起来,构成具有各种关系的集合。例如法语的 enseignement"教育"这个词会使人们在心里不自觉地涌现出许多别的词(如 enseigner"教", renseigner"报导"等等,或者 armement "装备", changement "变化"等等,或者 éducation "教育", apprentissage"见习"等等)；它们在某一方面都有一些共同点。

我们可以看到,这些配合跟前一种完全不同。它们不是以长度为支柱的；它们的所在地是在人们的脑子里。它们是属于每个人的语言内部宝藏的一部分。我们管它们叫联想关系。

句段关系是在现场的；(in praesentia)：它以两个或几个在现实的系列中出现的要素为基础。相反,联想关系却把不在现场的(in absentia)要素联合成潜在的记忆系列。

从这个双重的观点看,一个语言单位可以比作一座建筑物的某一部分,例如一根柱子。柱子一方面跟它所支撑的轩橼有某种关系,这两个同样在空间出现的单位的排列会使人想起句段关系。另一方面,如果这柱子是多里亚式的,它就会引起人们在心中把它跟其他式的(如伊奥尼亚式、科林斯式等等)相比,这些都不是在空间出现的要素：它们的关系就是联想关系。

这两类配合中的每一类都需要作一些特别的说明。

## §2. 句 段 关 系

我们在第165页所举的例子已可以使人理解句段的概念不仅适用于词,而且适用于词的组合,适用于各式各样的复杂单位(复合词、派生词、句子成分、整个句子)。

只考虑一个句段各部分间的相互关系(例如法语 contre tous "反对一切人"中的 contre "反对"和 tous "一切人", contremaître "监工"中的 contre "接近"和 maître "主人")是不够的;此外还要估计到整体和部分间的关系(例如 contre tous 一方面跟 contre 对立,另一方面又跟 tous 对立,或者 contremaître 一方面跟 contre 对立,另一方面又跟 maître 对立)。

在这里可能有人提出异议:句子是句段的最好不过的典型,但是句子属于言语,而不属于语言(参看第21页);由此,句段岂不也是属于言语的范围吗? 我们不这样想。言语的特性是自由结合,所以我们不免要问:难道一切句段都是同样自由的吗?

首先,我们可以看到,有许多词语是属于语言的。如有些现成的熟语,习惯不容许有任何变动,尽管经过一番思考我们也可以从里面区别出一些表示意义的部分(试比较 à quoibon? "何必呢?" allons donc! "得了!"等等)。有些词语,比如 prendre la mouche "易发脾气", forcer la main à quelqu'un "迫使某人行动(或表态)", rompre une lance "论战",或者还有 avoir mal à (la tête "头痛"), à force de (soins "出于关心"), que vous ensemble, "你觉得怎样?",

pas n'est besoin de…"无需…"等等也是这样,不过程度上略差一点罢了。从它们的意义上或句法上的特点也可以看出它们有惯用语性质①。这些表现法不可能是即兴作出的,而是由传统提供的。我们还可以举出一些词,它们虽然完全可以分析,但是在形态上总有一些由习惯保存下来的反常特征(试比较法语的 difficulté "困难"和 facilité "容易"等等,mourrai "我将死"和 dormirai "我将睡"等等)②。

不仅如此,一切按正规的形式构成的句段类型,都应该认为是属于语言的,而不属于言语。事实上,由于在语言里没有抽象的东西,这些类型只有等到语言已经记录了相当数量的标本方能存在。当一个像 indécorable "无从装饰的"这样的词在言语里出现的时候(参看第 231 页以下),那一定已经有了一个确定的类型,而这类型又只因为人们记住了相当数量的属于语言的同样的词(impardonnable "不可原谅的",intolé-rabie "不能忍受的",

---

① 这些惯用语,à quoi bon? "何必呢?"直译是"对于什么好"的意思;allons donc! "胡说!"是"让我们走罢!"的意思;prendre la mouche "易发脾气"是"拿苍蝇"的意思;forcer la main à quelqu'un"迫使某人行动(表态)"是"强使别人摊牌"的意思;rompre une lance"论战"是"折断长矛"的意思;avoir mal à la tête"头痛"是"有痛于头"的意思;à force de soins"出于关心"是"借关心的力量"的意思;que vous ensemble? "你觉得怎样?"是"什么和你在一起"的意思;pas n'est besoin de…"无需…"应为 il n'est pas besoin de…,在意义上或句法上都各有它们的特点。——校注

② 法语 difficulté 来自拉丁语 difficultas,facilité 来自拉丁语 facilitas。拉丁语 difficultas 按构词法应为 dif(=dis)+facilitas,后来由于一种特殊的变化,变成了 difficultas。法语动词单数第一人称将来时按正规应由不定式+词尾 ai(<habeo"我有")构成,如 dormir-ai"我将睡";mourrai"我将死",实由 mourirai 变成,中间丢了一个 i。——校注

infatigable"不知疲倦的"等等），才是可能的。按正规的模型构成的句子和词的组合也完全是这样。有些组合如 la terre tourne"地球在旋转", que vous dit-il? "他对你说什么？"等等是符合一般类型的，而这些类型在语言中又有具体记忆做它们的支柱。

但是我们必须承认，在句段的领域内，作为集体习惯标志的语言事实和决定于个人自由的言语事实之间并没有截然的分界。在许多情况下，要确定单位的组合属于哪一类是很困难的，因为在这组合的产生中，两方面的因素都曾起过作用，而且它们的比例是无法确定的。

## §3. 联想关系

由心理联想构成的集合并不限于把呈现某种共同点的要素拉在一起，心理还抓住在每个场合把要素联系在一起的种种关系的性质，从而有多少种关系，就造成多少个联想系列。例如在法语 enseignement"教育", enseigner"教", enseignons"我们教"等词里有一个共同的要素——词根；但是 enseignement 这个词也可以出现在以另一个共同要素——后缀——为基础而构成的系列里（试比较 enseignement"教育", armement"装备", changement"变化"等等）。联想也可以只根据所指的类似（enseignement"教育", instruction"训育", apprentissage"见习", éducation"教育"等等），或者相反，只根据音响形象的共同性（例如 enseignement"教育"和

justement"恰好")①。因此，有时是意义和形式都有共同性，有时是只有形式或意义有共同性。任何一个词都可以在人们的记忆里唤起一切可能跟它有这种或那种联系的词。

句段可以使人立刻想起要素有连续的顺序和一定的数目，而联想集合里的各项要素既没有一定的数目，又没有确定的顺序。我们把法语 désir-eux"切望"，chaleur-eux"热烈"，peur-eux"胆怯"等等加以联系并不能预先说出我们的记忆所能提示的词究竟有多少，它们将按照什么样的顺序出现。一个给定的要素好像是星座的中心，其他无定数的同列要素的辐合点（参看下图）。

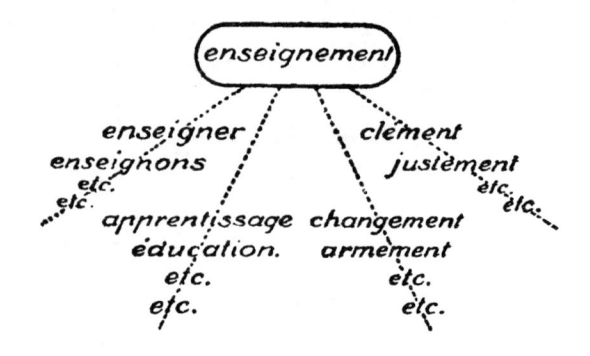

```
                    enseignement
           ／／／／／           ＼＼＼＼＼
    enseigner              clément
    enseignons             justement
    etc.                   etc.
    etc.                     etc.
       apprentissage     changement
       éducation.         armement
         etc.              etc.
         etc.              etc.
```

---

① 这最后一种情况很少见，我们不妨认为是反常的，因为我们心中很自然会排除那些足以扰乱人们理解话语的联想。但是有一类耍嘴皮子的现象可以证明它的存在，那就是依靠单纯的同音所造成的荒谬的混淆。例如法国人说：Les musiciens produisent les sons et les grainetiers les vendent"音乐家生产麦麸，贩卖种子商人出卖声音"（按法语的 sons 有"声音"和"麦麸"两个意思）。有一种联想应该同上述情况区别开来。它虽然是偶然的，但可能以观念的接近为依据（试比较法语的 ergot"鸡距"；ergoter"斗嘴"；德语的 blau"青色的"；durchbläuen"痛打"）。那是对两个要素中的一个作了新的解释。流俗词源学的情况就是这样（参看第 241 页）。这种事实对语义的演变很有意思，但是从共时的观点看，实只属于上述 enseigner；enseignement 的范畴。——原编者注

但是联想系列的这两个特征：没有确定的顺序和没有一定的数目，只有头一个是常可以检验的，后一个可能经不起检验。例如名词词形变化范例就是这种集合中一个突出的典型。拉丁语的 dominus"主人（主格）", dominī"主人（属格）", domino"主人（与格）"等等显然是一个由共同要素——名词词干 domin-——构成的联想集合。但这个系列并不像 enseignement, changement 等等那样没有边儿，格究竟有一定的数目。相反，它们在空间上却没有一定的先后次序，语法学家们把它们怎样排列纯粹是任意的；对说话者的意识来说，主格绝不是名词的第一个格，各种要素可以按照不同的场合以任何的顺序出现①。

---

① 现在欧洲各种语言名词变格的顺序都依照希腊·拉丁语的传统习惯以主格为第一格，词典里所收的也只是主格的形式。实际上，主格只是名词的一种变格，在说话者的意识中并没有什么优先的地位。——校注

# 第六章 语言的机构

## §1. 句段的连带关系

所以,构成语言的全部声音差别和概念差别都是两种比较的结果;这些比较有时是联想的,有时是句段的。任何一类集合,在很大程度上都是由语言确立的;正是这许多通常的关系构成了语言,并指挥它的运行。

在语言的组织中,头一件引人注目的是句段的连带关系:差不多语言中的一切单位都决定于它们在语链上的周围要素,或者构成它们本身的各个连续部分。

词的构成就足可以表明这一点。像法语的 désireux "切望"这样一个单位可以分解成两个次单位 (désir-eux)。但这不是两个独立的部分简单地加在一起 (désir＋eux),这是一种产物,两个有连带关系的要素的结合,这两个要素要在一个较高的单位 (désir×eux) 里互起作用才获得它们的价值。其中的后缀单独拿出来是不存在的;使它在语言里占有它的地位的是像 chaleur-eux "热烈", chanc-eux "幸运的"等等这样的一系列通常要素。同样,词根也不是独立的,它只有同后缀结合才能存在①。在法语 roul-is"（车船的）摇摆"一词中，roul-这个要素如果没有后缀，就什么也不是。整体的价值决定于它的部分，部分的价值决定于它们在整体中的地位，所以部分和整体的句段关系跟部分和部分间的关系一样重要。

这条一般原则在上面第167页所列举的各种句段中都可以得到检验，那总是一些由较小的单位组成的较大的单位，这两种单位相互间都有一种连带关系。

当然，语言也有一些独立的单位，无论跟它们的各部分或者跟其他单位都没有句段关系。比如法语 oui"是的"，non"不"，merci"谢谢"等等跟句子相等的词就是一些很好的例子。但这一事实究竟只是例外，不足以损害上述的一般原则。按常规，我们不是通过孤立的符号说话的，而是通过符号的组合，通过本身就是符号的有组织的集合体说话的。在语言里，一切都归属于差别，但是也归属于集合。这个由连续要素的作用构成的机构很像一部机器的运行，它的机件虽然安装在单个向度上，但彼此间却有一种相互作用。

## §2. 集合的两种形式同时运行

在这样构成的句段的集合之间有一种相互依存的联系，它们是互相制约的。事实上，空间上的配合可以帮助联想配合的建立，

---

① 德·索绪尔的这一论断，只有在派生词中才是正确的。在单纯词中，词根并不一定要跟后缀结合才能存在。这一点，本来在他下面所举的法语 oui"是的"，non"不"，merci"谢谢"等词中已可以看到，但他认为这些只是例外，因为他所注意的都是一些形态比较复杂的语言。——校注

而联想配合又是分析句段各部分所必需的。

例如法语 dé-faire"解除"这个合成词，我们可以把它画在一条相当于语链的横带上面：

$$\overline{\quad dé\text{-}faire \quad} \longrightarrow$$

但是同时在另外一条轴线上，在人们的下意识中存在着一个或几个联想系列，其中所包含的单位有一个要素是跟这句段相同的。例如：

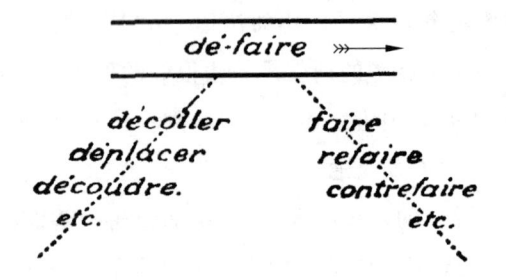

$$\overline{\quad dé\text{-}faire \quad} \longrightarrow$$

décoller　　faire
déplacer　　refaire
découdre.　　contrefaire
etc.　　　　etc.

同样，如果拉丁语的 quadruplex"四倍的"是一个句段，那是因为它有两个联想系列作为它的支柱：

$$\overline{\quad quadru\text{-}plex \quad} \longrightarrow$$

quadrupes　　simplex
quadrifrons　　triplex
quadraginta　　centuplex
etc.　　　　　etc.

正因为有这些不同的形式飘浮在 défaire 或 quadruplex 的周围，这两个词才能分解成次单位，换句话说，才能成为句段。假如其他包含

dé-或 faire 的形式从语言中消失,那么 défaire 就是不能分析的了。它将只是一个简单的单位,它的两个部分就不能互相对立。

现在,这双重系统在话语中的作用就清楚了。

我们的记忆常保存着各种类型的句段,有的复杂些,有的不很复杂,不管是什么种类或长度如何,使用时就让各种联想集合参加进来,以便决定我们的选择。当一个法国人说 marchons!"我们步行罢!"的时候,他会不自觉地想到各种联想的集合,它们的交叉点就是 marchons! 这个句段。它一方面出现在 marche!"你步行吧!",marchez!"你们步行吧!"这一系列里,决定选择的正是 marchons! 同这些形式的对立;另一方面,marchons! 又唤起 montons!"我们上去吧!",mangeons!"我们吃吧!"等等的系列,通过同样的程序从中选出。说话人在每一个系列里都知道应该变化什么才能得出适合于他所寻求的单位的差别。如果要改变所要表达的观念,那就需要另外的对立来表现另外的价值;比方说 marchez!"你们步行吧!"或者 montons!"我们上去吧!"。

所以,从积极的观点看,认为说话者之所以选择 marchons! 是因为它能表达他所要表达的观念,是不够的。实际上,观念唤起的不是一个形式,而是整个潜在的系统,有了这个系统,人们才能获得构成符号所必需的对立。符号本身没有固有的意义。假如有一天,同 marchons! 相对的 marche! marchez! 不再存在,那么,某些对立就会消失,而 marchons! 的价值也会因此而改变。

这一原则可以适用于句段,也可以适用于各种类型的句子,不管它们多么复杂。当我们要说 que *vous* dit-il?"他对您说什么?"

这句话的时候,我们只在一个潜在的句段类型中改变一个要素,例如 que *te* dit-il?"他对你说什么?"——que *nous* dit-il?"他对我们说什么?"等等,直到选定了 *vous* 这个代词。在这个过程中,说话者心里把不能在指定的点上显示所需差别的要素全都排除出去,联想集合和句段类型都起着作用。

反过来,哪怕是最小的单位,直到音位要素,只要具有一个价值,无不受这一确定和选择程序的支配。这里不但指像法语的 pətit(写作 petite,"小,阴性"):pəti(写作 petit,"小,阳性"),或者拉丁语的 dominī"主人(属格)":dominō"主人(与格)"这样凑巧是单个音位的差别,而且指音位能在语言状态的系统中独自起作用的更显著、更微妙的事实。例如希腊语的 m,p,t 等等永远不能出现在词末,这就等于说,它们在这一位置上出现与否,关系到词的结构和句子的结构。所以在这种情况下,单独的音,如同其他单位一样,也要经过一种双重的心理对立之后选定。例如在 anma 这个想象的组合里,m 音跟它周围的音有句段对立,跟人们心里所能提示的一切声音又有联想对立,比如:

a n m a<br>
v<br>
d

## §3. 绝对任意性和相对任意性

语言的机构可以从另外一个特别重要的角度来看。

符号任意性的基本原则并不妨碍我们在每种语言中把根本任

意的,即不能论证的,同相对任意的区别开来。只有一部分符号是绝对任意的;别的符号中却有一种现象可以使我们看到任意性虽不能取消,却有程度的差别:符号可能是相对地可以论证的。

例如法语的 vingt "二十"是不能论证的,而 dix-neuf "十九"却不是在同等程度上不能论证,因为它会使人想起它赖以构成的要素和其他跟它有联系的要素,例如 dix "十", neuf "九", vingt-neuf "二十九", dix-huit "十八", soixante-dix "七十"等等。分开来看, dix "十"和 neuf "九"跟 vingt "二十"一样,但是 dix-neuf "十九"却有相对的论证性。法语的 poirier "梨树"也是这样;它会使人想起 poire "梨子"这个单纯词,它的后缀-ier 又会使人想起 cerisier "樱桃树", pommier "苹果树"等等。而 frêne "榛树", chene "橡树"等等却毫无相似之处。试再比较 berger "牧童"和 vacher "放牛人",前者是完全不能论证的,而后者却是相对地可以论证的; geôle "监狱"和 cachot "地牢", hache "大斧"和 couperet "铡刀", concierge "门房"和 portier "守门人", jadis "昔时"和 autrefois "从前", souvent "往往"和 fréquemment "经常", aveugle "盲目的"和 boiteux "跛足的", sourd "耳聋的"和 bossu "驼背的", second "第二"和 deuxième "第二",德语的 Laub "全部树叶"和法语的 feuillage "全部树叶",法语的 métier "手艺"和德语的 Handwerk "手艺"这些成对的词也是这样。英语的复数 ships "船"按它的结构会使人想起 flags "旗帜", birds "鸟", books "书"等等一系列的词,而 men "人", sheep "羊"却不会使人想起什么东西。希腊语 dōsō "我将给"用来表示将来时观念的符号可以使人联想到 lúsō "我将解松", stḗsō "我将放置", lúpsō "我将敲打"等等,而 eîmi "我将去"却完全是孤立的。

每个例子里的论证性由什么因素决定，这里不是探讨的地方；但句段的分析越是容易，次单位的意义越是明显，那么，论证性就总越是完备。事实上，有些构词要素，如 poir-ier"梨树"和 ceris-ier"樱桃树"，pomm-ier"苹果树"等词中的-ier 虽然明澈可见，另外有些却是意义含混或者完全没有意义。例如后缀-ot 究竟在什么程度上跟 cachot"地牢"的一个意义要素相当呢？我们把一些像 coutelas"大庖刀"，fatras"杂物堆"，platras"石膏片"，canevas"帆布"这样的词加以比较，会有一种模模糊糊的感觉，认为-as 是一个名词所固有的构词要素，但不能更确切地说出它的意思。此外，即使在最有利的情况下，论证性也永远不是绝对的。这不仅因为可以论证的符号的各个要素本身是任意的（试比较 dix-neuf"十九"中的 dix"十"和 neuf"九"），而且因为整个要素的价值永远不等于各部分的价值的总和；poir×ier 不等于 poir＋ier（参看第 172 页）。

至于现象本身，我们可以用上节所述原则来加以解释。相对地可以论证的概念包含：（1）把某一要素加以分析，从而得出一种句段关系；（2）唤起一个或几个别的要素，从而得出一种联想关系。任何要素都要借助于机构才能表达某种观念。到现在为止，单位在我们看来都是价值，即系统的要素，而且我们特别从它们的对立方面去考虑；现在我们承认它们有连带关系，包括联想方面的和句段方面的，正是这些关系限制着任意性。法语的 dix-neuf"十九"在联想方面跟 dix-huit"十八"，soixante-dix"七十"等有连带关系，在句段方面又跟它的要素 dix"十"和 neuf"九"有连带关系（参看第173 页）。这种双重的关系使它具有一部分价值。

我们深信，凡是跟作为系统的语言有关的一切，都要求我们从

## 第六章 语言的机构

这个很少引起语言学家注意的观点,即任意性的限制去加以研究。这是一个最好不过的基础。事实上,整个语言系统都是以符号任意性的不合理原则为基础的。这个原则漫无限制地加以应用,结果将会弄得非常复杂;但是人们的心理给一大堆符号的某些部分带来一种秩序和规律性的原则,这就是相对论证性的作用。如果语言的机构是完全合理的,人们就可以就其本身去加以研究。但是由于它只是对一个本来就很混乱的系统作局部的纠正,所以人们在研究这个限制任意性的机构的时候,就只好采取由语言的本质所给定的观点。

一切都是不能论证的语言是不存在的;一切都可以论证的语言,在定义上也是不能设想的。在最少的组织性和最少的任意性这两个极端之间,我们可以找到一切可能的差异。各种语言常包含两类要素——根本上任意的和相对地可以论证的——但是比例极不相同,这是我们进行语言分类时可能考虑的一个很重要的特点。

如果不抠得太死,以便看到这种对立的一种形式,那么我们可以说,不可论证性达到最高点的语言是比较着重于词汇的,降到最低点的语言是比较着重于语法的。这不是说,"词汇"和"任意性","语法"和"相对论证性"始终各各同义,而是说它们在原则上有某些共同点。这好像是两个极端,整个系统就在它们之间移动;又好像是两股相对的潮流,分别推动着语言的运动:一方面是倾向于采用词汇的工具——不能论证的符号;另一方面是偏重于采用语法的工具,即结构的规则。

例如,我们可以看到,英语的不可论证性就比德语占有重要得多的地位；但超等词汇的典型是汉语，而印欧语和梵语却是超等语法的标本①。在一种语言内部，整个演化运动的标志可能就是不断地由论证性过渡到任意性和由任意性过渡到论证性；这种往返变化的结果往往会使这两类符号的比例发生很大的变动。例如同拉丁语相比，法语的一个最明显的特征就是任意性大为增加：拉丁语的 inimīcus "敌人"还会使人想起 in-"非"和 amīcus "朋友"，并可以用它们来加以论证，而法语的 ennemi "敌人"却无从论证；它已恢复到作为语言符号主要条件的绝对任意性。我们在数以百计的例子里都可以看到这种转移，试比较：constāre(stāre)：coûter "值"，fabrica(faber)：forge "铁铺"，magister(magis)：maître "主人"，berbīcārius(berbīx)：berger "牧童"等等②。这些变化已使法语面目全非了。

---

① 德·索绪尔的这个论断，是从史勒格耳(Schlegel)和施来赫尔(A. Schleicher)等认为汉语是孤立语的典型，印欧语和梵语是屈折语的极则来的。其实，汉语自古以来就有许多合成词，特别是现代汉语由于语音简化，合成词大量增加，可以论证的符号也大为增加，已不能说是什么超等词汇的典型了。——校注

② 拉丁语 constare "值"跟 stāre "站立"有关，民间拉丁语为 costare，其后变成了古代法语的 coster 和 custer，从十三世纪起，s 在清辅音之前停止发音，变成了现代法语的 coûter "值"。fabrica "作坊"跟 faber "工匠"有关，其后 b 在 r 之前变成 ŭ，c 在两个元音之间浊音化变成 g，非重读的 i 脱落，结果变成了 faurga；从十三世纪起，au 单元音化变成 o，收尾的 a 变成 e，即现代法语的 forge "铁铺"。magister "教师，长官"跟 magis "较大"有关，其后 g 在两个元音之间脱落，古代法语变成了 maistre；从十三世纪起，s 在清辅音之前停止发音，变成了现代法语的 maître "主人"。berbicārius "牧羊人"跟 berbīx "绵羊"有关，民间拉丁语为 berbicariu(m)，其后第二个 b 因异化而消失，非重读的 i 脱落，c 浊音化变成 g，ariu 变成 ier，结果变成了古代法语的 bergier，从十三世纪起变成了现代法语的 berger "牧童"。由此可见，许多拉丁语的可以论证的符号，到了现代法语都已变成绝对任意的，即不能论证的了。——校注

# 第七章　语法及其区分

## §1. 定义；传统的区分

静态语言学或语言状态的描写，按照我们在"棋法"、"交易所法"等说法里的非常确切的通用意义，可以称为语法[①]，那都是指的一种使共存的价值发生作用的复杂而有系统的对象。

语法是把语言当作表达手段的系统来研究的；所谓"语法的"，就是指共时的和表示意义的。由于任何系统都不同时跨着几个时代，所以在我们看来，并没有什么"历史语法"；所谓"历史语法"实际上不过是历时语言学。

我们的定义同人们一般所下的比较狭隘的定义不一样。实际上，人们只同意把形态学和句法结合在一起叫做语法，而词汇学或词的科学却被排除在外。

但是首先，这样的区分是否符合实际呢？它们同我们刚才所提出的原则是否协调呢？

形态学研究词的各种范畴（动词、名词、形容词、代词等等）和

---

[①] 在法语里，"棋法"、"交易所法"的"法"和"语法"用的是同一个词——grammaire。——校注

词形变化的各种形式（动词变位，名词变格等等）。人们为了要把这种研究同句法分开，竟说什么句法的研究对象是各个语言单位的功能，而形态学却只考虑它们的形式。形态学只满足于指出例如希腊语 phúlax"看守人"的属格是 phúlakos，而句法却要说明这两个形式的用法。

但这种区别实是一种错觉：phúlax 这个名词的一系列形式只有比较了各该形式所附的功能，才能成为词形变化的范例；反过来，这些功能也只因为其中每一个都与一定的声音符号相当，才接受形态学的管辖。名词变格不是一张形式表，也不是一系列逻辑上的抽象概念，而是这两者的结合（参看第 141 页）：形式和功能是有连带关系的，要把它们分开即使不说没有可能，也是很困难的。在语言学上，形态学没有真正的和独立自主的对象；它不能构成一门与句法分立的学科。

另一方面，把词汇学排除在语法之外是否合逻辑呢？乍一看来，词典里所登记的词似乎不在语法研究之列，因为语法研究一般只限于各单位间的关系。但是人们马上可以看到，这些关系中有许多既可以用词来表示，也可以用语法手段来表示。例如在拉丁语里，fīō"我被做"和 faciō"我做"的对立跟 dīcor"我被说"和 dīcō"我说"的对立是一样的，而后者是同一个词的两个语法形式。在俄语里，完成体和未完成体的区别，sprosít'：sprášivat'"问"用语法手段来表示，而 skazát'：govorít'"说"却用词汇手段来表示。人们一般把前置词归入语法，但是，en considération de"考虑到"这个前置词短语却主要是属于词汇学的，因为 considération"考虑"这个词在这里还保存着它的本义。我们试把希腊语的 peíthō"我说服":peíthomai"我服从"和法语的 je persuade"我说服":j'obéis"我服从"加以比较,就可以看到,前者的对立是用语法手段表示的,而后者的对立却用词汇手段来表示。有许多在某些语言里用变格或前置词表示的关系,在另外一些语言里却用更接近于固有的词的复合词(法语的 royaume des cieux"天国"和德语的 Himmelreich"天国"),或者派生词(法语的 moulin à vent"风磨"和波兰语的 wiatr-ak"风磨"),或者甚至单纯词(法语的 bois de chauffage"木柴"和俄语的 drová"木柴",法语的 bois de construction"木材"和俄语的 lês"木材")来表示。在同一种语言里,单纯词和复合词组的交互使用也是很常见的(试比较 considérer 和 prendre en considération"考虑",se venger de 和 tirer vengeance de"报复")。

由此可见,从功能的观点看,词汇的事实可能跟句法的事实混同。另一方面,任何词,只要不是简单的、不能缩减的单位,都跟句子成分、句法的事实没有本质上的区别。这些词中各个次单位的排列和词组的构成都服从相同的基本原则。

总而言之,语法的传统区分可能有它们的实际用途,但是不符合自然的区别,而且缺乏任何逻辑上的联系。语法只能建筑在另一个更高的原则上面。

## §2. 合理的区分

形态学、句法和词汇学的相互渗透,可以用一切共时态事实都具有根本相同的性质来加以解释。它们之间不可能有任何预先划定的界限。只有我们在上面所确立的句段关系和联想关系间的区别才能自己提出一种并非外加的分类方式，唯一可以作为语法系统基础的方式。

任何构成语言状态的要素应该都可以归结为句段理论和联想理论。今后，我们似乎可以把传统语法中的某些部分毫不费力地归入这两种理论中的某一种：屈折变化在说话者的心中显然是形式的联合的一种典型形式；另一方面，句法，按照最流行的定义，即词的组合理论，可以归入句段理论，因为这些组合至少要有两个分布在空间的单位。不是任何句段事实都可以归入句法[①]，但是任何句法事实都属于句段。

语法中任何一点都可以表明，从这双重的观点研究每个问题是很重要的。例如词的概念就可以提出两个不同的问题，那要看我们是从联想方面还是从句段方面去加以考虑。法语 grand "大"这个形容词在句段里有两个形式（grā garsō "grand garcon，大男孩"和 grāt āfā "grand enfant，大孩子"），在联想方面又有另外两个形式（阳性的 grā "grand" 和阴性的 grād "grande"）。

每一事实应该都可以这样归入它的句段方面或联想方面，全部语法材料也应该安排在它的两个自然的轴线上面。只有这样分配才能表明我们对共时语言学的通常框架应该作哪些改变。当然，我们在这里不能执行这一任务，因为我们的目的只限于提出最一般的原则。

---

[①] 因为有些句段事实涉及词的结构，不能归入句法。——校注

# 第八章 抽象实体在语法中的作用

有一个重要的题目我们还没有接触到,而它正可以表明我们必须从上述两个观点来探究一切语法问题。那就是语法中的抽象实体。我们现在首先从联想方面来考虑这些实体。

把两个形式联想在一起,不只是感到它们有某种共同点,而且也是对支配着联想的关系的性质作出识别。例如说话者意识到法语 enseigner"教"和 enseignement"教育",或者 juger"判断(动词)"和 jugement"判断(名词)"的关系,跟 enseignement 和 jugement 的关系不一样(参看第 169 页以下)。这样就把联想的系统和语法的系统联结起来了。我们可以说,研究语言状态的语法学家,如果不涉及历史,那么他所作出的自觉的和有条理的分类的总数应该跟言语中起作用的自觉的或不自觉的联想的总数相吻合。正是这些联想把各种词族、词形变化范例、构词要素:词根、后缀、词尾等等固定在我们的心中(参看第 256 页以下)。

但联想是否只分出一些物质要素呢?显然不是。上面说的是它聚集一些只在意义上有联系的词(试比较 enseignement"教学", apprentissage"见习", éducation"教育"等等)。语法方面也应该这样。例如拉丁语的三个属格:domin-ī"主人的", rēg-is"国王的", ros-ārum"玫瑰花的";词尾的声音毫无可供联想的类似之处,但是人们还是因为感到它们有共同的价值,用法相同,而把它们联合在一起。只这一点已足以造成联想,尽管没有任何物质上的支持。属格的概念就是这样在语言中取得它的地位的。词形变化的词尾-us,-ī,-ō等(如在 dominus"主人(主格)", dominī"主人(属格)", dominō"主人(与格)"等词中的)也是通过完全同样的程序在人们的意识中取得联系,并分出变格和变格词尾这些更一般的概念的。有些同一类的但更广泛的联想把一切名词、形容词等等都联合起来,确定了词类的概念。

所有这一切都存在于语言中,但作为抽象实体而存在。研究这些实体很困难,因为我们无法确实知道说话者的意识是否走得像语法学家的分析那么远。但主要的是:抽象实体,最后分析起来,总是以具体实体为基础的。没有一系列物质要素做底层,任何语法抽象都是不可能的,最后总还是要回到这些要素上面来。

现在,让我们从句段的观点看。一个组合的价值往往跟它的要素的顺序相关联。说话者在分析一个句段的时候并不只限于识别它的各个部分,他还会在这些部分之间看到某种连续的顺序。法语 désir-eux"切望"或拉丁语 signi-fer"旗手"的意义决定于各个次单位的位置:人们不能说 eux-désir 或者 fer-signum。价值甚至可以同具体要素(如-eux 或-fer)没有任何关系,而只是各个要素的排列的结果。例如法语 je dois"我应该"和 dois-je?"我应该吗?"这两个组合之所以有不同的意义,只是由于词序不同。一种语言有时用词序来表示的观念,另一种语言却用一个或几个具体的要素来表示。英语在 gooseberry wine"醋栗酒", gold watch"金表"等句段类型中用单纯的词序表示的关系,现代法语都用前置词(如 vin de groseilles,montre en or 等等)。另一方面,要表示直接宾语的概念,现代法语只把名词置于及物动词之后(试比较 je cueille une fleur"我摘花"),而拉丁语和其他语言却用具有特殊词尾的宾格,如此等等。

词序无可争辩地是一种抽象实体,但同样确实的是,这个实体的存在端赖包含着词序而排列在单个向度的各个具体单位。认为在这些分布于空间的物质单位之外有什么无形的句法,将是一种错误。英语的 the man I have seen"我曾见过的人"表明有一种句法事实似乎用零来表示,而法语却要用 que[①]。但是使人产生这种错觉,认为虚位也可以表示某种观念的,正是把它跟法语的句法事实相比。实际上,只有排列成某种顺序的物质单位才能创造这种价值。人们没法脱离一列具体的要素去议论一个句法的事例。此外,人们之所以能够理解一个语言复合体(例如上述英语的那些词),也只因为这个要素的序列适当地表达了思想。

物质单位只有依靠意义,依靠它所具有的功能才能存在。这一原则对于认识较小的单位特别重要,因为人们往往会认为它们是凭借它们的纯物质性而存在的,例如认为 aimer"爱"只依靠它赖以构成的声音而存在。反过来——正如我们刚才所看到的,——

---

[①] 同样的句子,英语可以说成 the man I have seen 或 the man whom I have seen,而法语却必须说成 l'homme que j'ai vu。英语的 the man I have seen 这个句子可以不用 whom 而用零来表示一种句法事实,而法语的 que 却是必不可少的。——校注

意义和功能也只有在某种物质形式的支持下才能存在。如果这后一条原则是针对一些较大的句段或句法类型制定的,那是因为人们往往倾向于把它们看作翱翔于句子要素之上的非物质的抽象概念。这两条原则互相补充着,跟我们上面所说的单位的划分(参看第 142 页)是一致的。

# 第三编

# 历时语言学

# 第一章 概 述

历时语言学研究的已不是语言状态中各项共存要素间的关系,而是在时间上彼此代替的各项相连续的要素间的关系。

事实上,绝对的不变性是不存在的(参看第107页以下);语言的任何部分都会发生变化。每个时期都相应地有或大或小的演化。这种演化在速度上和强度上可能有所不同,但是无损于原则本身。语言的长河川流不息,是缓流还是急流,那是次要的考虑。

的确,对于文学语言的注意,往往会把我们的眼睛蒙住,看不见这种不断的演化。我们在下面第272页将可以看到,文学语言是凌驾于流俗语言即自然语言之上的,而且要服从于另外的一些生存条件。它一经形成,一般就相当稳定,而且有保持不变的倾向。对文字的依靠使它的保存有了特殊的保证。所以它不能向我们表明,自然语言摆脱了一切文学的统制会改变到什么程度。

语音学,而且整个语音学,是历时语言学的头一个对象。事实上,语音演化是跟状态的概念不相容的;把音位或音位的组合同以前的情况相比就等于是建立历时态。以前的时代可能远些,也可能近些;但是如果两个时代混而不分,语音学就插不上手,这时只有语言状态的声音描写,那是音位学所要做的。

语音学的历时特性很符合一条原则,即语音学上的一切,就广义来说，没有什么是表示意义的或语法的（参看第 40 页）。研究一个词的声音历史，可以不管它的意义，只考虑它的物质外壳，把它切成音段，而不过问这些音段是否有意义。例如我们可以探索阿狄克希腊语的-ewo这个音组变成了什么音，而这个音组是没有意义的。要是把语言的演化归结为声音的演化，那么语言学两个部分固有对象的对立就立即明若观火。我们将可以很清楚地看到，历时的就等于非语法的，正如共时的等于语法的一样。

　　但是随着时间起变化的只有声音吗？词的意义改变着；语法范畴演变着，其中有些随着表达它们的形式一起消失了（例如拉丁语的双数）。如果联想共时态和句段共时态的一切事实都各有它们的历史，那么历时态和共时态的绝对区别又怎能得以维持呢？只要我们离开了纯粹语音学的范围，这就会变得非常困难。

　　但是我们要注意，许多我们认为是语法的变化实际上都是语音的变化。像德语以 Hand∶Hände"手"代替 hant∶hanti 这样一种语法类型的创造（参看第 114 页），就完全可以用语音事实来加以解释。像 Springbrunnen"喷泉"，Reitschule"骑术学校"之类的复合词也是以语音事实为基础的。在古高德语里，它们的头一个要素不是动词，而是名词。beta-hūs 是"祈祷室"的意思，但是由于结尾元音在语音上的脱落（beta-→bet-等等），它跟动词（beten"祈祷"等等）建立了语义上的接触，而 Bethaus 终于变成了"祈祷用的房子"的意思了。

　　在古日耳曼语用 lich"外貌"这个词构成的复合词中（试比较

# 第一章 概述

mannolich"有男子汉的外貌的",redolich"有理性的外貌的"等等),也曾发生过完全同样的变化。现在,在许多形容词里(试比较 verzeihlich"可原谅的",glaublich"可信的"等等),-lich 已经变成后缀,可以跟法语 pardonn-able"可原谅的""croy-able"可信的"等等的后缀相比。同时,人们对于这些词的头一个要素的解释也发生变化:不再把它看作名词,而看作动词词根。那是因为在许多情况下,头一个要素由于结尾元音的脱落(例如 redo- → red-)而变得跟动词词根(red-来自 reden)一样了。

因此,在 glaublich"可信的"一词里,glaub-与其说是跟 Glaube"信仰"接近,不如说是跟 glauben"相信"接近。尽管词根不同,sichtlich"可见的"也只是跟 sehen"见"相关联,而不再跟 Sicht"光景"相关联。

在所有这些和其他许多类似的例子里,历时态和共时态的区别仍然是很明显的。我们必须记住这种区别,这样,当我们实际上在历时的领域内研究语音变化,继而在共时的领域内考究语音变化所产生的后果时,才不致轻率地断言是在研究历史语法。

但是这种限制不能解决一切困难。任何语法事实的演化,无论是联想的聚合还是句段的类型,都不能跟声音的演化相提并论。它不是简单的,它可以分解成许多特殊的事实,其中只有一部分跟语音有关。在一个句段类型的产生中,如法语的将来时 prendre ai 变成了 prendrai"我将拿",我们至少可以分辨出两个事实:一个是心理的，即两个概念要素的综合①；另一个是语音的，它并且取决于前一个事实，即组合中的两个重音缩减为一个重音（préndre aí →prendraí）。

日耳曼语强式动词的屈折变化（如现代德语的 geben"给"，gab,gegeben 等等，试比较希腊语的 leípo"我留下"，élipon, 1éloipa 等等），大部分以词根的元音交替为基础。这个交替系统（参看第 216 页以下）最初是相当简单的，无疑是纯粹的语音事实的结果。但是要使这些对立在功能上变得这样重要，那原始的屈折变化系统必须通过一系列不同的过程进行简化：现在时的多种变异及其所附的意义色彩的消失，未完成过去时、将来时和不定过去时的消失，全过去时重叠式的消除等等。这些在本质上同语音毫无关系的变化把动词的屈折变化缩减为一小组形式，使词根的元音交替在里面获得了头等重要的表示意义的价值。例如我们可以断言，geben:gab 中 e:a 的对立比希腊语 leípo:léloipa 中 e:o 的对立更具有表意价值，因为德语的全过去时没有基本音节的重叠。

所以语音学虽然经常从某一方面介入演化，却不能说明它的全部。一旦把语音学的因素除去，就会剩下似乎证明"语法史"的概念有其正当理由的残余，这是真正的困难所在。历时态和共时态的区别——我们应该保持这种区别——需要详密的解释，而这

---

① 法语的将来时 prendrai"我将拿"来自 prendre＋ai, prendre（不定式）是"拿"的意思，ai 是"我有"的意思，本来是两个概念要素，可是在 prendrai 中已经综合成为一个概念了。——校注

# 第一章 概述

是本教程的范围所容纳不了的①。

我们在下面将依次研究语音变化、语音交替和类比事实，最后简单地谈谈流俗词源和黏合。

---

① 除了这个教学上的和外部的理由之外，也许还可以加上另外一个理由：费·德·索绪尔在他的讲授中从来没有讲过言语的语言学（参看第27页以下）。前面说过，一种新的用法总是从一系列个人的事实开始的（参看第135页）。我们可以认为作者不承认这些个人事实具有语法事实的性质，因为一个孤立的行为必然跟语言及其只决定于全部集体习惯的系统无关。只要这些事实属于言语，它们就只是一些利用已有系统的特殊而完全偶然的方式。一个创新，只有当它被反复使用，铭刻在人们的记忆里，并且进入了系统的时候，才能发生转移价值平衡的效果，而语言也就因此而自发地起了变化。我们在第27页和第115页所说的关于语音演化的话也可以适用于语法的演化：它的转变是在系统之外的，因为演化中的系统是永远看不见的；我们只是不时感到它不是原来的面目。这一试作的解释只是我们的一种简单的提示。——原编者注

# 第二章 语音变化

## §1. 语音变化的绝对规律性

我们在第 128 页已经看到,语音变化不影响到词,而只影响到音。发生变化的是音位。正如一切历时的事件一样,这是一个孤立的事件,但是它的后果会使凡含有这个音位的词都同样改变了样子。正是在这个意义上,语音变化是绝对有规律的。

在德语里,所有的 ī 都变成了 ei,然后变成 ai:wīn, trīben, līhen, zīt 变成了 Wein"酒", treiben"赶", leihen"借", Zeit"时间"。所有的 ū 都变成了 au:hūs, zūn, rūch→Haus"房子", Zaun"篱笆", Rauch"烟"。同样,ü 变成了 eu:hūsir→Häuser"房子(复数)"等等。相反,复合元音 ie 变成了 ī,仍写作 ie:试比较 biegen"折", lieb"亲爱的", Tier"兽类";此外,所有的 uo 都变成了 ū:muot→Mut"勇敢"等等。所有的 z(参看第 52 页)都变成了 s(写作 ss):wazer→Wasser"水", fliezen→fliessen"流"等等。两个元音间的 h 都消失了:lihen, sehen→leien, seen(写作 leihen"借", sehen"见")。所有的 w 都变成了唇齿音 v(写作 w):wazer→wasr

(Wasser"水")①。

在法语里,所有腭化的 l 都变成了 y：piller"抢劫",bouillir"沸腾"念成 piye,buyir 等等②。

在拉丁语里,两个元音间的 s 在另一个时代变成了 r：* genesis, * asēna→generis"产生",arēna"决斗场"等等③。

任何语音变化,从它的真实情况看,都可以证明这些演变是完全有规律的。

## §2. 语音变化的条件

上面所举的例子已可以表明,语音现象并不永远都是绝对的,它们往往同一定的条件联系着。换句话说,发生变化的不是音种,而是在某些环境、重音等等条件下出现的音位。例如拉丁语的 s 只在两个元音间和某些其他位置上变成了 r,而在别处却保持着不变(试比较 est"他是",senex"老人",equos"马")。

---

① 古代德语的长元音 ī,ū,ü 于十四世纪至十六世纪之间复合元音化,变成了 ei (其后念成 ai), au, äu(其后念成 eu),如 win→wein(念 wain), hūs→Haus, hūsir→Häuser(念 heuzər)。同时,复合元音 ie,uo,单元音化,变成了 ī ū,如 tier→tir(仍写作 Tier), muot→mūt。z 变成了 s(写作 ss),如 wazer→wasser。两个元音间的 h 脱落了,如 sehen→seen(仍写作 sehen)。w 变成了 v,但写法不变,如 wazer→vasr(写作 Wasser)。所有这些把中古德语和现代德语区别开来。——校注

② 古代法语颚化的 l 于十七世纪开始变为 y,十八世纪初有些语法学家曾讥为"巴黎小资产阶级的发音",直到十八世纪三十年代才逐渐固定了下来,但写法不变。——校注

③ 古拉丁语的 s 在两个元音间变成了 r,如 * arbosen→arboren"树"。这一点,古罗马语法学家瓦罗(Varro)在《论拉丁语》(De lingua latina)一书中已经指出。——校注

绝对的变化是极其罕见的。它们往往是由于条件具有隐蔽的或过于一般的性质，才看来好像是绝对的。例如德语的 i 变成了 ei, ai, 但只是在重读音节[①]。印欧语的 $k_1$[②] 变成了日耳曼语的 h（试比较印欧语的 $k_1$olsom，拉丁语的 collum，德语的 Hals"脖子"），但是在 s 的后面却不发生变化（试比较希腊语的 skótos 和峨特语的 skadus"阴影"）。

此外，把变化分为绝对的变化和条件的变化，那是以一种对事物的肤浅的看法为基础的，比较合理的是像越来越多的人那样，称为自发的语音现象和结合的语音现象。由内在的原因产生的是自发的变化，由一个或几个别的音位引起的是结合的变化。例如由印欧语的 o 变为日耳曼语的 a（试比较峨特语的 skadus"阴影"，德语的 Hals"脖子"等等）[③]就是一个自发的事实。日耳曼语的辅音演变或"Lautverschiebungen"也属自发变化的类型：例如印欧语的 $k_1$ 变成了原始日耳曼语的 h（试比较拉丁语的 collum"脖子"和峨特语的 hals"脖子"）。英语还保存着原始日耳曼语的 t，但是在高德语里已变成了 z（念作 ts），试比较峨特语的 taihun"十"，英语的

---

[①] 德语有一部分后缀，虽然是非重读音节，也由 i 变成了 ei 和 ai，如 Fräulein"姑娘"的-lein 在中古德语是-lin，后变为-lein，念成-lain。——校注

[②] 印欧语的 k 分两种：一种是颚音，标作 $k_1$；一种是舌根音，标作 $k_2$。$k_1$ 在 satəm 语言中变成了 s，如梵语的 çgatam"一百"，阿维斯塔语的 satəm"一百"，立陶宛语的 šim̃tas"一百"，古斯拉夫语的 съто; 在 centum 语言中变成了 k，如希腊语的 ε-κατον"一百"，拉丁语的 centum"一百"，威尔士语的 cant"一百"等等。日耳曼语属 centum 语言，但这个 $k_1$，却变成了 h，如峨特语的 hund"一百"，德语的 hundert"一百"，英语的 hundred"一百"。这里所举的例子也属这一类型。——校注

[③] 峨特语 skadus"阴影"源出于印欧语的 skσtos，德语的 Hals"脖子"源出于印欧语的 $k_1$olson，其中由印欧语的 o 变成日耳曼语的 a 都是自发的语音变化。——校注

ten"十",德语的 zehn"十"①。相反,由拉丁语的 ct,pt 变为意大利语的 tt(试比较 factum→fatto"事实",captīvum→cattivo"俘虏")却是一个结合的事实,因为前一个要素为后一个要素所同化。德语的"变音"也是由外在的原因引起的,即下一个音节有一个 i:gast 不发生变化,而 gasti 却变成了 gesti,Gäste"客人们"②。

必须指出,不论哪种情况,结果不是问题所在,有没有变化也并不重要。例如我们试把峨特语的 fisks"鱼"和拉丁语的 piscis"鱼",峨特语的 skadus"脖子"和希腊语的 skótos"脖子"比较,就可以看到,在前一个例子里,i 保持着不变,而在后一个例子里,o 却变成了 a。这两个音,头一个不变,后一个却起了变化;但主要的是,它们都是独自行动的。

结合的语音事实总是有条件的;自发的事实却不一定是绝对的,它可能是消极地因为缺乏某些变化的因素而引起。例如印欧语的 $k_2$ 自发地变成了拉丁语的 qu(试比较 quattuor"四",inquilīna"外来的"等等),但是它的后面不能跟着比如 o 或 u(试比较 cottīdie"每天",colō"我种田",secundus"第二"等等)。同样,印欧语的 i 在峨特语的 fisks"鱼"等词中保持不变,也有一个条件,即后

---

① 辅音演变规律或 Lautverschiebung 是德国语言学家格里木(J. Grimm)于十九世纪初发现的,又称"格里木定律",内分第一次辅音演变规律和第二次辅音演变规律两部分(参看岑旗祥《语言学史概要》,第 111 页)。第一次辅音演变规律把印欧语系日耳曼族语言和其他族语区别开来,第二次辅音演变规律把日耳曼族的高德语和其他语言区别开来。——校注

② 拉丁语的 ct,pt 变成了意大利语的 tt,这在语音学上是一种逆同化。德语的"变音"(Umlaut),如 gasti 的 a 因受 i 的影响变成了 e,也是一种逆同化。在语音学上,凡音的同化都属结合的变化。——校注

面不能跟着 r 或 h，否则就变成了 e，写作 ai（试比较 wair＝拉丁语的 vir"男人"，maihstus＝德语的 Mist"屎"）。

## §3. 方法上的要点

表达这些现象的公式应该考虑到上述区别，否则就会出现假象。

下面是一些不正确的例子。

按照维尔纳定律的旧公式[①]，"在日耳曼语里，一切非开头的 þ，如果后面有重音跟着，都变成了 ð"：试比较一方面 \*faþer→\*faðer（德语 Vater"父亲"），\*libumé→\*liðumé（德语 litten"受苦"），另一方面 \*þrīs（德语 drei"三"），\*brōber（德语 Bruder"兄弟"），\*liþo（德语 leide"受苦"），在这里，þ 还继续存在。这个公式认为重音具有积极的作用，并为开头的 þ 引入了一个限制的条款。实际上完全不是这样：日耳曼语和拉丁语一样，p 在词的内部都有自发浊音化的倾向，只有落在前一元音的重音才能防止它。所以一切都给弄颠倒了。这事实是自发的，而不是结合的；重音是演变的障碍，而不是激发的原因。我们应该说："一切词中的 p 都变成了 ð' 除非有一个落在前一元音上的重音同它相对抗。"

为了很好地把什么是自发的和什么是结合的区别开来，我们

---

① 维尔纳（K. Verner, 1846—1896），丹麦语言学家，哥本哈根大学教授，曾发现在日耳曼语里，重音的位置对于塞音的变化有很大作用，一般称为"维尔纳定律"。德·索绪尔在这里根据语音学原理批评了其中某些解释上的错误。——校注

## 第二章 语音变化

必须分析变化的各个阶段，不要把间接的结果当作直接的结果。例如为了解释 r 音化现象（试比较拉丁语的 *genesis→generis"产生"），认为 s 在两个元音间变成了 r 是不正确的，因为 s 没有嗓音，绝不能一下子变为 r。实际上，这里有两层动作：s 由于结合变化变成了 z，但是拉丁语的语音系统没有把 z 保存下来，于是为很接近的 r 所代替，而这种变化却是自发的。有人由于一种严重的错误，把这两个不同的事实混为一个单一的现象。这错误是在于一方面把间接的结果当作直接的结果（用 s→r 代替 z→r），另一方面把整个现象看作是结合的；其实只有它的头一部分才是结合的。说法语的 e 在鼻音之前变成了 a，也是同样的误解。实际上是先有结合变化，即 e 为 n 所鼻化（试比较拉丁语的 ventum→法语的 vēnt"风"，拉丁语的 fēmina→法语的 femə, fēmə"女人"），然后提由 ē 变为 ā 的自发变化（试比较 vānt, fāmə, 现在是 vā, fam）①。有人反驳说，这种变化只有在鼻辅音之前才能发生，那是徒劳的。问题不在于要知道 e 为什么要鼻化，而只是要知道 ē 变为 ā 是自发的还是结合的。

我们在这里追述的方法上的最严重的错误与上面介绍的原则无关，而是在于把一个语音定律表述为现在时，仿佛它所包括的事实一下子就是那个样子，而不是在一段时间内产生和消亡的。这

---

① 拉丁语的 ventum"风"和 fēmina"女人"变成了现代法语的 vent [vā] 和 femme [fam]，不是因为 e 在鼻音之前变成了 a，而是经过 ventum→vēnt→vānt→vā, fēmina→femə→fēmə→fāmə→fam 等等一系列过程的，这可以从以下两方面得到证明：(1) 直到十一世纪末，古代法语的文献中还严格地保存着 ē 和 ā 这两个声音，不能相混；(2) 直到现在，法国西北部的某些方言还保存着 en 和 an 的区别。——校注

就引起混乱,因为这样一来就把事件在年代上的一切顺序都给取消了。我们在第 134 页对说明 trikhes:thriksí 的二重性的连续现象进行分析的时候曾强调这一点。有人说:"拉丁语的 s 变成 r",他要使人相信 r 音化是语言的本质所固有的,可是遇到像 causa"原因",rīsus"笑"这样的例外仍然感到为难。只有"拉丁语两个元音间的 s 在某一时代变成了 r"这个公式可以使人想到,在 s 变为 r 的时候,causa,rīsus 等词并没有两个元音间的 s,因此避免了变化;事实上,人们那时还说 caussa,rīssus。根据同样的理由,我们必须说:"伊奥尼亚方言的 ā 变成了 ē(试比较 mátēr→métēr"母亲"等等)",因为要不是这样,我们就无法解释 pâsa"一切",phāsi"他们说"等等的形式(它们在发生变化的时代还是 pansa,phansi 等等)①。

## §4. 语音变化的原因

这些原因的探讨是语言学中最困难的问题之一。曾有人提出过好几种解释,没有一种是能够完全说明问题的。

Ⅰ. 有人说,人种有一些素质预先划定了语音变化的方向②。

---

① 伊奥尼亚方言是古希腊的一种方言,它跟作为古希腊语基础的阿狄克方言不尽相同,但是有对应关系。这里所举的例子,mátēr 是阿狄克方言的形式,其余的都是伊奥尼亚方言的形式。——校注

② 当时持这种观点的有洛兹(Lotze)、麦克尔(Merkel)、谢勒(Scherer)、奥斯特霍夫(Osthoff)诸人,他们都强调不同种族的发音器官具有特殊的生理结构。法国实验语音学创始人卢斯洛(Rousselot)在所著《土语研究》一书中也认为语音变化决定于神经中枢系统的特点。德·索绪尔在这里批评了他们的这种观点。——校注

## 第二章 语音变化

这里提出了一个有关比较人类学的问题：发音器官是否会随人种而不同呢？不，并不比个人间的差异大多少。一个出生后就移居法国的黑人说的法语跟法国本地人所说的一样漂亮。此外，如果我们使用像"意大利人的发音器官"或者"日耳曼人的嘴不容许这么说"之类的说法，就会有危险把纯粹历史的事实变为永恒的特质。这种错误无异于用现在时表述语音现象。硬说伊奥尼亚人的发音器官不适宜于发长 ā，所以把它变成 ē，这跟说伊奥尼亚方言的 ā"变成"[①]ē 是一样错误的。

伊奥尼亚人的发音器官对于发 ā 音并没有什么嫌忌，因为在某些情况下，它也容许发这个音。所以这并不是什么人类学上的无能的问题，而是发音习惯改变的问题。同样，拉丁语一度不保留两个元音间的 s(＊genesis→generis"产生")，可是稍后又重新把它引了进来(试比较＊rissus→rīsus"笑")；这些变化并不表明拉丁人的发音器官有什么永恒的素质。

诚然，一个民族在一个时代的语音现象有个一般的方向。现代法语复合元音的单元音化就是同一倾向的表现[②]。但是我们在政治史上也可以找到类似的一般潮流，却从不怀疑它们的纯历史的特征，也没有看到有什么人种的直接影响。

---

① "变成"在这里用的是现在时(devient)，不是指已成事实的"变成了"(est devenu)。——校注

② 这是指的古代法语从十二世纪至十六世纪这段时间内复合元音的单元音化，如 fait"事实"念[fɛ], tout"完全"念[tu], haut"高"念[o]等等。这些词的复合元音虽然起了变化，但写法还是一样。——校注

Ⅱ. 往往有人把语音变化看作对土壤和气候情况的适应①。某些北方的语言堆积着许多辅音，某些南方的语言更广泛地利用元音，因此它们的声音很和谐。气候和人们的生活条件可能对语言有影响，但是仔细研究起来，问题却很复杂：例如斯堪的纳维亚的语言充满着辅音，而毗邻的拉普人和芬兰人的语言，元音却比意大利语还要多。我们还可以注意到，现代德语辅音的堆积，在许多情况下都是晚近由于重音后元音的脱落而产生的；法国南部的某些方言没有北部的法语那么厌恶辅音群，而塞尔维亚语和莫斯科的俄语却有一样多的辅音群，如此等等。

Ⅲ. 有人援引省力律来加以解释，那就是用一次发音来代替两次发音，或者用比较方便的发音来代替困难的发音。这一观念，不管怎么说，很值得考察。它在某种程度上可以说明现象的原因，或者至少指出应该往哪个方向去探讨这种原因。

省力律似乎可以解释某些情况：例如由塞音变擦音（拉丁语 habēre→法语 avoir"有"），许多语言中大量结尾音节的脱落，同化现象（例如 ly→ll，* alyos→希腊语 állos"别的"；to→nn，* atnos→拉丁语 annus"年"），复合元音单元音化其实只是同化的一个变种（例如 ai→ę，法语 maizōn→męzō"房子"）等等。

不过，我们也可以举出一样多的恰恰相反的情况。例如，同单元音化相对，我们可以举出德语的 ī, ū, ü 变成了 ei, au, eu。如果说斯拉夫语的 ā, ē 变成短音 ă, ĕ 是省力的结果，那么德语的相反

---

① 当时持这种观点的主要有梅耶尔（H. Meyer）、施里能（Schrijnen）等人，而冯德（Wundt）和鄂尔特尔（Oertel）却是反对这一观点的。——校注

的现象(fāter→vāter"父亲",gĕben→gēben"给")就应该认为是费力的结果了。如果认为发浊音比清音容易(试比较 pera→普罗旺斯语 obra"工作"),那么相反的就应该更加费劲,可是西班牙语的 ž 却变成了 $x$(试比较 hi$x$o"儿子",写作 hijo),日耳曼语的 b,d,g 变成了 p,t,k。如果我们把送气的消失(试比较印欧语 * bherō→日耳曼语 beran)看作力量的减省,那么德语在原来没有送气的地方加上了送气(Tanne"罗汉松",Pute"火鸡"等等念成 Thanne,Phute),又该么说呢?

这些评论并不是想要反驳大家提出的解决办法。事实上,我们很难为每种语言规定什么音比较易发,什么音比较难发。如果就音长来说,短音化符合省力的原则,这固然是对的,那么,漫不经心的发音常落在长音上面,而短音却要求更多的注意,这同样也有道理。因此,假设有不同的素质,我们就可以从相同的观点举出两个相反的事实。同样,由 k 变为 tš(试比较拉丁语 cēdere→意大利语 cedere"退让"),假如只考虑变化的两头,似乎是力量的增强;但是如果把演变的链条构拟出来,也许会得出不同的印象:k 由于与后面的元音发生同化变成了颚化的 k',然后由 k'变成 ky,纠缠在 k'音中的两个要素明显地起了分化,发音并不变得更加困难,然后由 ky 陆续变为 ty,t$x$',tš,处处都显得用力更小。

这里有一个广泛的研究要进行,这个研究要做得完备,必须既考虑到生理观点(发音问题),又考虑到心理观点(注意力问题)。

Ⅳ.近年来有一个盛行一时的解释,把发音的变化归因于幼年时所受的语音教育①。儿童要经过多次的摸索、尝试和纠正之后，才能发出他从周围的人所听到的声音；这里就是语音变化的萌芽。某些未经纠正的不正确的发音在个人方面获得胜利，在成长的一代中固定了下来。我们的孩子往往把发 k 发成 t，我们的语言在它们的历史上并没有表现出相应的语音变化；但是另外有些变形却不是这样。例如在巴黎，有许多孩子用颚化的 1 发 fl'eur"花"，bl'anc"白"，意大利语的 florem 就是经过同样的过程变为 fl'ore，然后变为 fiore"花"的。

这些验证很值得注意，但是还解决不了问题。事实上，我们看不出为什么某一代人同意保存某些不正确的发音而排除另外一些不正确的发音，尽管它们都同样自然。实际上，他们对于不正确的发音的选择显然是纯粹任意的，我们看不出其中有什么道理。此外，为什么某种现象这一次行得通，而在另一次却行不通呢？

这种看法也适用于上面提到的一切原因，如果我们承认这些原因能起作用的话。气候的影响、民族的素质、省力的倾向都是永恒的或持久的原因；它们为什么总是交替地起作用，有时影响到音位系统的这一点，有时影响到音位系统的那一点呢？历史事件应该有一个决定的原因，但是没有人能说出在每种情况下，如果变化的一般原因久已存在，那么，它是由什么发动的呢？这就是最难解释的一点。

Ⅴ. 有时候，人们想从民族在某一时期的一般状况去找一种决

---

① 特别参看布雷默(Bremer)的《德语语音学》，鄂尔特尔(Oertel)的《语音研究讲话》，他们都主张一种所谓"世代理论"。——校注

定的原因[①]。语言所经历的各个时代，有些是多事之秋，于是有人企图把语言跟外部历史的动荡时期拉上关系，从而找出政治上的不稳定和语言的不稳定之间的联系；他们相信这样一来就可以把一般关于语言的结论应用于语音变化。例如，大家看到，拉丁语变为罗曼族诸语言的过程中，最严重的动荡就发生在非常混乱的入侵时代。为了避免误入歧途，我们应该紧握住以下两种区别：

(a) 政治上的稳定和不稳定影响语言的方式是不同的，这里面没有任何相互关系。当政治的平衡延缓语言发展的时候，那是一种积极的，虽然是外部的原因，而具有相反效果的政治不稳定只能消极地起作用。一种语言的不变性，相对稳固性，可能来自语言外部的事实（宫廷、学校、科学院、文字等等的影响），这些事实又会因社会和政治上的平衡而获得积极的维护。相反，如果民族的状况中猝然发生某种外部骚动，加速了语言的发展，那只是因为语言恢复了它的自由状态，继续它的合乎规律的进程。拉丁语在古典时代的稳固不变是由于一些外部事实的结果，不能跟它后来遭受的变化相比，因为这些变化是由于缺少某些外部条件而自发发生的。

(b) 这里讨论的只是语音现象，不是语言的各种变更。我们要知道，语法变化正是这种原因产生的；语法事实总在某一方面跟思想有关联，而且比较容易受到外部骚动的反响，这些骚动对于人们的心理有更直接的反应。但是谁也无法承认，一种语言声音的急速发展会跟民族历史的动荡时代相符。

---

[①] 特别参看施密德(J. Schmidt)的《印度日耳曼元音系统的历史》和《响音理论》，浮士勒(K. Vossler)在《语言中的精神和文化》一书中也持这一主张。——校注

此外，我们举不出任何时代，哪怕是当语言处在一种人为的不变状态的时代，语音是不发生变化的。

Ⅵ. 也有人援用"先居民族的语言底层"的假设，认为有些变化是由于新来的民族并吞当地居民所产生的结果①。例如 oc 语和 oïl 语②的差别就跟克勒特语土著成分在高卢两部分的不同比例相应。这一理论也曾被用来解释意大利语方言的分歧，把它们归结为各地区分别受过里古利亚语、埃特鲁斯克语等等的影响。但是这一假设首先必然以很少见的情况为依据。其次还要明确：那是不是说，以前的居民在采用新语言的时候，曾引进了自己的某些语音习惯呢？这是可以接受的，而且是相当自然的。但是假如再求助于种族等等无法估量的因素，那就会重新陷入上面所指出的漆黑一团。

Ⅶ. 最后一个解释——不大值得叫做解释——把语音变化和风尚的变化看作一样东西③。但是风尚的变化是什么，谁也没有解释过。大家只知道这种变化要取决于模仿规律，那是许多心理学家所研究的。可是这种解释尽管解决不了问题，却有一个好处，就是把这问题带进了另一个更广泛的问题：语音变化的原则纯粹是心理的。不过，模仿的出发点在哪里，这对于语音变化和风尚的

---

① "底层理论"最先是由意大利语言学家阿斯戈里（Ascoli）提出用来解释罗曼族诸语言间的差别的，其后许多语言学家如保罗、舒哈尔德和梅耶等都曾广泛加以利用。——校注

② oc 语指法国南部的方言，oïl 语指法国北部的方言，以罗亚尔河为分界线。oc 和 oïl 都是"是"的意思；oc 语把"是"说成 oc，oïl 语把"是"说成 oïl，因以得名。——校注

③ 这是指的弗里德利希·缪勒（Friedrich Müller）所主张的语音风尚理论。德·索绪尔在这里顺带批评了塔尔德（Tarde）及其拥护者叶斯泊森（O. Jespersen）的模仿理论。——校注

变化来说都是一个谜。

## §5. 语音变化的效能是无限的

如果我们要估量一下语音变化的效果，很快就可以看到，那是无限的，不可估量的，也就是说，我们无法预见它们将止于何处。认为一个词只能改变到某一点，仿佛它里面有什么东西会把它保持住，那是很幼稚的①。语音变化的这种特性决定于语言符号的任意性，它是跟意义毫无联系的。

我们完全能够在某个时候指明一个词的声音受到损害，损害到什么程度。但是无法说出它已经变了多少或将会变得无法辨认。

日耳曼语曾使印欧语的 *aiwom 试比较拉丁语的 aevom"永远、世纪"变成了 *aiwan, *aiwa, *aiw，正如所有带有这词尾的词一样。其后，*aiw 又变成了古德语的 ew，如同一切包含着 aiw 这个音组的词一样。然后，由于所有结尾的 w 都变成了 o，于是成了 ēo。接着，ēo 按照其他同样普遍的规律又变成了 eo, io；其后，io 变成了 ie, je，最后变成现代德语的 jē（试比较 das schönste, was ich *je* gesehen habe"我所见到的最漂亮的"）。

如果只考虑它的起点和终点，当前的这个词已没有任何一个原始的要素。可是孤立地看，每个阶段都是绝对确实和合乎规律的，而且每一阶段的效果都是有限制的。但是整个给人的印象是

---

① 德·索绪尔在这里坚决站在新语法学派的立场反对古尔替乌斯(Curtius)所说词的各部分的意义会对语音变化发生影响。——校注

无限数的变化。我们把拉丁语的 calidum 直接跟它已变成现代法语的 šọ(写作 chaud"热")比较,然后重建出它的各个发展阶段 calidum, calidu, caldu, cald, calt, tšalt, tšaut, šaut, šọt, šọ, 也能看到同样的情况。同样也可比较民间拉丁语的 *waidanju→gē(写作 gain"收益"), minus→mwē(写作 moins"更少"), hoc illī→wi(写作 oui"是的")。

语音现象可以影响到任何种类的符号,不分形容词、名词等等,不分词干、后缀、词尾等等,在这个意义上,它也是无限制的和不可估量的。它应该先验地就是这样的,因为如果有语法介入,语音现象就会同共时事实相混,而那是根本不可能的。这就是所谓语音演化的盲目性[①]。

例如希腊语的 s 在 n 之后已经脱落,不仅在没有语法意义的 *khānses"鹅"、*mēnses"月"(其后变成 khênes, mênes)里是这样,在像 *etensa"我鼓起"、*ephansa"我显示"等等(其后变成 éteina, éphēna 等等)这样用来表示不定过去时的动词形式里也是这样。在中古高德语里,重音后的元音 ĭ, ĕ, ă, ŏ 都取得了相同的音色 e(gibil→Giebel"山头", meistar→Meister"主人"),尽管音色不同是许多词尾的特征。于是,单数宾格的 boton 和单数属格以及与格的 boten 都变成了 boten"使者"。

由此可见,如果语音现象没有任何限制,它就会给语法构造带来深刻的紊乱。我们现在将从这方面去考虑。

---

① 这是指新语法学派所说的 Die Lautgesetze wirken mit blinder Naturgewalt(语音定律以盲目的自然力量起作用)。——校注

# 第三章 语音演化在语法上的后果

## §1. 语法联系的破裂

语音现象的头一个后果是割断了两个或几个要素间的语法联系,因此人们有时会感到某个词不是从另一个词派生出来的。例如:

mansiō —— *mansiōnāticus

maison"家" ‖ ménage"家务"

人们的语言意识从前把 *mansiōnāticus 看作 mansiō 的派生词,后来,语音的变化把它们分开了。同样:

(vervēx—vervēcārius)

民间拉丁语 berbīx—berbīcārius

brebis"母羊" ‖ berger"牧童"

这种分隔对于意义自然有所反应,因此,在有些地方土语里,berger 已专指"看牛的人"。

又如:

Grātiānopolis—grātiānopolitānus  decem—undecim

Grenoble(地名) ‖ Grésivaudan"格   dix"十" ‖ onze"十一"
　　　　　　　雷西佛丹"

类似的情况还有峨特语的 bītan"咬"—bitum"我们已经

咬"—— bitr"刺痛的,痛苦的"。一方面由于 t→ts(z)变化的结果,另一方面由于保存着 tr 这个音组,西部日耳曼语把它变成了 bīzan, bizum ‖ bitr。

语音演化还割断了同一个词两个屈折形式间的正常关系。例如 comes"伯爵(主格)"—comiten,"伯爵(宾格)"变成了古法语的 cuens ‖ comte, barō"男爵(主格)"—barōnem"男爵(宾格)"→ber ‖ baron, presbiter"祭司(主格)"—presbiterum"祭司(宾格)"→prestre ‖ provoire。

在别的地方,一个词尾分成了两个。印欧语的任何单数宾格都有同一个词尾-m[①]($*ek_1wom$"马", $*owim$"酒", $*podm$"脚", $*māterm$"母亲"等等)。拉丁语在这一方面没有根本的变化;但是在希腊语里,由于鼻响音和鼻辅响音的变化极不相同,因此造成了两套不同的形式:híppon, ó(w)in: póda, mátera[②]。复数宾格的情况也十分相似(试比较 híppous 和 pódas)。

## §2. 词的复合结构的消失

语音变化在语法上的另一个后果是使过去有助于确定一个词的意义的不同部分变得不能分析:整个词变成了分不开的整体。

---

[①] 或者-n? 试比较第 126 页附注。——原编者注

[②] 德·索绪尔在这里根据勃鲁格曼于 1876 年在《希腊语和拉丁语语法研究》第九期发表的《印度日耳曼基础语的鼻响音》一文和他自己于 1879 年发表的《论印欧语元音的原始系统》中关于响音的理论,从希腊语 a 和拉丁语 em 的对应关系确定印欧基础语的鼻响音和鼻辅响音,认为它们在拉丁语里没有根本变化,但是在希腊语里却变成了两套不同的形式。——校注

例如法语的 ennemi"敌人"（试比较拉丁语的 in-imīcus—amīcus "朋友"），拉丁语的 perdere"损失"（试比较更古的 per-dare-dare "给"），amiciō"我包上"（代替 * ambjaciō—jaciō"抛掷"），德语的 Drittel"三分之一"（代替 drit-teil—teil"部分"）。

我们还看到，这种情况可以归结为前一节的情况：例如，ennemi 是不能分析的，那等于说我们不能像 in-imīcus 那样把它跟单纯词 amicus 比较：

amīcus—inimīcus<br>
ami"朋友" ‖ ennemi"敌人"

这个公式和

mansiō—mansiōnāticus<br>
maison"家" ‖ ménage"家务"

完全一样。又试比较：decem—undecim：dix"十" ‖ onze"十一"。

古典拉丁语的单纯形式 hunc"此（阳性、单数、宾格）"，hanc "此（阴性、单数、宾格）"，hāc"此（阴性、单数、离格）"等等，可以追溯到碑铭所表明的形式，hon-ce，han-ce，hā-ce，乃是代词和虚词 -ce 黏合的结果[①]。从前，hon-ce 等等可以同 ec-ce"由此"比较，后来由于 -e 的脱落，这已成为不可能，那等于说，我们再也辨不出 hunc，hanc，hāc 等等的要素了。

语音演化在使分析成为完全不可能之前，是从扰乱分析开始

---

[①] 古典拉丁语 hīc（阳性、单数），haec（阴性、单数），hŏc（中性、单数）是近指代词，有"此"的意思。这里所说 hunc 是 hīc 的宾格，hanc 是 haec 的宾格，hāc 是 haec 的离格，其中的 -c 都是由 -ce 变来的，-ce 原来是一个虚词。——校注

的。印欧语的名词屈折变化可以提供一个这样的例子。

印欧语的名词变格是：单数主格 *pod-s，宾格 *pod-m，与格 *pod-ai，方位格 *pod-i，复数主格 *pod-es，宾格 *podns 等等。起初，*ek₁wos 的屈折变化也完全一样：*ek₁wos，*ek₁wo-m，*ek₁wo-ai，*ek₁wo-i，*ek₁wo-es，*ek₁wo-ns 等等。在那个时代，*ek₁wo 同 *pod- 一样，很容易分出。但是后来元音的缩减改变了这种状态：与格 *ek₁wōi，方位格 *ek₁woi，复数主格 *ek₁wōs。从此，词干 *ek₁wo- 的明晰性受到了损害，分析时不好捉摸。其后又发生了新的变化，例如宾格的分化（参看第 212 页），把原始状态的最后一点痕迹全给抹掉了。色诺芬同时代的人①或许已有一种印象，认为词干是 hipp-，词尾是元音性的（hipp-os 等等），其后，*ek₁wo-s 和 *pod-s 两种类型就截然分开了。在屈折变化的领域内，如在其他地方一样，扰乱分析就会促使语法联系的松弛。

## §3. 没有语音上的同源对似词

在第一、第二节所考察的两种情况里，语音演化把两项起初在语法上有联系的要素彻底地分开了。这种现象很可能引起解释上的严重错误。

当我们看到中古拉丁语的 barō：barōnem 有相对的同一性，而

---

① 色诺芳(Xénophon)，雅典史学家和将军，约生于公元前 434 年，死于公元前 355 年。色诺芳的同时代人即指公元前五世纪至四世纪的希腊人。——校注

古法语的 ber:baron 却截然不同的时候,我们能不能说那是同一个原始单位(bar-)朝着两个不同的方向发展,产生了两个形式呢?不能。因为同一个要素不可能同时在同一个地方发生两种不同的变化;这是违反语音变化的定义的。语音演化本身不能创造两个形式来代替一个形式。

人们对我们的主张可能提出异议,我们假定这些异议以下列举例的方式提出：

有人说,拉丁语的 collocāre 变成了法语的 coucher"躺下"和 colloquer"安置"。不对。collocāre 只变成了 coucher；colloquer 只是借用这拉丁词的雅词(试比较 rançon"赎"和 rédemption"赎罪"等等)。

但是 cathedra 不是变成了 chaire"讲座"和 chaise"椅子"这两个真正的法语的词吗？实际上,chaise 是一个方言的形式。巴黎土话把两个元音间的 r 变成了 z,例如把 père"父亲",mère"母亲"说成 pèse,mèse。法兰西文学语言只保存了这种地区发音的两个样品：chaise 和 bésicles(béricles 的同源对似词,来自 béryl[①])。这种情况恰好可以同毕卡迪方言的 rescapé"脱险者"相比,它刚进入共同法语,一下子就同 réchappé"幸免于难的人"对立而并存。现代法语有 cavalier"骑兵"又有 chevalier"骑士",有 cavalcade"骑马

---

[①] Bésicles 是一种旧式的大型眼镜,跟 béricles 是同源对似词,来自一种绿柱石 béryl,因为这种眼镜就是用 béryl 制成的,加上后级-cle 表示"小"的意思。十五世纪至十七世纪这个期间,巴黎人习惯于把两个元音间的 r 念成 s[z],于是 béricles 变成了 bésicles。十七世纪后,巴黎人的这种特殊发音虽已消失,但是 bésicles 这个词却被保存了下来。——校注

队"又有 chevauchée"骑马行列",那是因为 cavalier 和 cavalcade 是从意大利语借来的。这归根到底跟拉丁语的 calidum"热"变成法语的 chaud 和意大利语的 caldo 是一样的。所有这些例子都涉及借词的问题。

如果有人问,拉丁语的代词 mē"我"在法语里怎么变成了 me 和 moi 两个形式(试比较 il me voit"他看见我"和 c'est moi qu'il voit"他看见的是我"),那么,我们可以回答:变成 me 的是拉丁语的非重读的 mē;重读的 mē 变成了 moi。然而是否出现重音并不取决于使 mē 变成 me 和 moi 的语音规律,而是取决于这个词在句子中的作用;这是语法上的二重性。同样,德语的 *ur-在重读音节仍然是 ur-,而在重音之前却变成了 er-(试比较 úrlaub"休假":erlaúben"允许");但是重音的这种作用本身是跟含有 ur-的结构类型相关联的,因此也是跟语法条件和共时条件有关的。最后,回到我们在开头所举的例子,bárō:barónem 这两个词在形式上和重音上的差别显然在语音变化之前就已经存在了。

事实上,我们不管在什么地方都看不到语音上的同源对似词。语音演化只是加强了在它之前早已存在的差别。这些差别只要不是由于外部原因例如借词引起的,就一定会有语法上的和共时的二重性,而这是跟语音现象绝对没有关系的。

## §4. 交　　替

在像 maison:ménage 这样的两个词里,或者由于其中表示差别的要素(-ezō 和-en-)不好比较,或者由于没有别的成对的词具有相同的对立,人们往往不耐烦去探究它们何以会有差别。但是有时两个相邻要素间的差别只在于一两个很容易挑出的成分,而且这个差别在一系列平行的成对的词里有规律地反复出现,那就是语音变化在里面起作用的最广泛的、最平常的语法事实:我们管它叫交替。

在法语里,所有拉丁语开音节的 ŏ 在重读音节里都变成了 eu,在重音之前都变成了 ou;因此而有像 pouvons"我们能够":peuvent"他们能够",œuvre"作品":ouvrier,"工人",nouveau"新":neuf"新"等等这样的成对的词,我们可以毫不费力地从中挑出一个表示差别的、有规律地起变化的要素来。在拉丁语里,r 音化使 gerō"我引带"和 gestus"被引带",oneris"负担(属格)"和 onus"负担(主格)",maeror"悲伤"和 maestus"悲伤"等等互相交替。在日耳曼语里,由于 s 随着重音的位置而有不同的变化,所以中古高德语有 ferliesen"遗失":ferloren"遗失(过去分词)",kiesen"选择":gekoren"选择(过去分词)",friesen"冷冻":gefroren"冷冻(过去分词)"等等。现代德语 beissen"咬":biss"咬(过去时)",leiden"遭受":litt"遭受(过去时)",reiten"骑":ritt"骑(过去时)"等等的对立可以反映出印欧语 e 的脱落。

在所有这些例子里,受影响的都是词根要素;但是,不消说,词的任何部分都可以有类似的对立。最普通的,像前缀可以随词干开头部分的性质而有不同的形式(试比较希腊语的 apo-dídōmi"偿还":ap-érchomai"离开",法语的 inconnu"不认识的":inutile"无用的")。印欧语 e:o 的交替,最后分析起来,应该是由于语音的原因;这种交替,我们在许多后缀要素里都可以找到〔希腊语的

híppos"马"：híppe"马（呼格）"，phér-o-men"我们携带"：phér-e-te"你们携带"，gén-os"宗族"：gén-e-os"出生"代替了 * gén-es -os 等等〕。在古法语里，拉丁语重读的 a 在颚音后有特殊的变化；因此在许多词尾里都有 e：ie 的交替〔试比较 chant-er"唱"：jug-ier"判断"，chant-é"唱（过去分词）"：jug--ié"判断（过去分词）"，chant-ez"你们唱"：jug-iez"你们判断"等等〕。

因此，我们可以给交替下个定义：在两系列共存的形式间有规则地互换的两个音或音组的对应。

正如语音现象不能单独解释同源对似词一样，我们可以很容易看到，它同样既不是交替的唯一原因，也不是主要原因。有人说拉丁语的 nov-由于语音变化变成了 neuv-和 nouv-（法语的 neuve"新"和 nouveau"新"），那是一个捏造的虚幻的统一性，而且不知道在它之前早已存在着一种共时的二重性。nov-在 nov-us 和 nov-ellus 里的位置不同①是语音变化之前就存在的，同时显然是属于语法方面的（试比较 barō：barōnem）。正是这种共时的二重性引起一切的语音交替，并使它们成为可能。语音现象没有破坏统一性，它只是由于抛弃了一些声音而使各项共存要素间的对立显得更为明显。只是因为声音构成了交替的材料，以及声音的更迭在交替的产生中起作用，而认为交替属于语音方面，这是不对的。不少语言学家有这错误看法。事实上，交替无论从它的起点或终点看，都总是属于语法的和共时态的。

---

① nov-在 nov-us 里是重读音节，到法语变成了 neuv-；在 nov-ellus 里是非重读音节，到法语变成了 nouv-。——校注

第三章 语音演化在语法上的后果 231

## §5. 交替的规律

交替能否归结为规律，这些规律又是什么性质的呢？

试举现代德语里常见的 e:i 交替①为例。如果乱七八糟地把所有的例子都列举出来〔geben"给":gibt"他给",Feld"田地":Gefilde"原野",Wetter"气候":wittern"嗅",helfen"帮助（动词）":Hilfe"帮助（名词）",sehen"看见":Sicht"景象"等等〕，我们将无法定出任何一般的原则。但是如果我们从这一大堆杂乱无章的例子中抽出 geben:gibt 这成对的词来同 schelten"叱骂":schilt"他叱骂",helfen"帮助":hilft"他帮助",nehmen"拿":nimmt"他拿"相对比，就可以看到，这种交替是跟时制、人称等等的区别一致的。在 lang"长":Länge"长度",stark"强":Stärke"强度",hart"硬":Härte"硬度"等等里，同样的 a:e 对立②都跟用形容词构成名词有关；在 Hand"手":Hände"手（复数）",Gast"客人":Gäste"客人（复数）",等等里都跟复数的构成有关。诸如此类的许多常见的情况，日耳曼语语言学家叫做"转音"③。〔又参看 finden"寻找":fand"寻找（过去时）",或 finden:Fund"发现",binden"捆绑":band"捆绑（过去时）",或 binden:Bund"联盟",schiessen"射击":schoss"射击

---

① 这是由于 e 为后一个音节的元音 i 所同化的结果，可是这最后的 i 在现代德语里已经消失了。这种现象在德语语言学里叫做"断韵"(Brechung)。——校注

② 这是指的 a 因为后一个音节的 i 所同化而变成了 ä[ɛ],i 接着变成了 e,如 lang:Länge,Hand:Hände 等等。这种现象，德国语言学家叫做"变音"(Umlaut)。——校注

③ "转音"(Ablaut) 即与语法上的对立符合的词根元音变化，如 finden:fand, finden:Fund 等等。——校注

（过去时）"：Schuss"发射"，flessen"流"：floss"流（过去时）"：Fluss"河流"等等〕。转音，或者与语法上的对立相合的词根元音变化，是交替的主要例子，但是没有任何特殊的特征使它区别于一般现象。

由此可见，交替通常有规则地分布在几项要素之间，而且同功能上、范畴上或限定上的重要的对立相吻合。我们可以谈到交替的语法规律，但这些规律只是它们所由产生的语音事实的偶然结果。语音事实在两系列具有意义对立的要素间创造了一种有规则的语音对立，人们的心理就紧握住这种物质上的差别，使它具有意义，担负起概念上的差别（参看第 115 页以下）。同一切共时规律一样，交替规律也只是简单的配置原则，没有命令的力量。人们常随便说，Nacht"夜"的 a 变成了复数 Nächte 的 ä，这是非常错误的；它会给人一种错觉，以为由一个要素过渡到另一个要素曾发生某种受命令性原则支配的变化。这其实只是一种由语音演化的结果造成的形式上的对立。诚然，我们下面将要讨论的类比可以造成一些新的具有相同的语音差别的成对的词〔试比较仿照 Gast"客人"：Gäste"客人（复数）"造成的 Kranz"花冠"：Kränze"花冠（复数）"等等〕；交替规律似乎可以当作向惯用法发号施令直至使它改变的规则来应用。但是我们不要忘记，在语言里，这些转换（permutation）是要受相反的类比影响摆布的，这已足以表明这类规则总是不牢靠的，而且完全符合共时规律的定义。

引起交替的语音条件，有时可能还更明显。例如我们在第 219 页所引的那些成对的词在古高德语里具有 geban：gibit，feld：gafildi 等形式。在那个时代，如果词干后面跟着一个 i，那么它本身就带有 i,而不是 e,可是在其他情况下都带有 e。拉丁语 faciō"我做":conficiō"我完成",amīcus"朋友":inimīcus"敌人",facilis"容易":difficilis"困难"等等的交替也跟某一语音条件有关联,说话者会把这条件说成:faciō,amīcus 等等这类词里的 a,如果在同族的词里处于内部的音节,那么跟 i 相交替。

但是这些声音上的对立恰恰向人们提示了适用于任何语法规律的同样的看法:它们是共时的。忘记了这一点,就会犯上面第 133 页指出的解释上的错误。面对着像 faciō:conficiō 这样的成对的词,我们必须提防不要把这些共存的要素间的关系同历时事实中前后连续的要素(confaciō→conficiō)间的关系混为一谈。如果有人混为一谈,那是因为语音分化的原因在这两个词里还可以看得出来;但是它的效能已成过去,而且对说话者来说,只有一个简单的共时的对立。

所有这一切可以证实我们上面所说的交替具有严格的语法特性。人们曾用"转换"(permutation)这个术语来表示交替,那是很贴切的,但是最好还是避开不用,因为人们往往把它用于语音变化,而且会在只涉及状态的例子里唤起一种运动的错误观念。

## §6. 交替和语法联系

我们在上面已经看到,语音演化改变词的形式,其效果会怎样割断词与词之间可能存在的语法联系。但这只有对 maison:ménage,Teil:Drittel 等等孤立的、成对的词是这样。至于说到交替,情况就不同了。

首先，很明显，两个要素的任何稍有点规则的语音对立都有在它们之间建立一个联系的倾向。Wetter"天气"在本能上就跟 wittern 有关，因为人们已习惯于看到 e 与 i 交替。何况说话者一旦感到有某种一般规律支配着语音对立，这惯常的对应就必然会引起他们的注意，有助于加强而不是削弱语法联系。例如德语的"转音"（参看第 218 页）就是这样透过元音的变化加强人们对于词根单位的认识的。

对于那些不表示意义但是跟某种纯语音的条件有联系的交替来说，情况也是这样。法语的前缀 re-（reprendre"取回"，regagner"恢复"，retoucher"校订"等等）在元音之前缩减为 r-（rouvrir"再开"，racheter"买回"等等）。同样，前缀 in-虽然来自文言，但是还很有生命力，它在相同的情况下有两个不同的形式：ē-（inconnu"不认识的"，indigne"不配"，invertébré"无脊椎的"等等）和 in-（inavouable"不能承认的"，inutile"无用的"，inesthétique，"非美学的"等等）。这种差别丝毫没有破坏概念的统一性，因为大家体会到它们的意义和功能都是相同的，并且语言已经确定了在什么情况下要用这个形式或那个形式。

# 第四章 类 比

## §1. 定义和举例

由上面所说可以看到,语音现象是一个扰乱的因素。无论什么地方,语音现象不造成交替,就削弱词与词之间的语法联系。形式的总数陡然增加了,可是语言的机构反而模糊起来,复杂起来,以至语音变化产生的不规则形式压倒了一般类型的形式,换句话说,绝对任意性压倒了相对任意性(参看第179页)。

幸而类比抵消了这些变化的后果。词的外表上的正常变化,凡不属于语音性质的,都是由类比引起的①。

类比必须有一个模型和对它的有规则的模仿。类比形式就是以一个或几个其他形式为模型,按照一定规则构成的形式。

例如拉丁语的主格 honor "荣幸"就是一个类比形式。人们起初说 honōs "荣幸":honōsem "荣幸(宾格)",后来由于 s 的 r 音化变成了 honōs:honōrem。此后,词干就有了双重的形式。接着,这

---

① 德·索绪尔在这里把类比看作语言形式划一的原则,是跟新语法学派的观点完全一致的。类比作用是新语法学派语言学理论中一个很重要的原则,这学派的每一个成员都曾采用它来解释语言变化的现象。保罗在《语言史原理》第十章里曾特别加以详细的讨论。法国亨利(Henri)也曾出版《类比》一书专门阐述它的意义和作用。——校注

双重的形式为 honor 这个新的形式所勾销；honor 是仿照 ōrātor "演说家"：ōrātōrem"演说家（宾格）"等等的模型造成的。模仿的程序我们下面再来研究，现在把它归结为以下一个四项比例式[①]：

$$\text{ōrātōrem} : \text{ōrātor} = \text{honōrem} : x$$

$$x = \text{honor}$$

由此可见，为了抵消语音变化造成分歧的效能（honōs：honōrem），类比又重新把这两个形式统一起来，再次使它们成为有规则的（honor：honōrem）。

法国人有一个很长的时期说：il preuve"他证明"，nous prouvons"我们证明"，ils preuvent"他们证明"，现在却说 il prouve，ils prouvent，这些形式在语音上是无法解释的。ii aime"他爱"来自拉丁语的 amat，而 nous aimons"我们爱"却是代替 amons 的类比形式；同样，aimable"可爱的"本来也应该是 amable。希腊语的 s 在两个元音间已经消失：-eso-变成了-eo-（试比较 géneos 代替了 *genesos）。可是我们在元音式动词的将来时和不定过去时里仍能找到这种元音间的 s：lūsō"我将解开"，élūsa"我解开了"等等。这是因为类比了 túpsō"我将敲打"，étupsa"我敲打了"型的形式，其中的 s 没有脱落，还保存着用 s 表示将来时和不定过去时的陈迹。在德语里，Gast"客人"：Gäste"客人（复数）"，Balg"兽皮"：Bälge"兽皮（复数）"等等是语音上的，而 Kranz"花

---

[①] 采用四项比例式来解释借助类比构成新词的方式，是新语法学派所惯用的方法。这方法经保罗推广后在语言学中曾获得了普遍的应用，所以又称"保罗比例式"。——校注

## 第四章 类比

冠"：Kränze"花冠（复数）"（更早是 kranz：kranza），Hals"脖子"：Hälse"脖子（复数）"（更早是 hals：halsa)等等却是模仿的结果。

类比作用有利于规则性，倾向于划一构词和屈折的程序，但有时也反复无常。例如德语除了 Kranz"花冠"：Kränze"花冠（复数）"等等之外，还有 Tag"日子"：Tage"日子（复数）"，Salz"盐"：Salze"盐（复数）"等等由于某种原因抗拒了类比作用的形式。所以我们不能预言一个模型的模仿会扩展到什么地步，或者什么样的类型会引起大家模仿。例如发动类比的不一定都是最多数的形式。希腊语的全过去时，除主动态的 phéheuga"我逃跑了"、phéheugas"你逃跑了"、phehéugamen"我们逃跑了"等等以外，一切中动态的屈折变化都没有 a，如 phéhugmai"我自己逃跑了"。phehúgmetha"我们自己逃跑了"等等，而且荷马的语言表明，这个 a 在古代主动态的复数和双数里都是没有的（试比较荷马的 idmen"我们知道了"，eïkton"但愿你们知道了"等等)。类比只是以主动态单数第一人称做出发点的，然后扩展到直陈式全过去时的几乎整个范例[①]。这种情况很值得注意，因为在这里，类比把一个本来是屈折变化的要素-a 归属于词干，因而有 phehéuga-men。相反的情况——把词干要素归属于后缀——我们在下面第 235 页将可以看到，更为常见得多。

两三个孤立的词往往就足以造成一个一般的形式，比方说一

---

[①] 德·索绪尔在这里完全同意了勃鲁格曼的观点。后者认为类比的出发点是一个最常用的形式，然后扩展到整个词形变化范例，见他在《形态学研究》创刊号上发表的《动词后缀 a》一文。——校注

种词尾。在古高德语里，像 habēn"有"，lobōn"夸奖"等等这样的弱式动词的第一人称单数现在时有一个-m，如 habēm, lobōm。这个 -m 可以一直追溯到类似希腊语以-mi 结尾的一些动词：bim"是"，stām"站立"，gēm"去"，tuom"做"，正是它们把这个词尾强加于整个弱式的屈折变化。应该指出，在这里，类比并没有抹掉语音上的分歧，而是把一个构词的方式推广了。

## §2. 类比现象不是变化

早期的语言学家没有了解类比现象的性质，把它叫做"错误的类比"①。他们认为拉丁语发明 honor 的时候是把 honōs 那个原型"弄错"了。在他们看来，一切偏离规例的现象都是不规则的，都是对理想形式的违反。由于那个时代特有的一种错觉，他们把语言的原有状态看作某种优越的、尽善尽美的东西，甚至不屑查问一下在这状态之前是否还有其他状态，因此稍有不合就认为是变则。新语法学派指出，类比同语音变化一样，都是语言演化的重要因素，语言从一种组织状态过渡到另一种状态所经由的程序，从而确定了类比的适当地位。

但类比现象的性质是怎样的呢？它们真像一般人所相信的那样是变化吗？

任何类比事实都是由三种角色合演的一出戏，即(1)传统的、

---

① "错误的类比"这个术语是古尔替乌斯在他跟新语法学派的论战中提出来的，德·索绪尔在这里站在新语法学派的立场批评了他的这种观点。——校注

合法的继承人(例如 honōs);(2)竞争者(honor);(3)由创造这竞争者的各种形式(honōrem ōrātor,ōrātōrem 等等)组成的集体角色。人们常愿意把 honor 看作 honōs 的一种变化,一种"后生质",仿佛它的大部分实质都是从 honōs 抽取出来的。可是在 honor 的产生中,唯一不算数的形式恰恰是 honōs!

我们可以把类比现象绘成下图:

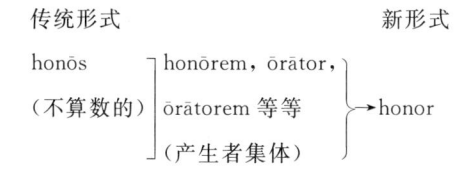

```
传统形式                    新形式
honōs        ⎤honōrem, ōrātor,
(不算数的)    ⎥ōrātorem 等等      ⎫→ honor
             ⎦(产生者集体)        
```

我们可以看到,这是一种"旁生质",把竞争者安顿在传统形式旁边,毕竟是一种创造。语音变化引入新的,必须把旧的取消(honōrem 代替了 honōsem),而类比形式却不一定非使它的双重形式消失不可。Honor 和 honōs 曾同时共存了一个时期,而且是可以互相代用的。可是由于语言不喜欢保持两个能指来表示同一个观念,那比较不规则的原始形式往往就因为没有人使用而消失了。正是这种结果使人以为那是一种变化:类比的效能一经完成,那旧状态(honōs:honōrem)和新状态(honor:honōrem)的对立看来似乎跟语音演化所造成的对立没有区别。然而在 honor 产生的时候,什么也没有改变,因为它并不代替任何东西;honōs 的消失也并不是变化,因为这种现象不依存于前者。只要我们能跟踪语言事件的进程,就到处可以看到类比创新和旧形式的消失是不同的两回事,哪里都找不到变化。

类比的特点很少是用一个形式代替另一个形式,因此我们往往看到它产生一些并不代替任何东西的形式。德语可以从任何带有具体意义的名词派生出以-chen结尾的指小词；如果有一个形式Elephantchen"小象"被引进那语言里，它并不代替任何前已存在的形式。同样，在法语里，人们可以按照 pension"寄宿舍"：pensionnaire"寄宿生"，réaction"反动"：réactionnaire"反动派"等等的模型创造出 interventionnaire 或 répressionnaire 来表示"干涉派"、"镇压派"。这个程序显然跟刚才产生 honor 的一样：二者都可以列成同一个公式：

$$\text{réaction : réactionnaire} = \text{répression : x}$$
$$x = \text{répressionnaire}$$

不论哪种情况，都没有一点可以谈到变化的借口；répressionnaire 并不代替任何东西。再举一个例子：一方面，我们可以听见人家按类比把大家认为更有规则的 finals"最后的（复数）"说成 finaux；另一方面，可能有人造出 firmamental"天空的"这个形容词，并把它的复数说成 firmamentaux。我们可以说 finaux 是变化而 firmamentaux 是创造吗？这两种情况都是创造。曾有人按照 mur"墙"：emmurer"围以墙"的模型造出了 tour"周围"：entourer"围绕"和 jour"光线"：ajourer"透孔"（如 un travail ajouré"网眼织品"）；这些晚近出现的派生词，我们觉得似乎都是创造。但是如果我注意到人们在前一个时代已经在 torn 和 jorn 的基础上构成了 entorner 和 ajorner，我是否要改变意见，宣称 entourer 和 ajourer 是由这些更古的词变来的呢？可见，关于类比"变化"的错觉来自人们要在新要素和它所篡夺的旧要素之间建立一种关系。但这是一种错误，因为所谓变化的构成（如：honor）跟我们所称的创造的构成(如 répressionnaire)是性质相同的。

## §3. 类比是语言创造的原则

指出了类比不是什么之后,如果我们从正面去进行研究,那么马上可以看到它的原则简直跟一般语言创造的原则没有什么分别。什么原则呢?

类比是属于心理方面的,但是这不足以把它跟语音现象区别开来,因为语音现象也可以看作属于心理方面的(参看第209页)。我们还要进一步说类比是语法方面的:要我们意识和理解到各形式间的关系。观念在语音现象里没有什么作用,但是类比却必须有观念参与其事。

在拉丁语的两个元音间的 s 变为 r 的过程中(试比较 honōsem→honōrem),我们看不到它跟其他形式的比较,也看不到词的意义参与其间:那是 honōsem 这个形式的尸体变成了honōrem。相反,为了理解怎样在 honōs 面前出现 honor,却必须求助于其他形式,如下面的四项比例式所表明的:

$$\bar{o}r\bar{a}t\bar{o}rem : \bar{o}r\bar{a}tor = hon\bar{o}rem : x$$

$$x = honor$$

要是人们不在心中把组成这结合的各个形式按照它们的意义联结起来,那么这结合就绝不会出现。

因此,在类比中,一切都是语法的;但是我们要马上补充一句:作为类比结果的创造,首先只能是属于言语的;它是孤立的说话者的偶然产物。我们首先应该在这个范围内和语言的边缘寻找这种现象。但是必须区别开两样东西:(1)对各个能产形式间相互关系的理解;(2)比较所提示的结果,即说话者为了表达思想临时构成的形式。只有这个结果是属于言语的。

所以类比再一次教导我们要把语言和言语分开(参看第27页以下)。它向我们表明,后者要依存于前者,而且指出了我们在第174页所描绘的语言机构的作用。在任何创造之前都应该对语言的宝库中所储存的材料作一番不自觉的比较,在这宝库中,各个能产的形式是按照它们的句段关系和联想关系排列好了的。

所以类比现象一大部分是新形式出现之前就已经完成了的。连续不断的言语活动把提供给它的各个单位加以分解,它本身不仅含有按照习惯说话的一切可能性,而且含有类比构成的一切可能性。所以,认为只有在创造出现的瞬间才发生生产的过程,那是错误的;要素是现成的。临时构成的词,例如 in-décor-able"不可装饰的",早已潜存于语言之中,它的全部要素都可以在比如 décor-er"装饰(动词)", décor-ation"装饰(名词)"; pardonn-able"可以原谅的", mani-able"易于管理的":in-connu"不认识的", in-sensé"没有理智的"等句段中找到。它在言语中的实现,跟构成它的可能性比较起来是微不足道的。

总之,类比就其本身来说,只是解释现象的一个方面,是识别单位以便随后加以利用的一般活动的一种表现。因此,我们说,它完全是语法的和共时的。

类比的这种性质有两点可以证实我们关于绝对任意性和相对任意性的看法(参看第175页以下):

## 第四章 类比

(1) 词由于本身可分解的程度不同，产生其他词的相对能力也不一样。我们可以把各个词按照这相对的能力加以分类。单纯词，按定义说，是非能产的(试比较 magasin"商店"，arbre"树"，racine"根"等等)。magasinier"店员"不是由 magasin 产生的，而是按照 prisonnier"监犯"：prison"监狱"等等的模型构成的。同样，emmagasiner"入栈"是按 emmailloter"裹以襁褓"，encadrer"镶以框架"，encapuchonner"戴上风帽"等等的类比构成的，其中就包含着 maillot"襁褓"、cadre"框架"、capuchon"风帽"等等。

所以每种语言都有能产的词和非能产的词，但是二者的比例不同。总括起来，又使我们回到第 179 页所作出的"词汇的"语言和"语法的"语言的区别。汉语的大多数的词都是不能分解的；相反，人造语言的词差不多都是可以分析的。世界语者有充分的自由根据某一词根构成新词[①]。

(2) 我们在第 224 页已经指出，任何类比创造都可以描绘成类似四项比例式的运算。人们往往用这个公式来解释现象本身，而我们却在分析和重建语言所提供的要素中探索了它的存在理由。

这两个概念是互相冲突的。如果四项比例式的解释是充分的，何苦还要进行要素分析呢？为了构成 indécorable，我们没有必要抽出它的各个要素(in-décor-able)，只消把它整个放进方程式里就够了，例如：

$$pardonner : inpardonnable \text{ 等等} = décorer : x$$

---

[①] 例如 patr-o 是"父亲"的意思，patr-in-o 是"母亲"的意思，bo-patr-o 是"岳父"的意思，bo-patr-in-o 是"岳母"的意思，如此等等。——校注

$$x = \text{indécorable}$$

这样,我们就不必假定说话者方面要进行一种极像语法学家的有意识的分析那样的复杂的运算。在按照 Gast:Gäste 的模型构成 Kranz:Kränze 这一例子里,分解似乎没有四项比例式那么接近真实,因为那模型的词干有时是 Gast-,有时是 Gäst-;人们只消把 Gäste 的语音特点移到 Kranze 上面去就行了。

这些理论中哪一个是符合实际的呢？首先我们要注意,Kranz 并不一定要排除分析。我们已经看到词根和前缀中的交替(参看第 217 页),交替的感觉是大可以跟积极的分析同时并存的。

这两个相反的概念反映在两种不同的语法理论里。我们欧洲的语法是运用四项比例的;例如它们从整个词出发来解释德语过去时的构成。人们对学生说:按照 setzen"安放":setzte"安放(过去时)"的模型构成 lachen"笑"等等的过去时。相反,印度的语法却在某一章研究词根(setz-, lach-等等),另一章研究词尾(-te 等等);它只举出一个个经过分析所得到的要素,人们必须把它们重新构成整个的词。在任何梵语词典里,动词都是按照词根所指示的顺序排列的[①]。

语法理论家将按照每一语群中占优势的趋势,倾向于采用这种或那种方法。

古拉丁语似乎有利于采用分析的方法。这里有一个明显的证

---

[①] 这就是巴尼尼语法体系来说的。按照这个体系,先要把每个词的词根分析出来,然后按一定顺序排列成词典。这跟西方语文的词典名词用单数主格的形式,动词用不定式的形式按字母的顺序排列截然不同。——校注

据。făctus"事实"和 āctus"动作"的音长是不同的,尽管也有 făciō"我做"和 ăgō"我行动"。我们假定 āctus 是由 *ăgtos 变来的,而其中元音之所以延长是由于后面有一个浊音。这个假设在罗曼族语言中得到了充分的证实。法语 dépit"怨恨"(=despĕctus)和 toit"屋顶"(=tēctum)反映出 spĕciō"我看":spĕtus"景象"与 tĕgō"我盖":tēctus"屋顶"的对立;试比较 confĭciō"我完成":confĕctus"渍物"(法语 confit)与 rĕgō"我校正":rēctus"正确"(dīrēctus→法语 droit"直的")的对立。但是 *agtos,*tegtos,*regtos 并不是从印欧语继承下来的,印欧语一定是说 *ăktos,*tĕktos 等等。那是史前拉丁语把它们引进来的,尽管在清音之前发出浊音很困难。这要对 ag-,teg- 等词根单位有很强烈的意识才能做到。可见古拉丁语对词的各种零件(词干、后缀等等)及其安排有高度的感觉。也许我们的现代语言已没有这样敏锐的感觉了,但是德语的感觉要比法语的敏锐(参看第 259 页)。

# 第五章  类比和演化

## §1. 类比创新是怎样进入语言的

　　任何东西不经过在言语中试验是不会进入语言的；一切演化的现象都可以在个人的范围内找到它们的根子。我们在第 134 页已经说过的这个原则特别适用于类比创新。在 honor 变成一个可能代替 honōs 的竞争者之前一定有某个说话者最先把它临时制造出来，另外一些人模仿它，反复使用，直到成为习惯。

　　并不是任何类比创新都会有这样的好运气。我们每时每刻都会碰到一些也许不被语言采用的没有前途的结合。儿童的语言里就有许多这样的结合，因为他们还没有很好地养成习惯，所以不受习惯的束缚。他们常把法语的 venir"来"说成 viendre，mort"死"说成 mouru 等等①。但是成年人的说话里也有这种结合。例如许多人用 traisait 来代替 trayait"他挤奶"②（我们在卢梭的著作中也

---

　　① 法语 venir"来"的第一人称单数将来时是 viendrai"我将来"，mourir"死"的过去分词是 mort，法国的小孩常按 éteindrai"我将熄灭"：éteindre "熄灭"的比例式把 venir 说成 viendre，按 venir"来"：venu"来（过去分词）"的比例式把 mort 说成 mouru。——校注

　　② 法语 traire"挤奶"的第三人称单数半过去时是 trayait，但是有些人按 plaire"取悦"：plaisait"他从前取悦"的比例式把它说成 traisait。——校注

可以找到）。所有这些创新本身都是很有规则的，我们可以按照已为语言所接受的方式来加以解释；例如 viendre 是按照这样的比例式构成的：

$$éteindrai : éteindre = viendrai : x$$
$$x = viendre$$

traisait 也是按照 plaire : plaisait 等等的模型构成的。

语言只保存言语中极少部分的创造；但能持久的创造还是相当多，所以过了一个时代，人们可以看到，许多新形式已使词汇和语法换上了一副全新的面貌。

前一章所述的一切很清楚地表明，类比本身不是演化的因素；可是我们同样可以认为，经常以新形式代替旧形式确实是语言变化中最引人注目的一个方面。每当一种创造稳固地确定下来，并排除了它的竞争者的时候，的确有被创造的东西和被废弃的东西，正因为这样，所以类比在演化的理论中占有举足轻重的地位。

这正是我们要强调的一点。

## §2. 类比创新是解释上发生变化的征兆

语言不断解释和分解给予自己的单位。但是解释怎么会常随世代而不同呢？

变化的原因必须到不断威胁着我们对某一语言状态的分析的大量因素中去寻找。这里试举出其中几个。

头一个而且最重要的因素是语音变化（参看第二章）。它使得某些分析暧昧不明，另一些分析成为不可能；它改变分解的条件和结果，从而移动单位的界限并改变它们的性质。试参看上面第193页所说的 beta-bûs 和 redo-lîch 等复合词和第213页所说的印欧语的名词屈折变化。

除语音事实以外，还有黏合，我们下面再来讨论，其效果会把要素的结合缩减为一个单位。其次是虽在词之外，但可能改变对词的分析的各种情况。事实上，分析是大量比较的结果，所以很显然，它每时每刻都要取决于要素的联结环境。例如印欧语的最高级 *swād-is-to-s 含有两个独立的后缀：一个是表示比较观念的-is-(例如拉丁语的 mag-is"更大")，另一个是表明事物在系列中确定地位的-to-(试比较希腊语的 trí-to-s"第三")。这两个后缀是互相黏合的(试比较希腊语的 héd-isto-s 或者毋宁说 héd-ist-os"可吃的")。但是这种黏合又从一个与最高级无关的事实中得到了很大的帮助：以 is-结尾的比较级被废止使用，为以-jos 结尾的结构所代替；人们既认不出-is-是独立的要素，因此也就不再把它从-isto-中区分出来了。

顺便指出，这里有一个缩短词干要素，拉长构形要素的总趋势，尤其当词干要素以元音结尾的时候更加明显。例如拉丁语的后缀-tāt-(vēri-tāt-em"真理"代替了 *vero-tāt-em，试比较希腊语的 deinó-tēt-a)夺取了词干中的 i，因此把它分析成 vēr-itāt-em；同样，Rōmā-nus"罗马人"，Albā-nus"阿尔巴尼亚人"(试比较 aēnus 代替了 *aes-no-s)变成了 Rōm-ānus 等等。

然而，不管这些解释的改变来自何方，它们总要通过类比形式的出现而显露出来。事实上，如果说话者在某个时期感觉到的活的单位能够单独产生类比的形成，那么，反过来，单位的每次确定的分布也就意味着它们的使用可能扩大。因此类比完全可以证明某个构形要素确实作为有意义的单位存在于某个时期。meridiōnālis"南方"(拉克唐提乌士)代替了merīdiālis,说明当时的划分是septentri-ōnālis"北方"和regiōnālis"地区"。我们只要引celer-itātem"速度"这个词,就可以证明后缀-tat-从词干中借来要素i而扩充了自己。由pāg-us"农村"构成的pāg-ānus"村民",足以证明拉丁人从前是这样分析Rōm-ānus"罗马人"的。sterblich"死的"是用动词词根构成的,这个词的存在可以证实redlich"诚恳的"的分析(第193页),如此等等。

有一个特别奇怪的例子可以表明类比怎样一个时代一个时代地制造新单位。在现代法语里,人们把somnolent"睡态朦胧"分析成somnol-ent,仿佛是个现在分词①;依据是法语有somnoler"昏昏欲睡"这个动词。但是在拉丁语里,人们把它切成somno-lentus,正如succu-lentus"多汁的"等等一样。在那以前更把它切成somn-olentus"有睡味的",来自olēre"气味",如vin-olentus"有酒味的"。

所以类比的最明显、最重要的效果就是用一些比较正常的由活的要素构成的形式代替旧有的、不规则的和陈腐的形式。

毫无疑问,事情不会总是这样简单:语言的效能常贯穿着无限的犹豫,无限的差不多,无限的半分析。在任何时候,语言都不会有完全固定的单位系统。我们在上面第213页所说的和 \* pod

---

① 现代法语的现在分词是加-ant构成的,如chantant"在唱",parl-ant"在说"等等,但是古代法语加-ent,如serpent"蛇"即"爬的东西"的意思。——校注

"脚"相对的 \*ekwos"马"的屈折变化就是例子。这些不完全的分析有时就会引起类比创造的混乱。我们可以从印欧语的 \*geus-etai, \*gus-tos, \*gus-tis 这些形式中分出一个词根 geus-, gus-"尝味"。但是在希腊语里，两个元音间的 s 脱落了，于是对 geúomai, geustós 的分析就受到了扰乱；结果弄得游移不定，有时分出 geus-，有时分出 geu。类比也可以证明这种摇摆不定，我们甚至可以看到有些以 eu-结尾的词根也带上了这个结尾的 s(例如 pneu-, pneûma, 形动词 pneus-tós)。

但是即使在这些摸索中，类比还是对语言发挥效能。它本身虽不是演化的事实，但是每时每刻都反映着语言体制中发生的变化，用新的结合认可这些变化。它和一切不断改变语言结构的力量进行有效的合作，正因为如此，它是演化的一个有力的因素。

## §3. 类比是革新和保守的原则

人们有时会发生疑问：类比是否真的像上面所说的那么重要，是否有像语音变化那样广泛的效能。其实我们在任何语言的历史上都可以找到许许多多重重叠叠的类比事实，总起来看，这些连续不断的修修补补在语言的演化中起着重大的作用，甚至比语音变化所起的还要重大。

但是有一件特别使语言学家发生兴趣的事：在好几个世纪的演化表现出来的大量类比现象当中，差不多所有要素都被保存了下来，只是分布有所不同罢了。类比创新都是表面上的，而不是实实在在的。语言好像一件袍子，上面缀满了从本身剪下来的布料制成的补丁。如果考虑到构成句子的实质材料,法语中五分之四都是印欧语的,但是从印欧母语一直流传到现代法语而没有经受过任何类比变化的词,整个却只占一页的篇幅(例如 est "是"= \*esti,数目的名称以及某些词如 ours "熊"、nez "鼻子",père,"父亲",chien "狗"等等)。绝大多数的词都是这样或那样从古老的形式拔下来的声音要素的新结合。在这个意义上我们可以说,类比创新总要利用旧材料,因此它显然是非常保守的。

但是作为单纯的保守因素,类比仍然起着很大的作用。我们可以说,不但当人们把原先的材料分配给新单位的时候有它的份儿,就是当形式保持不变的时候也有它的份儿。这两种情况都涉及同样的心理过程。要了解这一点,我们只消回想它的原则归根也就是言语活动机构的原则(参看第229页)。

拉丁语的 agunt "他们行动"差不多完整无缺地从史前时期(那时人们说 \*agonti)一直流传到罗马时代初期。在这期间,历代都相继沿用,没有任何竞争的形式来取代它。对这个形式的保存,类比是否没起过任何作用呢?不,相反地,agunt 的稳定,如同任何创新一样,也是类比的业绩。agunt 被镶嵌在一个系统的框子里;它跟有些形式如 dicunt "他们说",legunt "他们念书"等等以及另外一些形式如 agimus "我们行动",agitis "你们行动"等等都有连带关系。没有这一环境,它就有许多机会为一个由新要素组成的形式所代替。流传下来的不是 agunt,而是 ag-unt;形式并没有改变,因为 ag-和-unt 在其他系列里都可以有规律地得到验证,正是这些互相联系着的形式作为侍从,把 agunt 保护下来。试再比较 sex-t us "第六",它也要依靠一些结合得很紧密的系列:一方面如 sex,

"六"、sex-āginta"六十"等等,另一方面如 quartus"第四",quin-tus"第五"等等。

所以,形式之所以得以保存,是因为它们是不断地按照类比重新制作的。一个词既被理解为单位,又被理解为句段,只要它的要素没有改变,它就被保存下来。反过来说,形式的存在只是随着它的要素退出使用而受到损害。试看法语 dites"你们说"和 faites"你们做"的情况,它们是直接跟拉丁语的 dic-itis, fac-itis 对应的,但是在当前的动词屈折变化中已无所依靠。语言正在设法用别的形式来代替它们;我们现在可以听到有人按照 plaisez"你们取悦",lisez"你们念"等等的模型把它们说成 disez, faisez,而且这些新的词尾在大多数的复合词中(contredisez"反驳"等等)已经是很通行的了。

类比无所施其技的形式自然是孤立的词,例如专有名词,特别是地名(试比较 Paris"巴黎",Genève"日内瓦",Agen"阿根"等等)。这些词不容许作任何的分析,因此也不容许对它们的要素作任何的解释。在它们的旁边不会出现任何竞争的创造。

可见一个形式的保存可能由于两个正好相反的原因:完全孤立或者紧密地镶嵌在一个系统的框子里,只要这系统的主要部分没有改变,就会经常给它以支援。创新的类比正是对得不到环境的足够支持的中间地带的形式才施展它的效能。

但无论是由几个要素组成的形式的保存,还是语言材料在新结构中的重新分布,类比的作用都是巨大的,它总是要起作用的。

# 第六章　流俗词源

　　我们有时会歪曲形式和意义不大熟悉的词,而这种歪曲有时又得到惯用法的承认。例如古法语的 coute-pointe(来自 couette"羽毛褥子"的变体 coute 和 poindre"绗缝"的过去分词 pointe)变成了 courte-pointe"绗过的被子",好像那是由形容词 court"短"和名词 pointe"尖端"构成的复合词似的。这些创造不管看来怎么离奇,其实并不完全出于偶然;那是把难以索解的词同某种熟悉的东西加以联系,借以作出近似的解释的尝试。

　　人们把这种现象叫做流俗词源①。乍一看来,它跟类比好像没有多大区别。当一个说话者忘记了 surdité"聋(名词)"这个词,按照类比创造出 sourdité 其结果跟不大知道 surdité,凭自己对形容词 sourd"聋"的记忆而使它变了形没有两样。唯一的差别在于类比的构成是合理的,而流俗词源却多少有点近于乱弹琴,结果弄得牛头不对马嘴。

　　但这个差别只涉及结果,那不是主要的。更深刻的是性质上

---

① "流俗词源"这个术语最先是佛尔斯特曼(Förstemann)在《库恩杂志》第一卷上发表的一篇论文里提出的。其后专门从事这种研究的有克勒(Keller)的《拉丁语的流俗词源》(1891 年),安德逊(Anderson)的《德语的流俗词源》(1920 年)等等。——校注

的不同。为了让大家看清楚性质上的不同是在什么地方，我们先举一些流俗词源的主要类型的例子。

首先是词获得了新的解释，而它的形式没有改变的例子。德语的 durchblaüen"痛打"源出于 bliuwan"鞭挞"；但是人们把它跟 blau"青色的"加以联系，因为殴打可以产生"青色的伤痕"。在中世纪，德语曾向法语借来 aventure"奇遇"一词，按规律把它变成了 ābentüre，然后变成了 Abenteuer；没有改变词的形式，但是把它跟 Abend"夜"加以联系（人们在晚上聊天时所讲的故事），到十八世纪竟然把它写成了 Abendteuer。古代法语的 soufraite"丧失"（＝suffracta，来自 subfrangere）曾产生出 souffreteux"虚弱"这个形容词，人们现在把它跟 souffrir"受苦"加以联系，其实它们毫无共同之处。法语的 lais 是 laisser"遗留"的动名词，但是现在人们把它看作 léguer"遗赠"的动名词，并写成 legs"遗产"；甚至有人把它念成 le-g-s。这可能使人想到新的解释引起了形式上的改变，其实这只是书写形式的影响：人们原想通过这个词的书写形式来表示他们对它的词源的理解，而不改变它的发音。同样，法语的 homard"龙虾"是从古斯堪的纳维亚语的 humarr 借来的（试比较丹麦语的 hummer），它类比法语中以 -ard 结尾的词，词末添上了一个 d。不过，在这里，由正字法引起的解释上的错误只影响到词的最后部分，使它跟一个通用的后缀（试比较 bavard"话匣子"等等）相混了。

但最常见的是把词的形式加以改变来适应人们自以为认识的要素。例如法语的 choucroute"酸白菜"（来自德语的 Sauerkraut）

就是这样①。在德语里，dromedārius"双峰驼"变成了 Trampeltier "蹋脚兽"；这是一个新的复合词，但是里面包含着一些已经存在的词：trampeln"蹋脚"和 Tier"兽"。古高德语从拉丁语的 margarita "珍珠粒"造成了 mari-greoz"海里的卵石"，把两个已经认识的词结合起来。

最后还有一个特别富有教益的例子：拉丁语的 carbunculus "小煤块"变成了德语的 karfunkel"红宝石"（同 funkeln"闪闪发光"有联系）和法语的 escarboucle"红宝石"（同 boucle"鬈发环"有关）。法语的 calfeter, calfetrer 在 feutre"毡"的影响下变成了 calfeutrer"堵塞漏缝"。在这些例子里，乍一看来最引人注目的是，其中除了也存在于别处的可以理解的要素以外，都含有不代表任何旧有东西的部分（kar-, escar-, cal-）。但是如果认为这些要素中有一部分创造出现了与这现象有关的东西，那就错了。情况恰恰相反，它们是一些还不知该怎样解释的片段。我们可以说，这些都是停留在半途的流俗词源。karfunkel 和 Abenteuer 的立足点是相同的（如果承认-teuer 是一个还没有解释的残余部分）；它也可以跟 homard 相比，其中 hom-是没有意义的。

所以，变形的程度在蒙受流俗词源损害的各个词之间不造成本质的区别；这些词都有一个特点，即用已知的形式对不了解的形式作单纯的解释。

---

① 法语的 choucroute 是从德语的 Sauerkraut 来的，可是德语的 sauer 是"酸"的意思，kraut 是"白菜"的意思，而法语的 chou 是"白菜"的意思，crouto 是"面包皮"的意思。——校注

由此可见词源和类比相似之点在什么地方，相异之点又在什么地方。

这两种现象只有一个共同的特点：都利用语言所提供的带有意义的要素。此外都正好相反：类比始终需要把旧形式忘掉；il traisait"他挤奶"这个类比形式（参看第234页）并不是在分析旧形式 trayait 的基础上产生的；忘掉这个形式甚至是使它的敌手能够出现的必要条件。类比并不从它所代替的符号的实质材料里提取什么。相反，流俗词源却只是对旧形式的一种解释；对旧形式的记忆，哪怕是模糊的记忆，正是它遭受变形的出发点。因此，分析的基础，一种是记忆，另一种是遗忘，这是最重要的差别。

所以流俗词源只在一些特殊的情况下起作用，而且只影响到一些说话者掌握得很不完备的技术上的或外来的罕用词。相反，类比却是一种属于语言正常运行的非常普遍的事实。这两种现象尽管在某些方面很相似，本质上却彼此对立，我们应该仔细地加以区别。

# 第七章 黏 合

## §1. 定　义

类比的重要性,我们刚才在上面已经讲过了。在新单位的产生中,除类比以外,还有另一个因素,那就是黏合。

除此之外,别的构成方式都不值得认真考虑:例如拟声词(参看第 97 页)和未经类比插手的全部由个人创造的词(例如 gaz"煤气"),甚至流俗词源,都是不很重要或者并不重要的。

黏合是指两个或者几个原来分开的但常在句子内部的句段里相遇的要素互相熔合成为一个绝对的或者难于分析的单位。这就是黏合的过程。我们说的是过程,而不是程序,因为后者含有意志、意图的意思,而没有意志的参与正是黏合的一个主要特征。

这里试举几个例子。法语起初说 ce ci,把它分成两个词,其后变成了 ceci"这个":这是一个新词,尽管它的材料和组成要素没有改变。再比较法语的 tous jours→toujours"时常",au jour d'hui→aujourd'hui"今天",dès jà→déjà"已经",vert jus→verjus"酸葡萄汁"。黏合也可以熔合一个词的次单位,例如我们在第 235 页看到的印欧语的最高级 *swād-is-to-s 和希腊语的最高级 hēd-isto-s。

仔细考虑一下,我们可以把这一现象分为三个阶段:

(1) 几个要素结合成一个无异于其他句段的句段;

(2) 固有意义的黏合,即句段的各个要素综合成一个新单位。这种综合是由于一种机械的倾向而自发产生的:当一个复合的概念用一串极其惯用的带有意义的单位表达的时候,人们的心理就会像抄小路一样对它不作分析,直接把概念整个附到那组符号上面,使它变成一个单纯的单位。

(3) 出现能使旧有的组合变得更像个单纯词的其他变化,如重音的统一(vért-jús→verjús),特殊的语言变化等等。

人们往往认为这些语音变化和重音变化(3)先于观念领域内发生的变化(2),因而必须用物质的黏合和综合解释语义的综合。情况也许并不是这样。vert jus, tous jours 等等之成为单纯词,很可能正因为先把它们看作单一的观念。把这种关系颠倒过来,恐怕不对。

## §2. 黏合和类比

类比和黏合的对比是很明显的:

(1) 在黏合里,两个或几个单位经过综合熔合成一个单位(例如法语的 encore "还"来自 hanc horam),或者两个次单位形成一个次单位(试比较希腊语的 héd-isto-s 来自 * swād-isto-s)。相反,类比却从低级单位出发,把它们构成一个高级单位。例如把词干 pāg- 和后缀 -ānus 联结起来构成 pāgānus。

(2) 黏合只在句段范围内进行;它的效能可以影响到某个组合而绝不考虑其他。相反,类比既求助于联想系列,又求助于句段。

(3) 特别是在黏合里，没有什么是出于意志的，也没有什么是主动的。我们在上面已经说过，那只是一种简单的机械的过程，其中的要素都是自行装配起来的。相反，类比却是一种程序，需要有分析和结合，理智的活动和意图。

至于构词法，人们往往采用"构造"和"结构"这两个术语；但这些术语应用于黏合和类比时意义各不相同。应用于黏合，它们使人想起各个要素的缓慢的凝合，这些要素在句段内的接触中经受了使它们原先的单位完全模糊不分的综合作用。相反，应用于类比，构造却是指在某一次言语行为中由于从不同的联想系列取来的若干个要素联结在一起而一下子获得的安排。

由此可见，区别这两种构词方式是多么重要。例如拉丁语的 possum "能够" 不过是把 potis sum "我是主人" 两个词焊接起来构成的，是一个黏合词。相反，signifer "旗手"，agricola "庄稼人" 等等却是类比的产物，按照语言所提供的模型制成的构造。复合词和派生词这些术语[1]，应该保留给类比的创造。

一个能够分析的形式是由于黏合产生的呢，还是作为类比的构造而出现的呢，这往往很不容易断定。语言学家曾对印欧语的

---

[1] 这等于说，在语言史里，这两种现象是把它们的效能结合起来的。但黏合总是在前，并把模型提供给类比。例如构成希腊语 hippó-dromo-s "跑马场" 等词的复合词的格式是在印欧语某个时代通过局部黏合产生的，那时还没有词尾（ekwo dromo 就等于像英语的 country house "别墅" 这样的复合词）。但是在各个要素完全熔合之前，类比已使它变成了一个能产的构词方式。法语的将来时（je ferai "我将做" 等等）也是这样，它在民间拉丁语里是由不定式和动词 habēre "有" 的现在时黏合产生的（facere habēo 我有做）。所以黏合通过类比的介入而创造句段格式，为语法服务；如果听之任之，它会把各个要素的综合一直发展成为绝对的单位，只产生一些不能分解的、非能产的词（如 hanc horam→encore），就是说，为词汇服务了。——原编者注

＊es-mi"我是"＊es-ti"他是"＊ed-mi"我吃"等形式争论不休。有人认为 es-,ed-等要素在很古的时代曾是真正的词,其后才同另一些要素 mi,ti 等等黏合的。有人认为＊es-mi,＊es-ti 等等是用其他同类复杂单位中取出的要素结合而成,即把这黏合一直追溯到印欧语词尾形成以前的时代。由于缺乏历史证据,这个问题也许是无法解决的[①]。

只有历史才能够开导我们。无论什么时候,只要历史能使我们断定某一单纯的要素从前曾经是句子中的两个或几个要素,那就是黏合词:例如拉丁语的 hunc"此"可以一直追溯到 hom ce(ce 有碑铭为证)。但是如果缺乏历史知识,我们就很难确定什么是黏合,什么是类比引起的结果。

---

[①] 老一辈的历史比较语言学家如葆朴、施来赫尔等人都主张前一说,即认为这些词起初是由独立的成分黏合构成的。新语法学派批评他们的这种看法不科学。德·索绪尔在这里附和了新语法学派的观点。——校注

# 第八章 历时的单位，
# 同一性和现实性

　　静态语言学处理沿着共时的联系而存在的单位。我们刚才所说的一切可以证明，在一个历时的顺序中，各个要素不是如下图所表示的那样只一次就划定了界限的：

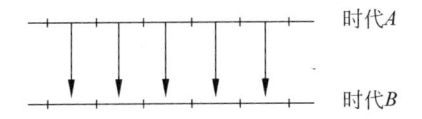

$$\text{时代}A$$
$$\downarrow\downarrow\downarrow\downarrow\downarrow$$
$$\text{时代}B$$

相反，由于语言舞台上发生的事件，它们每时每刻都会有不同的分布，因此，它们的情况更符合下图所表示的：

$$\text{时代}A$$
$$\text{时代}B$$

这是上面所说的一切有关语音演化、类比、黏合等等产生的结果。

　　直到现在，我们所引的例子几乎全部都是属于构词法的，这里试举一个来自句法的例子。印欧语没有前置词，前置词表示的关系，用为数多而表义力强的变格来表达。它也没有用动词前缀构成的动词，只用一些助词，即小词，加在句子里使动词的动作明确并具有各种不同的色彩。例如，古代没有类似拉丁语中 ire ob mortem "走向死亡"或 obīre mortem 的说法，人们只是说 īre mortem ob。原始希腊语还是这样的状态：(1)在 óreos baínō káta 中，óreos baínō 本身是"我从山上来"的意思，属格具有离格的价值；káta 给添上了"下"的色彩。在另外一个时代，人们说(2)katà óreos baínō，其中 katà 起着前置词的作用，或者(3)kata-baínō óreos，动词和助词黏合变成了动词前缀。

这里是两种或三种不同的现象，都以对单位的解释为基础：(1)创造了一类新的词，即前置词，这只消把原有的单位移动一下。一种起初无关紧要的特殊的次序，也许由于偶然的原因造成了一种新的聚合：kata 起初是独立的，后来同名词 óreos 联合，整个同 baínō 连接在一起作为它的补语。(2)出现了一种新的动词类型(katabaínō)。这是另一种心理上的聚合，也是由一种单位的特殊分布促成，而且通过黏合得以巩固。(3)自然的后果是属格词尾(óre-os)的意义弱化了；以往由属格单独表示的主要观念现在由 katà 负责表达，词尾 -os 的重要性也因此相应地缩小。它未来的消失就在这一现象里萌芽了。

所以，这三种情况所涉及的都是单位的重新分布问题。物质是一样的，可是功能不同；因为值得注意的是，这些移动中没有一种是由语音变化引起的。另一方面，虽然材料没有改变，但是我们不要以为一切都是在意义的领域内发生的：句法现象无不把一定的概念链条和一定的声音单位链条联结在一起（参看第186页），而改变的恰恰就是这种关系。声音保持不变，但是表示意义的单位已经不一样了。

我们在第105页说过，符号的变化就是能指和所指的关系的

## 第八章 历时的单位，同一性和现实性

转移。这个定义不仅适用于系统的各个要素的变化，而且适用于系统本身的演变。整个历时现象无非就是这样。

但是确认共时单位有某种转移，还远没有说出语言中发生了什么。这里有一个历时单位本身的问题；那就是要查问，在每一事件里直接受变化影响的是哪一个要素。我们讨论语音变化的时候已经遇到过这样的问题（参看第129页）。语音变化只影响到孤立的音位，至于词的单位却是与它无关的。历时的事件是各种各样的，我们要解决许许多多这样的问题，而在历时领域内划分的单位不一定相当于共时领域内的单位。根据第一编所提出的原则，单位的概念在这两个秩序里不可能是相同的。无论如何，只要我们没有从单位的两个方面，即静态方面和演化方面去加以研究，就不能把它完全解释清楚。只有把历时单位的问题解决了，才能透过演化现象的外表，深入到它的本质。在这里，正如在共时态里一样，要区别什么是错觉，什么是现实性，对单位的认识是必不可少的（参看第149页）。

但是还有另一个特别微妙的问题，那就是历时同一性的问题。事实上，为了说出某一个单位还保持着它的同一性，或者虽然改变了形式或意义，但仍然是一个独特的单位，——因为这两种情况都是可能的——我们必须知道根据什么来断定某一时代的要素，例如法语的 chaud "热"，和另一时代的要素，例如拉丁语的 calidum，是同一个词。

对于这个问题，人们毫无疑问会回答，calidum 按语音定律有规则地变成了 chaud，因此 chaud = calidum。这就是所谓语音同一性。sevrer "断乳"和 sēparāre "隔开"也是这样。相反，fleurir "开

花"和 florēre("开花",应变为 * flouroir)却不是同一回事,如此等等。

这种对应,乍一看来,似乎跟一般历时同一性的概念恰相吻合。但是事实上只靠声音去理解同一性是不可能的。人们无疑有理由说,拉丁语的 mare 在法语里应以 mer"海"的形式出现,因为一切 a 在一定条件下都变成了 e,因为非重读的结尾的 e 脱落了,如此等等。但是认为正是这些 a→e,e→零等等的关系构成同一性,那就是本末倒置,相反,我正是根据 mare:mer 的对应来判断 a 变成了 e,结尾的 e 脱落了等等的。

如果有两个人,来自法国的不同地区,一个说 se fâcher"发脾气",另一个说 se fôcher,其中的差别,同使我们能够从这两个不同的形式中认出同一个语言单位的语法事实比较起来是非常次要的。像 calidum 和 chaud 这样两个不同的词的历时同一性只意味着人们是通过言语中一系列共时同一性从一个形式过渡到另一个形式的,它们的联系从来没有被连续的语音变化切断。因此,我们在第 147 页能够说,知道在一篇演说中连续反复出现的 Messieurs!"先生们!"是怎样同一的,跟知道 pas"不(否定词)"为什么和 pas"步(名词)"同一,或者同样,知道 chaud 为什么和 calidum 同一,是同样地有意思。事实上,第二个问题只不过是第一个问题的引申和复杂化罢了。

# 第三编和第四编附录

## A. 主观分析和客观分析

说话者对语言单位随时进行的分析可以叫做主观分析。我们必须提防不要把主观分析同以历史为依据的客观分析混为一谈。语法学家把像希腊语的 híppos"马"这样的一个形式分为三个要素：词根、后缀和词尾（hípp-o-s）；从前希腊人只把它看作两个要素（hípp-os，参看第 211 页）。客观分析把 amābās"你从前爱"看作四个次单位（am-ā-bā-s）①；从前拉丁人把它切成 amā-bās；他们甚至可能把-bās 看作一个与词干对立的屈折整体。历史家从法语的 entier"完全"拉丁语 in-teger"原封未动"，enfant"小孩"（拉丁语 in-fans"不说话的"），enceinte"怀孕的"（拉丁语 in-cincta"没有腰带的"）等词中分出一个共同的前缀 en-，与拉丁语表示否定的 in-相同；说话者的主观分析却完全不知道有这个前缀。

---

① 十九世纪末西欧语法学家把拉丁语的 amābās 分成非词干的动词词干 am＋后缀 a＋动词"是"的词干 ba＋第二人称单数的词尾 s。德·索绪尔在这里所说的客观分析就是指的这种分析的结果。——校注

语法学家往往要把语言的自发分析看作错误；其实主观分析并不比"错误的"类比（参看第 226 页）更为错误。语言是不会错的；它的观点不同，如此而已。说话者个人的分析和历史家的分析没有共同的尺度，尽管二者都使用相同的程序，即对比具有相同要素的系列。这两种分析都是正当的，各有自己的价值；但究竟只有说话者的分析是重要的，因为它直接以语言事实为依据。

历史分析只是主观分析的一种派生的形式。它说到底是把不同时代的构造投射在一个单一的平面上。正如自发分解一样，它的目的是要认识词里的次单位，它只是把不同时期作出的各种区分加以综合以便求出最古老的区分。词好像是一所几经改变内部布置和用途的房子。客观分析把这些连续的布置总计一下，积在一起，算笔总账，但是对住房子的人来说从来只有一种布置。上述 hípp-o-s 的分析并没有错，因为那是说话者的意识所确立的；它只是"时代错误"；它所属的时代不是人们分析这个词的时代。这个 hípp-o-s 同古典希腊语的 hípp-os 并不矛盾，但是不应该对它作同样的判断。这等于又一次提出了历时态和共时态的根本区别。

这并且使我们有可能解决语言学中一个悬而未决的方法问题。旧派的语言学家把词分为词根、词干、后缀等等，认为这些区别具有绝对的价值。人们读了葆朴和他的门徒们的著作会以为希腊人从无法追忆的时代起就背上了词根和后缀的包袱；他们说话时总是在从事词的制作，例如 patér"父亲"在他们看来就是词根

pa＋后缀 ter,dósō"我给"在他们的嘴里就代表 dō＋so＋表示人称的词尾等等①。

我们必须抵制这些错误，而进行抵制的最恰当的口号就是：观察今天的语言里，日常的言语活动中发生的情况，不要把当前不能确认的任何过程、任何现象归结于语言的古代时期。由于当代语言大都不容许我们冒冒失失地作出像葆朴那样的分析，新语法学家们坚决遵守着他们的原则，宣称词根、词干、后缀等等都是我们精神的纯粹的抽象物，我们拿来使用，只是为了陈述上的便利。但是如果没有正当理由建立这些范畴，我们为什么要建立呢？就算建立了，我们凭什么断言，例如分割成 hípp-o-s 一定要比分割成 hípp-os 更为可取呢？

新学派认识到旧学说的缺点之后——这并不困难——只满足于在理论上抛弃它，可是在实践上好像陷在什么科学装置里似的，没法摆脱。我们如果仔细考察这些"抽象物"，就可以看到它们所代表的现实性的部分，而且只要稍加修改，就能使语法学家的这些制作具有合理的、确切的含义。我们在上面就想这样做，指出客观分析同当代语言的主观分析有一种内在的联系，它在语言学的方法论上占有合法的、确定的地位。

---

① 葆朴当时曾受过波尔·洛瓦雅耳语法理论的影响，他在他的著作中常把印欧系语言的词任意作不适当的分析，梅耶在《印欧系语言比较研究导论》中说他"采用了那些陈旧的观念，对各种来源作出空洞的投机的理论"（参看原书第 446 页），指的就是这一点。——校注

## B. 主观分析和次单位的确定

所以,说到分析,我们只有站在共时的平面上才能建立一种方法,下一些定义。下面,我们通过对词的前缀、词根、词干、后缀、词尾等各部分提出一些看法,来表明这一点①。

先谈词尾,即用来区别名词或动词变化范例各个形式的词末屈折变化或可变要素。在 zeúgnū-mi"我套车",zeúgnū-s"你套车",zeúgnū-si"他套车",zeúgnū-men"我们套车"等词中,-mi,-s,-si 等词尾只是因为它们互相对立和跟词的前一部分(zeugnú-)对立才被划定的。我们在上面已经看到(第 119 页和第 158 页),捷克语的属格 žen 和主格 žena"妻子"对立,没有词尾可以跟通常的词尾起一样的作用。同样,希腊语的 zeúgnū!"套车罢!"跟 zeúgnū-te!"你们套车罢!"等等对立,或者呼格 rhêtor!"演说家啊!"跟 rhêtor-os"演说家的"等等对立,法语的 marš(写作 marche!"步行罢!")跟 maršō(写作 marchons!"我们步行罢!")对立,这些都是带零词尾的屈折变化形式。

把词尾除去就可以得出词干。一般说来,词干是从一系列有屈折变化或者没有屈折变化的同族词的比较中自发地涌现出来,

---

① 德·索绪尔至少没有从共时的观点讨论复合词的问题。所以问题的这一方面应该全部予以保留。不消说,上面确定的复合词和黏合词在历时方面的区别不能照搬到这里来,因为这里谈的是分析语言状态的问题。我们无需指出,这个有关次单位的陈述不要求解决上面第 144 页和第 151 页所提出的关于给词单位下定义的更微妙的问题。——原编者注

并带有这些词所共有的意义要素。例如在法语的 roulis"摆动"，rouleau"卷轴"，rouler"滚动"，roulage"回转"，roulement"运转"这一系列中我们不难看出有一个词干 roul-。但是说话者的分析在同一个词族中往往会分出好几种或好几级词干。上述从 zeúgnū-mi，zeúgnū-s 等等分出的要素 zeugnú 是第一级词干。它不是不能再分的，因为如果我们把它跟其他系列相比（一方面是 zeúgnūmi "我套车"，zeuktós"已套好的"，zeûksis"套车"，zugón"牲口套"等等，另一方面是 zeúgnūmi"我套车"，deíknumi"我显示"，órnūmi "我唤醒"等等），zeug-nu 的区分就自然显现出来了。所以 zeug-（及其交替形式 zeug-，zeuk-，zug-，参看第 222 页）就是第二级词干。但它本身是不能再分的，因为我们不能更进一步通过同族形式的比较进行分解。

人们把所有同族词中不能再分的共同要素叫做词根。另一方面，任何主观的和共时的分解要分出物质要素都必须考虑同每个要素相配合的意义部分，所以在这一点上，词根就是所有同族词的共同意义达到最高抽象和概括程度的要素。自然，这种不确定性是随词根而不同的，但是在一定程度上也取决于词干是否能够再分的程度；词干愈是切短，它的意义就愈有变成抽象的机会。例如 zeugmátion 是"小套具"的意思，zeúgma 表示任何"套具"，没有特殊的限制，最后，zeug- 却含有"套"的不确定观念。

因此，词根本身不能构成词和直接添上词尾。事实上，词总是表现相对确定的观念，至少从语法的观点看是这样，这是跟词根所固有的概括性和抽象性相反的。这样说来，我们对于屈折形式中词根和词干互相混同的极其常见的情况，例如把希腊语的 phlóks，属格 phlogós"火焰",和在同族的任何词中都可以找到的词根 phleg-：phlog-（试比较 phleg-o 等等）相比,应该怎么看呢？这不是跟我们刚才确立的区别相矛盾吗？不。因为我们必须把带有一般意义的 phleg-：phlog 和带有特殊意义的 phlog-区别开来,否则就会有排除意义只考虑物质形式的危险。在这里,同一个声音要素具有两种不同的价值,因此构成两个截然不同的语言要素（参看第 144 页）。正如上面所说 zeúgnū！"套车罢！"是一个带零词尾的词一样,phlóg-"火焰"也可以说是一个带零后缀的词干。不可能有任何混淆：尽管语音相同,词干和词根仍然是有区别的。

所以词根是说话者意识中的一种现实性。诚然,说话者不能总是把它分得一样确切；在这一方面,无论是在同一种语言内部或者不同语言之间都会有一些差别。

在某些语言里,词根有一些很确切的特征引起说话者的注意。德语就是这样：它的词根有一个相当整齐的面貌,差不多都是单音节的（试比较 streit-"斗争"、bind-"绑捆"、haft-"黏着"等等）,服从于一定的结构规则：音位不能随便以任何的顺序出现；有些辅音的结合,如塞音＋流音,不能在词末出现：werk-"工作"是可能的,而 wekr-却不可能,helf-"帮助",werd-"变成"可以找到,而 hefl-、wedr-却找不到。

前面说过,有规律的交替,特别是元音间的交替一般会增强而不是削弱人们对于词根和次单位的感觉。在这一点上,德语由于它的"转音"能起各种各样的作用（参看第 218 页）,也跟法语大不相同。闪语的词根在更高的程度上具有类似的特征。它们的交替都是很有规则的,而且支配着许多复杂的对立（试比较希伯来语的

qāṭal, qṭaltem, qṭōl, qiṭlū 等等，都是表示"杀死"的同一个动词的形式①。此外，它们还有一种类似德语单音节的特性，但更引人注目，它们总是包含着三个辅音（参看下面第 322 页以下）。

  在这一方面，法语完全不同。它的交替很少，除单音节词根（roul-, march-, mang-）以外还有许多两个音节甚至三个音节的（commenc-, hésit-, épouvant-）。此外，这些词根的形式，特别是它们的最后部分，都有非常多样的结合，我们无法把它们归结为规则（试比较 tu-er"杀死", régn-er"统治", guid-er"引导", grond-er"叱骂", souffl-er"吹", tard-er"延缓", entr-er"进入", hurl-er"吼叫"等等）。所以词根的感觉在法语里极不发达，那是不足为奇的。

  词根的确定，结果会引起前缀和后缀的确定。前缀位于词中被认为词干的那一部分之前，例如希腊语 hupo-zeúgnūmi"我套车"中的 hupo-。后缀却是加于词根，使成为词干的要素（例如 zeug-mat-），或者加于第一个词干使成为第二级词干的要素（例如 zeugmat-io-）。我们在上面已经看到，这个要素，正如词尾一样，也可能是零。所以把后缀抽出只是词干分析的另一面。

  后缀有时有具体意义，即语义价值，例如 zeuk-tēr-"套车人"，其中的 -tēr 表示施事，即作出某种动作的人；有时只有纯粹的语法功能，例如 zeúg-nū(-mi)"我套车"中的 -nū- 表示现在时的观念。前缀也可以起这种或那种作用，但是我们的语言使它具有语法功

---

  ① qāṭal 是第三人称单数阳性全过去时的形式，qṭaltem 是第二人称复数阳性全过去时的形式，qṭōl 是第二人称单数阳性命令式的形式，qiṭlū 是第二人称复数阳性命令式的形式，表示"杀死"的意思的只有 q-ṭ-l 三个辅音，其余都是表示语法意义的。
  ——校注

能的很少；例如德语过去分词的 ge-(ge-setzt"已放置"等等)，斯拉夫语表示完成体的前缀(俄语 na-pisát'"写"等等)。

　　前缀还有一个特征跟后缀不同，虽然不是绝对的，但也相当普遍：它的界限比较清楚，因为它比较容易跟整个词分开。这跟这个要素固有的性质有关。在大多数情况下，除去了前缀，剩下的还是一个完整的词(试比较 recommencer"重新开始"：commencer"开始"，indigne"不配"：digne"配"，maladroit"笨拙"：adroit"灵巧"，contrepoids"平衡重量"：poids"重量"等等)。这在拉丁语，希腊语、德语里更为引人注目。此外，有好些个前缀还可以用作独立的词：试比较法语的 contre"相反"，mal"不好"，avant"在前"，sur"在上"，德语的 unter"在下"，vor"在前"等等，希腊语的 katá，"向下"，pró"在前"等等。后缀却完全不是这样，删去了这个要素所得的词干就是一个不完全的词。例如法语的 organisation"组织"：organis-，德语的 Trennung"分离"：trenn-，希腊语的 zeûgma"套车"：zeug-等等。另一方面，后缀本身不能独立存在。

　　因此，词干的开头部分大都是预先划定界限的。说话者用不着把它跟其他形式比较就可以知道前缀和后面各部分的界限在什么地方。但词的最后部分却不是这样。在这里，除了把具有相同的词干或相同的后缀的形式加以对比以外找不到任何界限，而且通过这些比较所获得的界限会随所比较的要素的性质而不同。

　　从主观分析的观点看，后缀和词干的价值是从它们的句段对立和联想对立得来的。一个词的两个对立部分，不管是什么部分，只要出现对立，我们就可以在里面按照不同的情况找到一个构形要素和一个词干要素。例如拉丁语的 dictātōrem"独裁者"，如果我们把它跟 consul-em"执政官"，ped-em"脚"等等相比，就可以看到词干 dictātōr-(em)；但是如果把它跟 lic-tō-rem"侍卫官"，scrip-tōrem"书记官"等等相比，却可以看到词干 dictā-(tōrem)；如果想到 pō-tātōrem"狂饮者"，can-tātōrem"歌唱者"，又可以看到词干 die-(tātōrem)。一般地说，在有利的情况下，说话者可以作出任何想象得到的分割（例如按照 am-ōrem"爱情"，ard-ōrem"热情"等等切成 dictāt-ōrem；按照 ōr-ātōrem"雄辩家"，ar-ātōrem"农人"等等切成 dict-ātōrem）。我们知道（参看第 236 页），这些自发分析的结果都表现在每个时代的类比构成上面；它们使我们有可能区分出语言意识到的各个次单位（词根、前缀、后缀、词尾）和它们的价值。

## C. 词　源　学

　　词源学既不是一门分立的学科，也不是演化语言学的一部分，它只是有关共时事实和历时事实原则的一种特殊应用。它追溯词的过去，直至找到某种可以解释词的东西。

　　当我们说到某个词的来源，某个词"来自"另一个词的时候，可能包含几种不同的意思：例如法语的 sel"盐"来自拉丁语的 sal 只是由于声音的变化；现代法语的 labourer"耕田"来自古法语的 labourer"工作"只是由于意义的变化；法语的 couver"孵卵"来自拉丁语的 cubāre"躺下"是由于意义和声音的变化；最后，当我们说法语的 pommier"苹果树"来自 pomme"苹果"的时候，那却表示一种语法上的派生关系。前三种情况都跟历时的同一性有关，第四种情况却以几个不同要素的共时关系为基础；而前面所说有关类比的一切表明这正是词源研究的最重要的部分。

我们追溯到 dvenos，不能确定 bonus"好"的词源；但是如果发现 bis"再一次"可以追溯到 dvis，从而把它跟 duo"二"建立起一种关系，那么这就可以称为词源学的工作。把法语的 oiseau"鸟"跟拉丁语的 avicellus 相比也是这样，因为它使我们找到了 oiseau 和 avis 的联系①。

所以词源学首先是通过一些词和另外一些词的关系的探讨来对它们进行解释。所谓解释，就是找出它们跟一些已知的要素的关系，而在语言学上，解释某一个词就是找出这个词跟另外一些词的关系，因为声音和意义之间没有必然的关系（关于符号任意性的原则，参看第 95 页）。

词源学并不以解释一些孤立的词为满足；它要研究词族的历史，同样，也要研究构形要素：前缀、后缀等等的历史。

同静态语言学和演化语言学一样，词源学也要描写事实，但这种描写不是有条理的，因为它没有任何确定的方向。词源学把某一个词当作研究的对象，必须轮番地向语音学、形态学、语义学等等借用资料。为了达到它的目的，它要利用语言学交给它使用的一切手段，但是并不把注意力停留在它非做不可的工作的性质上面。

---

① 拉丁语的 avis 是"鸟"的意思，avicellus 是"小鸟"的意思，法语的 oiseau"鸟"实际上是由拉丁语的 avicellus 变来的。——校注

# 第四编

# 地理语言学

# 第一章 关于语言的差异

谈到语言现象和空间的关系的问题，我们就离开了内部语言学，转入外部语言学；本书绪论第五章已经指出过外部语言学的范围和它的多样性。

在语言研究中，最先引人注目的是语言的差异。我们只要从一个国家到另一个国家，或甚至从一个地区到另一个地区，就可以看到语言间的差别。如果说时间上的分歧往往不是人们所能看到的，空间上的分歧却可以一目了然；就是野蛮人，由于跟说另一种语言的其他部落发生接触，也能理解这一点。一个民族意识到自己的语言，就是通过这些比较得来的。

顺便指出，这种感觉使原始的人产生一种观念，认为语言就是一种习惯，一种跟衣着或装备相类似的风尚。法语 idiome "惯用语"①这个术语正好可以表明语言反映着某一共同体所固有的特性（希腊语的 idiōma 就已经有"特殊风尚"的意思）。这个观念是正确的，但是等到人们把语言看作好像皮肤的颜色或头颅的形状

---

① 本编中其他地方的 idiome 都译成"语言"。——校者

那样的种族属性,而不是民族属性的时候,那就错了①。

此外,每个民族都相信自己的语言高人一等,随便把说另一种语言的人看作是不会说话的。例如希腊语 bárbaros"野蛮人"一词似乎就曾有过"口吃的人"的意思,跟拉丁语的 balbus"口吃的人"有血缘关系,在俄语里,德国人被称为 Nêmtsy,即"哑巴"。

所以语言学中最先看到的就是地理上的差异;它确定了对语言的科学研究的最初形式,甚至希腊人也是这样。诚然,希腊人只注意到希腊各种方言间的差异②,但这是因为他们的兴趣一般没有超出希腊本土的界限。

在看到两种语言不同之后,人们自然会本能地寻找它们之间有些什么类似的地方。这是说话者的一种很自然的倾向。乡下人最喜欢把他们的土语和邻村的相比;使用几种语言的人常会注意到它们共有的特性。但是,说来奇怪,语言科学竟然花费了很长的时间才懂得利用这一类证明。例如希腊人早已看到拉丁语的词汇和他们的词汇之间有许多近似的地方,但是不能从里面得出任何语言学上的结论。

对这些类似的地方进行科学的观察,在一定情况下可以使我们断定两种或几种语言有亲属关系,即有共同的来源。这样的一群语言称为语系。近代语言学已经陆续承认了印欧语系,闪语系,

---

① 这是针对弗理德里希·缪勒(Friedrich Müller)在《语言学纲要》和芬克(F. N. Finck)在《世界语言的谱系》中主张根据人种的特征如头发和肤色等等来把语言加以分类来说的。——校注

② 古代希腊有四组方言:(1)东部的伊奥尼亚方言和阿狄克方言,(2)北部的爱奥利方言,(3)南部的阿尔加底亚方言和(4)西部的多利亚方言,其后随着希腊政治、经济和文化的发展,逐渐以首都雅典的阿狄克方言为基础形成了希腊的共同语。——校注

# 第一章 关于语言的差异

班图语系①等等。这些语系又可以互相比较，有时还会出现一些更广泛，更古老的血缘关系。曾有人想找出芬兰·乌戈尔语系②和印欧语系以及印欧语系和闪语系等等间的类似之点③。但是这种比较很快就会碰到一些无可逾越的障碍。我们不应该把可能和可证明混为一谈。世界上一切语言都有普遍的亲属关系是不大可能的，就算真是这样——如意大利语言学家特龙贝提④所相信的——由于其中发生了太多的变化，也无法证明。

所以除了亲属关系的差异以外，还有一种绝对的差异，它没有可以认识或证明的亲属关系。对于这两种情况，语言学的方法应该是怎样的呢？先从第二种，最常见的情况谈起。我们刚才说过，世界上相互间没有亲属关系的语言和语系是很多很多的。例如汉语和印欧系语言就是这样。这不是说应该放弃比较。比较总是可能而有用的，它既可以应用于语法机构和表达思想的一般类型，又可以应用于语音系统；我们同样可以比较两种语言的一些历时方面的事实、语音演化等等。这方面的可能性虽然数不胜数，却受到

---

① 班图语是南部赤道非洲的居民，特别是卡佛尔人所说的好些语言的总称。——原编者注

② 芬兰·乌戈尔语系，除其他语言外，包括固有的芬兰语，或索米语，莫尔达维亚语，拉普语等等，这是流行于俄国北部和西伯利亚的一个语系，无疑都出于一种原始的共同语。曾有人把它跟一大群所谓乌拉尔·阿尔泰语加以联系，但是它们的共同来源还没有得到证明，尽管在每种语言里都可以找到某些特征。——原编者注

③ 认为芬兰·乌戈尔语系和印欧语系之间有类似之点的有安德逊（Anderson）、裴德森（Pedersen）、汤姆森（Thomsen）等人；主张闪语系和印欧语系同出一源的有劳默（Raumer）、阿斯戈里（Ascoli）和库尼（Cuny）等人，但都没有找到完全可靠的证据。——校注

④ 参看 Trombetti, L'unita d'origine del linguaggio, Bologna, 1905。——原编者注

决定着任何语言的构造的某些声音上和心理上的经常资料的限制;反过来,对没有亲属关系的语言作任何比较,其主要目的就是要发现这些经常资料①。

　　至于另一类差异,即语系内部的差异,比较的范围是没有限制的。两种语言不同的程度可大可小:有些相似到惊人的程度,如禅德语和梵语,有些却显得完全不相似,如梵语和爱尔兰语。一切中间程度的差别都是可能的:例如希腊语和拉丁语彼此间就比它们各自同梵语等等更为接近。只在很轻微的程度上有分歧的语言称为方言②;但是我们不应该对这个术语给以很确切的意义。我们在下面第 283 页将可以看到,方言和语言之间只有量的差别,而没有性质上的差别。

---

　　① 对没有亲属关系的语言进行比较可以建立语言心理学、语言类型学以至普通语言学等等,但不能确定语言的亲属关系和历史比较语言学。这是两种完全不同的比较。——校注

　　② 根据分歧程度来区别语言和方言是不可靠的。例如汉语有些方言,其分歧程度比俄语、乌克兰语和白俄罗斯语的大得多,但它们是汉语方言,而俄语,乌克兰语和白俄罗斯语却是不同的语言。——校注

# 第二章 地理差异的复杂性

## §1. 几种语言在同一地点并存

直到现在,我们对于地理上的差异,是就它的理想形式来提出的:有多少个地区就有多少种不同的语言。我们有权利这样做,因为地理上的分隔始终是语言差异的最一般的因素。现在来谈谈那些扰乱这种对应,结果导致几种语言在同一地区并存的次要事实。

这里讨论的,不是两种语言的相互渗透,结果引起系统改变的真正有机混合的问题(试比较被诺曼底人征服后的英语①),也不是几种在地区上划分得很清楚,但是包括在一个国家的疆界内的语言,像在瑞士那样的问题②。我们考虑的只是两种语言可能在同一个地方并存而不相混的事实。这是常常可以看到的,但是必须区别两种情况。

首先,一种新来居民的语言有时会凌驾土著居民的语言之上。例如在南非洲,同几种黑人方言并存的有荷兰语和英语,这是连续

---

① 诺曼底人于1066年征服英伦,在那里统治了几百年,使英语发生了很大变化。——校注

② 瑞士现在北部使用德语,西部使用法语,南部使用意大利语,这些都是不同的语言,但是在一个国家的界限内。——校注

两次殖民的结果。西班牙语移植于墨西哥也是这样。我们不要以为这种语言的入侵是近代所特有的。在任何时候，我们都可以看到一些民族群居杂处而它们的语言并不相混。我们试看一看当前欧洲的地图就可以了解这种情况：在爱尔兰，人们说克勒特语和英语；许多爱尔兰人都懂得两种语言。在布列塔尼，人们通用布列塔尼语和法语；在巴斯克地区，人们同时使用法语或西班牙语和巴斯克语。在芬兰，长期以来，瑞典语和芬兰语并存；晚近还加上了俄语。在库尔兰和里窝尼亚，人们说拉脱维亚语、德语和俄语。德语是中世纪由汉萨联合会庇护下的殖民者输入的①，仅属居民中某一特殊的阶级；俄语却是后来由于征服而输入的。在立陶宛，除立陶宛语以外曾移入了波兰语，那是立陶宛在古代同波兰结成联盟的后果，以及俄语，那是立陶宛并入莫斯科帝国的结果。直到十八世纪，斯拉夫语和德语还流行于德国自易北河起的整个东部地区。在某些国家，语言的混杂还更厉害。在马其顿，我们可以碰到一切可以想象得到的语言：土耳其语、保加利亚语、塞尔维亚语、希腊语、阿尔巴尼亚语、罗马尼亚语等等，混杂的情况随地区而不同。

这些语言并不总是绝对地混杂在一起的，它们在某一地区并存，并不排除有相对的地域分布。例如两种语言中，可能一种流行于城市，一种流行于乡村；但这种分布并不总是泾渭分明的。

古代也有这种现象。假如我们有一张罗马帝国的语言地图，

---

① 在中世纪，许多德国自由城市的商人在他们所到的地方组织了一种联合会来维护他们的商业叫做汉萨联合会。在这种联合会的庇护下，他们把德语带到了北欧各地。——校注

## 第二章　地理差异的复杂性

就可以看到跟近代完全相同的事实。例如直到共和国末期，人们在康巴尼还使用着的语言有：奥斯干语，庞贝的碑铭可以证明；希腊语，那是建立那不勒斯等城市的殖民者的语言；拉丁语；也许还有埃特鲁斯克语，那是在罗马人到来以前流行于这个地区的语言①。在迦太基，布尼克语或腓尼基语曾同拉丁语长期并存（在阿拉伯人入侵时代还存在着），至于奴米德语确曾流行于迦太基地区，那更不用说了②。我们几乎可以承认，古代在地中海沿岸一带，单一语言的国家是绝无仅有的。

这种语言的重叠大都是由一个力量占优势的民族入侵引起的，但是有的也因殖民，和平渗透，其次是游牧部落把它们的语言带到各地而引起的。例如茨冈人就是这样。他们主要定居于匈牙利，在那里建立了一些密集的乡村。对他们的语言的研究表明他们不知是哪一个时代从印度移来的③。在多瑙河口的多布鲁扎，我们可以找到一些疏疏落落的鞑靼人的村庄，使这个地区的语言地图标上了一个个小斑点。

---

① 在罗马帝国本土，大约公元前四世纪，除拉丁语和奥斯干·昂伯里安语以外，北部有高卢语，南部有希腊语，在许多地区还有埃特鲁斯克语和好些方言。其后随着罗马帝国政治、经济、文化的发展，这些语言和方言多已为拉丁语所并吞，但是直到共和国末期，在本文所说的各个地区还可以找到奥斯干语、希腊语和埃特鲁斯克语。——校注

② 迦太基是腓尼基殖民者于公元前九世纪建立的，所用布尼克语实是腓尼基语的一种方言，属闪语系。公元前146年迦太基为罗马帝国所灭，布尼克语在一个很长时期同拉丁语并存，直到公元四世纪才为阿拉伯语所代替。奴米德语又称古利比亚语，属含语系，也曾流行于迦太基，现在还留下了一些用布尼克语和奴米德语两种文字书写的碑铭。——校注

③ 茨冈人是古印度的一个游牧部落，不知什么时候流落到欧洲。他们所用的茨冈语是印度语的一种方言。——校注

## §2. 文学语言和地方话

不仅如此,自然语言受到文学语言的影响也可能破坏语言的统一。一个民族达到一定文明程度必然会产生这种情况。我们所说的"文学语言"不仅指文学作品的语言,而且在更一般的意义上指各种为整个共同体服务的、经过培植的正式的或非正式的语言。任由它自由发展,语言只会成为一些互不侵犯的方言,结果导致无限的分裂。但是随着文化的发展,人们的交际日益频繁,他们会通过某种默契选出一种现存的方言使成为与整个民族有关的一切事务的传达工具。选择的动机是各种各样的:有时选中文化最先进的地区的方言,有时选中政治领导权和中央政权所在地的方言,有时是一个宫廷把它的语言强加于整个民族[①]。一旦被提升为正式的和共同的语言,那享有特权的方言就很少保持原来的面貌。在它里面会掺杂一些其他地区的方言成分,使它变得越来越混杂,但不致因此完全失去它原有的特性。例如在法兰西文学语言里,我们还可以认出法兰西岛方言,在共同意大利语里还可以认出多斯

---

[①] 马克思主义经典作家认为自然语言之所以被提高为民族语言,"部分是由于现成材料所构成的语言的历史发展,如拉丁语和日耳曼语;部分是由于民族的融合和混合,如英语;部分是由于方言经过经济集中和政治集中而集中为统一的民族语言"(马克思、恩格斯《德意志意识形态》,人民出版社,第 490 页)。德·索绪尔在这里把它的主要原因和次要现象混为一谈。——校注

冈方言①。不管怎样,文学语言不是一朝一夕就能普及使用的,大部分居民会成为能说两种语言的人,既说全民的语言,又说地方上的土语。法国许多地区就是这种情况,例如在萨窝阿,法语是一种输入的语言,它还没有窒息当地的土语。这一事实在德国和意大利是很普遍的,那里到处都可以看到方言和正式的语言并存。

在任何时候,任何已达到一定文化程度的民族都曾发生过同样的事情。希腊人曾有过它们的 koinē "共同语",那是从阿狄克方言和伊奥尼亚方言发展出来的,跟它并存的就有好些地方方言。甚至在古代巴比伦,大家相信也可能有一种正式语言和许多地方方言并存。

共同语是否一定要有文字呢?荷马的诗歌似乎可以证明情况并非如此。这些诗歌虽然是在人们不使用文字或差不多不使用文字的时代产生的,它们的语言却是约定俗成的,而且具有文学语言的一切特征。

本章所讨论的事实都是非常常见的,我们可以把它们看作语言史中的正常因素。但是,为了考虑最基本的现象,我们将撇开一切有碍于认识自然的地理差异的事实,不考虑任何外来语的输入,任何文学语言的形成。这种图解式的简化看来似乎违反现实性,但是自然的事实首先应该就它本身来研究。

---

① 法兰西文学语言是以法兰西岛方言为基础的,共同意大利语是以佛罗伦萨多斯冈方言为基础的,现在这两种语言虽已各自变得很混杂,但是还可以认出它们的基础方言的面目。——校注

根据我们所采取的原则，我们可以说，例如布鲁塞尔属于日耳曼语地区，因为这个城市位于比利时的佛兰德语部分；在这里，人们说法语，但是在我们看来，唯一重要的是佛兰德语地区和瓦隆语地区的分界线。另一方面，根据同一观点，列日属于罗曼语地区，因为它位于瓦隆地区；在这里，法语只是一种附加在同一来源的方言上面的外来语[①]。同样，布勒斯特在语言上属于布列塔尼语；在这里，人们所说的法语跟布列塔尼的土话毫无共同之处。在柏林，人们差不多只会听到高德语，但是它却属于低德语地区，如此等等。

---

[①] 比利时在语言上分佛兰德和瓦隆两个地区：佛兰德地区说佛兰德语，属日耳曼族语言；瓦隆地区说瓦隆语，属罗曼族语言。但是实际上，比利时各大都市都使用法语。——校注

# 第三章 地理差异的原因

## §1. 时间是主要的原因

绝对的差异(参看第207页)提出了一个纯属思辨的问题。相反,亲属语言的差异却是可以观察得到的,而且可以一直追溯到统一体。例如法语和普罗旺斯语都来自民间拉丁语,民间拉丁语的演化在高卢的北部和南部有所不同。它们的共同来源是事实的物质性产生的结果。

要了解事情怎样发生,我们可以设想一些尽可能简单的理论上的情况,使我们有可能找出语言在空间上发生分化的主要原因。假设有一种语言原来流行于一个界限分明的地点——比方一个小岛——,后来被殖民者带到另一个同样界限分明的地点——比方另一个小岛——,试问可能发生什么样的情况?过了一段时间,我们将可以看到,第一故乡(G)和第二故乡(G′)的语言之间会在词汇、语法和发音等方面出现各种不同的差别。

我们不可能设想只有那被移植的语言才会发生变化,而原来的语言却停止不动,跟它相反的情况也不是绝对不会发生;创新在这一方面或那一方面都可能产生,或者两方面同时产生。假设某一个语言特征a为另一个特征(b、c、d等等)所代替,分化可能有三种不同的方式：

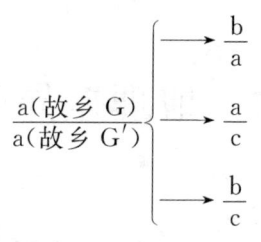

$$\left. \frac{a(故乡\ G)}{a(故乡\ G')} \right\} \begin{array}{l} \longrightarrow \dfrac{b}{a} \\ \longrightarrow \dfrac{a}{c} \\ \longrightarrow \dfrac{b}{c} \end{array}$$

因此，研究不能是单方面的；两种语言的创新都同等重要。

  这些差别是什么造成的呢？如果认为那只是空间造成的，那就受了错觉的欺骗。空间本身是不能对语言起什么作用的。殖民者离开 G 在 G′ 登陆的第二天所说的语言跟前一天晚上所说的完全一样。人们很容易忘记时间的因素，因为它没有空间那么具体。但是实际上，语言的分化正是由时间因素引起的。地理差异应该叫做时间差异。

  例如 b 和 c 这两个有区别的特征，人们从来没有由前者过渡到后者或由后者过渡到前者。要想找出由统一到差异的过程，必须追溯到 b 和 c 所代替的原先的 a，正是它把位置让给了后起的形式。由此我们可以得出对任何类似情况都适用的地理差异图式：

$$\begin{array}{ccc} G & & G' \\ a & \longleftarrow\ \longrightarrow & a \\ \downarrow & & \downarrow \\ b & & c \end{array}$$

两种语言的分隔是现象中可以触知的方面，但是不能解释现象。毫无疑问，没有地方上的差异，哪怕是很微小的差异，这一语言事实是不会发生分化的，但是光有地理上的分隔也不能造成差别。正如我们不能单凭面积来判断容积，而必须求助于第三个向度即深度一样,地理差别的图式也只有投射到时间上才算完备。

有人会反驳说,环境、气候、地形、特殊习惯(例如山民的习惯跟近海居民的习惯不同)等等的差异都可能对语言发生影响,在这种情况下,我们这里所研究的变异就要受地理的制约。这些影响是大可争论的(参看第 203 页),即使得到证明,这里还要进一步区分。运动的方向可以归因于环境;它决定于在任何情况下都起作用的无可估量的力量,对于这些力量,我们既无法证明,也不能描写。例如 u 在一定时期、一定环境内变成了 ü。它为什么在这个时候、这个地方发生变化呢?它为什么变成了 ü,而不变成比方说 o 呢?这是无法回答的。但是变化本身,撇开它的特殊方向和特别表现,简言之,撇开语言的不稳定性不谈,那只是由时间引起的[①]。所以地理差异只是一般现象的次要方面。亲属语言的统一性只有在时间上才能找到。比较语言学家如果不想成为令人烦恼的幻觉的牺牲品,就必须贯彻这一原则。

## §2. 时间在相连接地区的效能

现在试设想有一个单一语言的国家,在这个国家里人们都说同一种语言,而且它的居民是固定的,例如公元 450 年前后的高卢,拉丁语在这里已经到处巩固地确定下来。情况会是怎样的呢?

---

[①] 德·索绪尔在这里只强调语言发展的时间因素,而忽视了它的社会因素,是跟他所反对的语言学生物主义者马克斯·缪勒的观点一致的,但是跟他自己的社会观点发生了矛盾。——校注

(1)就言语活动来说,绝对不变性是不存在的(参看第 106 页以下),过了一定时候,语言会跟以前不同。

(2)演化不会在整个地区都一模一样,而是随地区而不同的。人们从来没有见过一种语言在它的整个领域内都起一样的变化。所以符合实际的不是这样的图式:

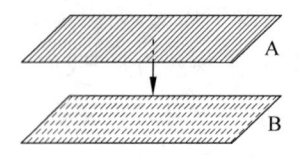

而是这样的图式:

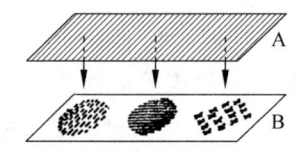

使得各种性质的方言形式得以创造出来的差异是怎样开始和表现出来的呢?情况不像初看起来的那么简单。这一现象有两个主要的特征:

(1)演化采取连续的、明确的创新形式,构成许多局部的事实,可以按照它们的性质——加以列举、描写和分类(语音事实、词汇事实、形态事实、句法事实等等)。

(2)每一个创新都是在一定的地区,在分明的区域内完成的。要么,某一创新的区域遍及整个地区,不造成任何方言的差别(这种情况最少);要么,像通常所看到的那样,变化只影响到一部分地区,每个方言事实都有它的特殊区域:二者必居其一。下面说到

## 第三章　地理差异的原因

的关于语音变化的情况，应该理解为任何创新都是这样。例如在某一部分地区，a 变成了 e：

很可能在这同一地区，s 也变成了 z，但是界限不同：

这些不同区域的存在，说明一种语言如果任由它自然发展，那么在它领域内的所有地点上都可能产生土语差异。这些区域是无法预见的，没有任何东西可以使我们预先确定它们的广度，我们应该只限于确认这些区域。它们的界限互相交错，把它们画在一张地图上将会构成一些极其复杂的图案。它们的外形有时出人意料。例如拉丁语的 c 和 g 在 a 之前变成 tš, dž，然后变成 š, ž（试比较 cantum→chant"歌曲"，virga→verge"树枝"），在法国北部全都是这样，只有毕卡迪和诺曼底的一部分除外，在这些地区，c 和 g 仍然保持不变（试比较毕卡迪方言把 chat"猫"说成 cat；réchappé 说成 rescapé"幸免于难的"，最近已进入法语；vergue 来自上述的 virga 等等）。

所有这些现象的结果会是怎样的呢？同一种语言在某一时候流行于整个地区，五个世纪或十个世纪以后，住在这地区的两端的居民也许连话也听不懂了；反过来，任何地点的居民却仍然可以了解邻区的土话。一个旅行家从这个国家的这一端跑到那一端，在每个地方都只看到一些非常微小的方言差异；但是他越往前走，这些差异就一步一步地积累，终于使出发地的居民无法听懂。或者，他也可以每次都从这地区的同一个地点出发，往四面八方去走一趟，他将会看到，不管沿哪个方向，语言的分歧都愈积愈大，尽管方式不同。

在某一村庄的土语里看到的特点，在邻近的地方也可以找到，但是我们不能预知每个特点会伸展到多远。例如在上萨窝阿省的一个市镇都汶，日内瓦的名称叫做 denva，这一发音在东部和南部伸展得很远；但是在日内瓦湖的对岸，人们却把它念成 dzenva。但那并不是两种分得很清楚的方言，因为另一个现象的界限可能不同。例如在都汶，人们把 deux"二"说成 daue，但这一发音的区域比 denva 的小得多；在萨勒夫山麓，距离都汶只有几公里，人们就把它说成 due。

## §3. 方言没有自然的界限

人们通常对于方言的理解却完全不同。他们把方言设想为一些完全确定了的语言类型，在每个方向都有自己的界限，在地图上此疆彼界，区划分明（a. b. c. d. 等等）。但是方言的自然变化却产生完全不同的结果。只要我们就每个现象本身加以研究，并确定它的扩展区域，就应该用另一个概念去代替那旧概念，即只有自然的方言特征，而没有自然的方言，或者换句话说，有多少个地方就有多少种方言。

## 第三章 地理差异的原因

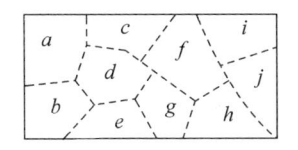

所以自然方言的概念在原则上是跟大大小小地区的概念不相容的。我们只有两种选择：要么用一种方言的全部特点来确定方言，这样就要固定在地图上的某一个点，死抓住一个地方的土话，离开了它就再找不到完全相同的特点。要么只用方言的一个特点确定方言，这样无疑能得出一块面积，即有关事实传播地区的面积；但这显然是一种人为的办法，这样划出的界限是不符合任何方言实际的。

方言特征的探讨是语言地图学工作的出发点，席业隆的《法国语言地图集》[①]可以作为楷模；此外还应该举出温克尔[②]的德国语言地图集[③]。地图集的形式正好合用，因为我们必须分地区研究一个国家，而对每个地区，一张地图只能包括少量的方言特征。对同一个地区必须描绘多次，才能使人了解那里重叠着的语音、词汇、形态等等的特点。类似这样的探讨需要有整个组织，取得当地通讯员的协助，利用问题格进行有系统的调查等等。在这方面，我

---

① 席业隆（Gilliéron，1854—1926），瑞士语言学家，曾跟埃德蒙（Edmont）合作，利用语言地理学方法调查法国方言，于 1902 年至 1923 年编成《法国语言地图集》出版。——校注

② 温克尔（Wenker），德国方言学家，于 1876 年开始调查德语方言，1881 年将所得材料绘成《德国语言地图》，只出了一册，1926 年由吴雷德（F. Wrede）继续完成，共六册。——校注

③ 又参看魏冈（Weigand）的《达西亚·罗马尼亚地区的语言地图集》(1909)和米雅德（Millardet）的《朗德地区的语言小地图集》(1910)。——原编者注

们可以举瑞士罗曼语地区的土语调查做例子①。语言地图集的优点之一,是为方言学研究提供资料,最近出版的许多专刊,都是以席业隆的《地图集》做基础的②。

人们曾把方言特征的界线叫做"等语线"(lignes isoglosses 或 d'isoglosses)。这个术语是仿照"等温线"(isotherme)制成的,但它的含义晦涩难懂,是不适当的,因为它的意思是指"有相同语言的"。如果我们承认 glossème 有"语言特征"的意思,倒不如叫做 lingnes isoglossématiques"等语特征线"更为确切。但我们还是宁愿承袭施密德所用的形象,把它叫做"创新波浪"③,其理由可在下一章见到。

只要我们把一幅语言地图拿来看看,有时就可以看到有两三条这样的波浪差不多一致,甚至在某一地段合而为一:

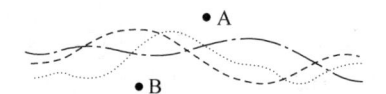

由这样一个地带隔开的 A、B 两点显然有若干分歧,而且构成两种分得相当清楚的土语。这些一致有时也可能不限于局部,而是遍及两个或几个地区的整个周界线:

---

① 这是指的雅伯格(K. Jaberg)和尤德(J. Jud)对瑞士罗曼语土语所作的调查。他们于 1928 年曾把所得材料绘成《意大利瑞士语言地图》。——校注
② 这些专刊有席业隆和蒙珊(Mongin)的《罗曼高卢的 scier》(1905),席业隆的《Clavelles 的地区》(1912),《语言地理学研究》(1912)等等。——校注
③ 施密德(Johannes Schmidt,1843—1901),德国语言学家,曾著《印度日耳曼语元音系统史》(1871),《响音理论批判》(1895)等书;1872 年出版《印度日耳曼语亲属关系》,根据印欧语的语音事实和词汇事实提出了所谓语言变化的"波浪理论"。——校注

如果有足够数量的一致,就大抵可以说是方言。这些一致可以用我们完全没有提到的社会、政治、宗教等方面的事实来解释,它们常会掩盖语言按独立地域进行分化的原本的自然事实,但总是掩盖不了全部的真相。

## §4. 语言没有自然的界限

　　语言和方言的差别在哪里,这很难说。人们往往把方言称为语言,因为它曾产生文学;例如葡萄牙语和荷兰语就是这样。能否听懂的问题也起作用;对于彼此听不懂的人,人们就随意说他们使用不同的语言。不管怎么样,在相连接的区域上过着定居生活的不同居民中发展起来的若干语言里,我们可以看到跟方言相同的事实,只是规模更大罢了。我们在这里也可以找到创新波浪,只不过它们所包括的地区是几种语言共有的。
　　即使在我们所假设的最理想的情况下,确定亲属语言的界线也不比确定方言的界线容易些,地区面积的大小是无关轻重的。我们说不出高德语止于何处,低德语始于何处,同样,也不能在德语和荷兰语之间或法语和意大利语之间画出一条分界线。在有些极端的地点,我们可以有把握地说:"这里说法语,这里说意大利语"。但是一进入中间地带,这种区别就模糊了。有人设想在两种语言之间有一个比较狭小的密集地带作为过渡,例如法语和意大利语间的普罗旺斯语,但那是不符合实际的。在一片从这端到那端覆盖着逐渐出现差异的方言的土地上,我们怎能设想有任何形式的确切的语言界限呢?语言的分界线,像方言的分界线一样,也在过渡中淹没了。方言只不过是在语言的整个地区上任意作出的小区分,同样,设想中的两种语言的界限,也只能依惯例划定。

然而由一种语言突然过渡到另一种语言是常见的。那是怎样来的呢?因为有些不利的情况使这些觉察不到的过渡无法存在。最容易引起混乱的因素是居民的迁移。各族人民总不免来来往往地移动,经过几个世纪的积累,这些迁移把一切都弄混了,在许多地点,语言过渡的痕迹都给抹掉了。印欧语系就是一个突出的例子。这些语言起初一定有很密切的关系,构成一连串延绵不绝的语言区域,我们可以把其中主要的几个大致构拟出来。从特征上看,斯拉夫语跨在伊朗语和日耳曼语之间,这是符合这些语言在地理上的分布的。同样,日耳曼语可以看作斯拉夫语和克勒特语的中间环节,克勒特语又跟意大利语有极密切的关系,而意大利语正处在克勒特语和希腊语中间。一个语言学家哪怕不知道所有这些语言在地理上的位置,也能够毫不迟疑地一一指定它们的适当地位。但是试一考虑两群语言,例如斯拉夫语和日耳曼语间的界线,我们就可以看到有一种没有任何过渡的突然的飞跃。双方互相冲突而不是互相溶合,因为中间的方言已经消失。斯拉夫人和日耳曼人都不是停留不动的,他们都曾迁移,彼此争夺领土,现在比邻而居的斯拉夫居民和日耳曼居民已不是当初互相接触的居民。假使卡拉布里亚的意大利人前来定居在法国边境,这一迁移自然会破坏我们在意大利语和法语之间所看到的那种不知不觉的过渡状态。印欧语也有许多类似的事实。

但是促使这些过渡消失的,还有其他原因,例如共同语向土语扩展(参看第273页以下)。现在,法兰西文学语言(从前法兰西岛语)在边界上同正式的意大利语(推广了的托斯冈方言)发生冲突。我们幸而在阿尔卑斯山西部还可以找到一些过渡的土语,可是在其他许多语言的边界上,中间土语的痕迹都已消失了。

# 第四章 语言波浪的传播

## §1. 交际①的力量和乡土根性

语言事实的传播,跟任何习惯,比如风尚一样,都受着同样一些规律的支配。每个人类集体中都有两种力量同时朝着相反的方向不断起作用:一方面是分立主义的精神,"乡土根性";另一方面是造成人与人之间交往的"交际"的力量。

"乡土根性"使一个狭小的语言共同体始终忠实于它自己的传统。这些习惯是一个人在他的童年最先养成的,因此十分顽强。在言语活动中如果只有这些习惯发生作用,那么将会造成无穷的特异性。

但是它们的结果常为一种相反力量的效能所矫正。如果说"乡土根性"会使人深居简出,交际却使他们不能不互相沟通。把他方的过客引到一个村庄里来的是它,在一个节日或集市里把一部分居民调动起来的是它,把各地区的人组成军队的是它,如此等等。总之,这是一个跟"乡土根性"的分解作用相反的统

---

① 作者的这个生动的说法虽然借自英语(intercourse"社会关系,沟通,交际"),而且用在学术著作里不如口头说明那么贴切,我们认为还是可以保留。——原编者注

一的法则。

语言的扩张和内聚都要依靠交际。它起作用的方式有两种。有时是消极的,每当创新在某地出现的时候,它立即加以扑灭,防止语言分裂为方言。有时是积极的,它接受和传播创新,促成语言的统一。交际的第二种形式证明我们用波浪这个词来表示方言事实的地理界限不无道理(参看第 281 页);等语特征线就像洪水的涨退所达到的边缘。

我们有时看到同一种语言的两种土语距离虽然很远,但是有共同的语言特征,感到十分惊讶;那是因为起初在某地出现的变化在传播中没有遇到障碍,逐渐由近扩张到远离它的出发点的地区。在感觉不到过渡的语言大众中,交际的效能是不会遇到什么对抗的。

某一特殊事实的推广,不管它的界限如何,都需要时间,这一时间有时并且是可以计算出来的。例如由 þ 变 d 这种变化,交际曾把它扩展到整个大陆德国,起初是 800 年至 850 年间在南方传播开来的,只有法兰克语除外。在这种语言里,þ 仍然以软音 ð 的形式被保存着,到后来才变成了 d。由 t 变 z(念作 ts)这种变化是在更狭小的界限内发生的,而且在有书面文献以前的时代就已经开始了。它一定是在公元 600 年左右从阿尔卑斯山出发的,同时往南北两方扩展,南到隆巴第;在八世纪的图林根宪章中还把它念成 t[①]。在较晚的时代,日耳曼语的 ī 和 ū 变成了复合元音(试比较

---

[①] 试比较峨特语的 broþar "兄弟",英语的 brother "兄弟" 和德语的 Bruder "兄弟";峨特语的 hairts "心",英语的 heart "心" 和德语的 Herz "心"。这些都是格里木所说的"第二次语音变化"。它把高德语和其他日耳曼族语言区别开来。——校注

mein"我的"代替了 mīn，braun"棕色的"代替了 brūn）；这个现象是1400 年左右从波希米亚出发的，花了 300 年才达到莱茵河，流行于它当前的地区①。

这些语言事实是通过蔓延而传播开来的，一切波浪都可能是这样；它们从某一地点出发，然后往四方八面放射开来。这件事把我们带引到第二个重要的验证。

我们已经看到，时间因素足以解释地理上的差异。但是我们要考虑到创新产生的地点才能全部证明这个原则。

再以德语的辅音演变为例。假如说音位 t 在日耳曼语地区的某个地点变成了 ts，这个新的音就从它的发源地向四面八方放射出去，通过空间的传播同那原始的 t 或者同在其他地点由这原始的 t 发展出来的另一些音进行斗争。在它产生的地点，这种创新是纯粹语音的事实；但是在别的地方，它却只是在地理上通过蔓延而确立起来的。所以

$$t \\ \downarrow \\ ts$$

这个图式简直只在创新的故乡才是有效的；把它应用于传播，就会给人以不正确的形象。

所以语音学家必须把创新的故乡和蔓延的区域仔细区别开来。在创新的故乡，音位只是在时间的轴线上演化，而蔓延的区域却是时间和空间同时起作用，不能只用纯粹语音事实的理论来加

---

① 德语长元音的复合元音化大约是在 1400 年至 1700 年间完成的，它把现代德语和古代德语区别开来。——校注

以解释。当外来的 ts 代替了 t 的时候,那并不是一个传统原始型的改变,而是对邻区土语的模仿,对这原始型没有什么关系。来自阿尔卑斯山的形式 herza"心"在图林根代替了更古老的 herta,我们不能说那是语音变化,而实是音位的借用[①]。

## §2. 两种力量归结为一个单一的原则

在地区中的某一个地点——相当于一个点的一块小地方(参看第 281 页),例如一个村庄——要区别什么是由"乡土根性"引起的,什么是由交际引起的,那是很容易的,一个事实只能决定于一种力量,而排除另一种力量。凡与另一种土语共有的特征都是交际引起的;凡只属于有关地点的土语的特征,都是由于"乡土根性"的力量。

但如果是一个地区,例如一个州,就会出现一种新的困难:我们说不出某一现象究竟跟这两个因素中的哪一个有关。这两个因素虽然是对立的,语言中的每个特征却跟它们都有瓜葛。A 州特有的特征是它的各部分所共有的;在这里,起作用的是分立的力量,因为它禁止这个州模仿邻近的 B 州,反过来,也禁止 B 州模仿 A 州。但是统一的力量,即交际,也在起作用,因为它就表现在 A 州的各部分($A^1, A^2, A^3$ 等等)之间。所以,在一个比较广大的地区,这两种力量总是同时起作用的,尽管比例大小不同。交际愈是有利于创新,创新达到的区域就愈远;至于"乡土根性"的效能是把

---

[①] 这种现象常会使语言或方言中出现一些所谓不规则的语音变化。——校注

某一语言事实保持在它所已达到的界限内,保卫它抗拒外来的竞争。这两种力量发挥效能的结果如何,是无法预见的。我们在第287页已经看到,在日耳曼语的领域内,从阿尔卑斯山直到北海,þ变为d是很普遍的,而t变为ts(z)却只影响到南部;"乡土根性"在南部和北部之间造成了一种对立,但在界限内部,由于交际,却出现了语言的团结一致。所以在原则上,这第二种现象和第一种现象之间没有根本的差别。总是这两种力量都在起作用,只是效能的强度有所不同罢了。

实际上,这就是说,研究某一片地区发生的语言演化,可以把分立主义的力量撇开不谈,或者也可以说,把它看作统一力量的负的方面。统一的力量强大到相当程度,可以使整个区域统一起来;否则,那现象将会中途停止下来,只流行于一部分地区,这个狭小的地区对它的各部分来说,仍然是一个紧密一致的整体。所以我们可以把一切归结为一种单一的统一力量而不管"乡土根性";后者只不过是每一地区所固有的交际力量。

## §3. 语言在分隔地区的分化

在使用单一语言的大众中,内部一致是随现象而不同的,创新不会全部普及,地理上的连续并不妨碍永恒的分化——我们理解了这几点,才能研究一种语言在两个分隔的地区平行发展的情况。

这种现象是很常见的:例如日耳曼语自从由大陆渗入不列颠

## 第四章 语言波浪的传播

群岛的时候起①，它的演化就是双重的：一方面是德语方言，另一方面是盎格鲁撒克逊语，并由此产生英语。我们还可以举出被移植到加拿大的法语。中断并不总是殖民或征服的后果，孤立也可以产生这种情况：罗马尼亚语由于斯拉夫居民的介入而失去了同拉丁语大众的接触②。原因并不重要，问题是首先要知道分隔在语言的历史上是否起作用，它所产生的后果是否不同于在连续中出现的后果。

上面为了更好地说明时间要素具有压倒一切的效能，我们曾设想了一种语言在两个很小的地点，例如两个小岛上平行发展的情况。在那里，我们可以把语言的逐步传播撇在一边。但如果是在两个有一定面积的地区，这种现象就会再次出现，并引起方言的分化。所以问题绝不会因为地区不连接而变得简单一些。我们必须提防，不要把没有分隔也可以解释的事实硬说是由于分隔的缘故。

这是早期的印欧语语言学家所犯过的错误（参看第 4 页）③。他们面对一大群已经变得彼此很不相同的语言，没有想到这可能并非地理上的分裂所造成。在分隔的地方有不同的语言，这是比

---

① 日耳曼语是大约在公元 450 年左右随着盎格鲁人、撒克逊人和日德兰人由欧洲大陆渗入不列颠群岛的。——校注

② 罗马尼亚语源出于罗马殖民地达基、伊斯特里和马其顿的拉丁土语，罗马帝国解体后，这些地区归属于东罗马帝国的版图，后来因为斯拉夫人的介入，逐渐失去了与拉丁语大众的联系。——校注

③ 这是指的施来赫尔论印欧语语音分化时所提出的迁移理论。例如他认为印欧语原始的 a 之所以分为 a 和 e 是由于欧洲的语言脱离了印度·伊朗语的缘故。德·索绪尔在这里反对他的这一论点是跟新语法学派一致的。——校注

较容易设想的,而且在一个浅薄的观察者看来,这就是对分化的必要的和充分的解释。不仅如此,他们还把语言的概念同民族的概念相联系,用后者来解释前者;例如把斯拉夫人、日耳曼人、克勒特人等设想为一群群从同一个蜂窝里飞出来的蜜蜂;这些土民离乡背井,把共同印欧语带到了各个不同的地区。

　　这种错误过了很久才被纠正过来。到1877年,约翰·施密德在他的一本著作《印度日耳曼人的亲属关系》中创立连续理论或波浪理论(Wellentheorie)①,使语言学家大开眼界。他们明白了就地分裂就足以解释印欧系语言的相互关系,不一定要承认各民族已经离开它们各自的原地(参看第284页)。在各民族四处分散以前就可能而且必然产生方言的分化。所以波浪理论不仅使我们对印欧语的史前史有更正确的看法,而且阐明了一切分化现象的基本规律和决定语言亲属关系的条件。

　　这种波浪理论虽然跟迁移理论相对立,不一定排除后者。印欧系语言的历史有许多例子可以证明,有些民族由于迁移而离开了印欧语的大家庭,而且这种情况必定曾产生过一些特殊的后果。不过,这些后果跟连接发生分化的后果混在一起,我们很难说出究竟是些什么,而这又把我们带回到语言在分隔地区演化的问题上来。

　　试拿古英语来说。它是在一次迁移之后脱离日耳曼语的主干的。要是在五世纪的时候撒克逊人仍留在大陆上,它也许不会是

---

① Johannes Schmidt: Die Verwandtschaftsverhältnisse der Indogermanen, Weimar,1877.——校注

现在的模样。但是分隔的特殊效果是什么呢？要对这一点作出判断，我们首先必须问一下，某种变化在地理上相连接的地区是否不会发生。假设英吉利人当初不是占领不列颠群岛，而是占领了日德兰，我们能否断言，一般认为是由于绝对分离而产生的事实，在假定中相毗连的地区都不会产生？有人说，地理上的隔绝曾使英语得以保存那古代的þ，而这个音在整个大陆上都已变成了d（例如英语的 thing 和德语的 Ding"事情"）。这好像是认为，在大陆上的日耳曼语里，这种变化只是由于在地理上相连接才得以推广的，殊不知即使在相连接的地区，这种推广也很可能落空。错误的根源总是由于人们把隔离的方言和相连接的方言对立起来。事实上没有什么东西可以证明，要是日德兰有一个由英吉利人建立的殖民地，就一定会受到 d 的蔓延。例如我们已经看到，在法语的领域内，K（+a）在包括毕卡迪和诺曼底的一个角落里还继续保存着，而在其他地方都已变成了嘘音 š（ch）。可见用隔离来解释仍然是不充分的和很肤浅的。我们从来没有必要用它来解释语言的分化。隔离所能做的，在地理上相连接的地区也一样能做。如果说这两种现象间有什么差别，我们可抓不住。

但是假如我们不是从两种亲属语言分化的消极方面，而是从它们有连带关系的积极方面去考虑，那么就可以看到，在隔离的情况下，自从分隔的时候起，一切关系事实上都被割断了，而在地理上相连接的地区，在即使极不相同的土语之间，只要有一些中间的方言把它们联系起来，都还保存着一定的连带关系。

所以要鉴定各种语言间亲属关系的程度，我们必须把地区上的连接和隔离严格地区别开来。在后一种情况下，两种语言由于它们有共同的过去,会保存着若干可以证明它们的亲属关系的特征,但是因为双方都是独立发展的,一方出现的新特征在另一方是找不到的(除非分隔后产生的某些特征,在两种语言里偶然相同)。在任何情况下,都要把那些由于蔓延而交流的特征排除出去。一般地说,一种在地理上不相连接的地区发展的语言,和它的亲属语言相比,都有一套独有的特征。如果这种语言又发生分裂,那么由它发展出来的各种方言就有好些共同的特征证明它们比其他地区的方言有更密切的亲属关系。它们真正形成了离开主干的另外的枝条。

连接地区的各种语言的关系却完全不是这样。它们的共同特征不一定比使它们变样的特征更为古老;事实上,从任何地点出发的创新每时每刻都有可能推广到各地,甚至席卷整个地区。此外,由于创新的区域面积大小各不相同,所以两种相毗邻的语言很可能有某种共同的特点,但是在全体中并不构成一组。这两种语言都可能通过另一些特征而和各毗邻的语言相联系,印欧系语言表明的情况正是这样。

第五编

# 回顾语言学的问题 结论

# 第一章　历时语言学的两种展望

共时语言学只有一种展望，说话者的展望，因此也只有一种方法；历时语言学却要既有随着时间进展的前瞻的展望，又有往上追溯的回顾的展望（参看第124页）。

前瞻的展望是跟事件的真正进程一致的；它是我们编写历史语言学的任何一章，阐发语言史上的任何一点都必须采取的。这种方法只在于选择我们所拥有的文献。但是在许多情况下，这种从事历时语言学实践的方法是不充分的或不适用的。

事实上，要能够随着时间进展来确定某种语言史的一切细节，我们必须具有那种语言随时摄取的无穷无尽的照片。可是这一条件是永远实现不了的。例如罗曼语语言学家特别有幸了解拉丁语作为研究的出发点，而且占有许多世纪的大量文献，但是在他们的引证中也会时时刻刻遇到巨大的空白。这样就要放弃前瞻的方法，放弃直接的文献，朝相反的方向进行，采取回顾的方法追溯往昔。采用这后一个观点，我们必须选定某个时代作为出发点，所要探究的不是某一形式结果变成了什么，而是这一形式所由产生的较古的形式是什么样的。

前瞻的方法无异是一种简单的叙述，全部要以文献的考订为基础；回顾的观点却需要一种重建的方法，那是以比较为依据的。

对于单个的孤立的符号，我们无法建立它的原始形式，而比较两个同一来源的不同符号，如拉丁语的 pater"父亲"和梵语的 pitar-"父亲"，或者拉丁语 ger-ō"我携带"和 ges-tus"被携带"的词干，就可以约略看出有一个历时的统一体把它们跟一个可以用归纳法重建出来的原始型联系起来。比较的要素愈多，归纳就愈精确，结果——如果资料充足的话——将可以得到一些真正的重建①。

各种语言全都是这样的。我们从巴斯克语得不出什么，因为它是孤立的，没有东西可作比较。但是对一群亲属语言，如希腊语、拉丁语、古斯拉夫语等等，我们就可以进行比较，整理出它们所包含的共同原始要素，重建印欧语在空间上分化以前的基本情况。对整个语系大规模做过的工作，如果需要和可能，也对它的每一部分在较小的比例上重复做过，用的始终是同一的程序。例如日耳曼族的许多语言虽有文献可以直接证明，可是我们对于这些语言所从来的共同日耳曼语，都只是利用回顾的方法间接地知道的。语言学家探究其他语系的原始统一体，尽管成就大小不同，用的都是同样的方法（参看第 266 页）。

所以回顾的方法可以使我们超出最古的文献深入到一种语言的过去历史。例如拉丁语的前瞻的历史差不多到公元前三世纪或四世纪才开始，但是印欧语的重建使我们对于从原始统一体到拉丁语开始有文献这一期间的情况有所了解，从那往后，我们才有可

---

① 德·索绪尔在这里所说的前瞻的方法即一般所说的历史法，回顾的方法即历史比较法。回顾的方法不只限于把亲属语言的要素比较，也可以把同一种语言的不同要素比较，如拉丁语 gerō 的词干 ger-和 gestus 的词干 ges-，从而重建出一个原始的形式 * ges-。这种重建称为"内部重建"。——校注

## 第一章 历时语言学的两种展望

能描绘它的前瞻的图景。

在这一方面,演化语言学可以同地质学相比。地质学也是一门历史的科学,它有时也要描写一些固定的状态(例如日内瓦湖沿岸当前的状态),而不管以前的情况,但它研究的却主要是一连串形成历时态的事件和变化。在理论上我们可以设想有一种前瞻的地质学,但是实际上它着眼的大都只能是回顾的。在讲述地球上的某一点曾发生过什么情况之前,人们不能不先把那一连串事件重建出来,并探究是什么东西使得地球的这一部分变成了当前的状态。

这两个展望不仅在方法上有明显的差别,从教学的观点看,在一次讲解中同时采用,也很不便利。例如语音变化的研究,用这种方法或那种方法进行就会得出两个很不相同的图景。用前瞻的方法,我们要追问古典拉丁语的 ĕ 变成了法语的什么音。我们于是可以看到,同一个音在演化过程中起分化,而产生了几个音位:试比较 pĕdem→pye(pied"脚"), vĕntum→vā(vent"风"), lĕctum→li(lit"床"), nĕcāre→nwayę(noyer"淹死")等等。相反,如果我们用回顾的方法探考法语的开 ę 代表拉丁语的什么音,那么就可以看到这个音是由原来几个不同的音位变来的:试比较 tęr(terre"地")＝tĕrram, vęrž(verge"鞭子")＝vĭrgam, fę,(fait"事实")＝factum 等等。构形要素的演化同样可以用这两种方法去进行研究,得出的两个图景也是不同的。我们在第 239 页关于类比构成所说的一切都可以先验地证明这一点。例如我们(用回顾的方法)探究法语分词以-é 结尾的后缀的来源,就要追溯到拉丁语的-ātum。后者在来源上首先跟拉丁语以-āre 结尾的由名词变来的动词有关,而这些动词本身又大部分可以追溯到以-a结尾的阴性名词（试比较拉丁语的 plantāre"种植"：planta"幼苗"，希腊语的 tīmáō"我尊敬"：timá"尊敬"等等）。另一方面要是印欧语的后缀-to-当初不是有活力的、能产的成分（试比较希腊语的 klu-tó-s"闻名的"，拉丁语的 in-clu-tu-s"有名的"，梵语的 ҫru-ta-s"知名的"等等），-ātum 就不会存在；此外，-ātum 还包含着单数宾格的构形要素-m（参看第215页）。反过来，如果我们要（用前瞻的方法）探究在法语的什么样的结构中可以再找到这原始的后缀-to-，那么不仅可以举出过去分词的各种能产的或非能产的后缀（aimé"爱"＝拉丁语的 amātum，fini"做完"＝拉丁语的 finītum，clos"关闭"＝clausum 代替了 *claudtum 等等），而且可以举出许多其他的后缀，如-u＝拉丁语的-ūtum（试比较 cornu"有角的"＝cornūtum），-tif（文言的后缀）＝拉丁语的-tīvum（试比较 fugitif"逃走的"＝fugitīvum，sensitif"敏感的"，négatif"否定的"等等）以及大量的已不能分析的词，如 point"点"＝拉丁语的 punctum，dé"骰子"＝拉丁语的 datum，chétif"贫苦的"＝拉丁语的 captīvum 等等。

# 第二章　最古的语言和原始型

印欧语语言学在它的早期没有了解比较研究的真正目的，也没有了解重建方法的重要性（参看第 21 页）。这可以解释它的一个最引人注目的错误：在比较中赋予梵语过分夸大的、几乎独一无二的作用；由于它是印欧语的最古文献，于是把这文献提升到了原始型的高贵地位[①]。假定印欧语产生梵语、希腊语、斯拉夫语、克勒特语、意大利语是一回事，把这些语言中的一种放到印欧语的地位又是另一回事。粗枝大叶地把它们混为一谈已经造成了各种影响深远的后果。诚然，从来没有人像我们刚才所说的那样斩钉截铁地提出过这一假设，但是实际上大家都默认了这一点。葆扑曾说过，他"不相信梵语会是共同的来源"，好像尽管有些怀疑，仍有可能提出这样的假设。

这不禁使人发生疑问：人们说一种语言比另一种语言古老，究竟是什么意思呢？理论上可能有三种解释：

（1）人们可能首先想到最早的来源，一种语言的出发点。但是

---

[①] 在十九世纪上半叶，一般从事印欧语历史比较研究的语言学家，无论是在语音、语法方面（如葆朴、施来赫尔等），或者是在词汇、词义方面（如缪勒、费克等），都认为梵语是最古老的代表，把它抬到了原始型的地位。这一观点后来受到了新语法学派的严厉批判。德·索绪尔在这一方面的看法是跟新语法学派一致的。——校注

最简单的推理表明,没有一种语言我们可以指定它的年龄,因为不管哪一种都是人们在它之前所说的语言的延续。言语活动和人类不同,它的发展的绝对延续性不容许我们把它分成世代。卡斯通巴黎斯①奋起反对女语和母语等概念是很有道理的,因为它假定其间有间隔。所以我们不能在这个意义上说一种语言比另一种语言古老。

(2)也可以理解为:一种语言状态的时代比另一种的古老。例如阿契孟尼德碑铭的波斯语比费尔督西的波斯语②古老。在这样的特殊情况下,如果一种语言确实是从另一种语言发展而来,而且两者都同样是我们所熟悉的,那么,不消说,我们应该只考虑那较古老的语言。但是如果这两个条件得不到满足,那么,时间上古老就并不重要。例如立陶宛语从1540年起才有文献,它在这一方面的价值并不比十世纪就有文字记载的古斯拉夫语差,甚至不比《黎俱吠陀》的梵语差。

(3)最后,"古老"这个词还可以指更带有古风的语言状态,就是说,它的形式比较接近原始的模型,不管任何年代上的问题。在这个意义上,我们可以说,十六世纪的立陶宛语比公元前三世纪的拉丁语更古老。

因此,如果认为梵语比其他语言古老,那只能是就第二个或第

---

① 卡斯通巴黎斯(Gaston Paris,1839—1903),法国语文学家,专门研究罗曼族语言和中世纪西欧文学。他的重要著作有《查理大帝时代诗歌史》(1865),《中世纪诗歌》(1885)和《中世纪法国文学》(1888)等。——校注

② 阿契孟尼德碑铭用楔形文字,可以代表公元前五世纪至三世纪的古波斯语,屈折变化很丰富,与吠陀梵语颇相近。费尔督西是波斯十世纪的诗人,曾著史诗《王书》,用的是近代波斯语,与阿契孟尼德碑铭所用的古波斯语大不相同。——校注

## 第二章　最古的语言和原始型

三个意义上说的。事实上，在这两个意义上，它的确是这样。一方面，大家同意，吠陀诗篇的古老性超过了希腊最古的文献；另一方面，特别重要的是，它的古代特征比其他语言保存的多得多（参看第19页）。

这个相当混乱的"古老"的观念，使梵语成了整个语系中最早的语言。其后虽然纠正了把它当作母语的看法，但是语言学家对它作为一种并存语所提供的证据还是继续看得过分重要①。

皮克特②在他所著的《印欧语的起源》一书中（参看第312页）虽然明确承认有过一个使用自己语言的民族，但是仍然深信首先应该参考梵语，因为梵语的证据比印欧系中其他好几种语言合起来提供的还有价值。这种错觉使大家长时期看不清一些头等重要的问题，例如原始元音系统的问题③。

这种错误在小范围里以及在细节上老是反反复复地重演着。人们在研究印欧语的某些特殊分支的时候，总要把其中已知最早的语言看作整个语族的适当的和充分的代表，而不设法去更好地认识那共同的原始状态。例如不谈日耳曼语而毫不踌躇地简单援

---

① 早期语言学家从葆朴到施来赫尔都认为梵语是整个印欧语系的最古老的语言，后来新语法学派经过一番仔细的研究断定梵语在许多方面，特别是在元音方面，不及希腊语和拉丁语古老；梵语只是印欧语系中一种具有旁系亲属的语言。——校注

② 皮克特（Ad. Pictet, 1799—1875），瑞士语言学家，语言古生物学的奠基者。他的《印欧语的起源》出版于1859年，此外，还于1837年出版过《论克勒特语和梵语的亲属关系》一书，认为克勒特语也应属印欧语系。——校注

③ 德·索绪尔在这方面曾作过专门研究，见于他1879年出版的《论印欧语元音的原始系统》一书。——校注

引峨特语①,因为它比其他日耳曼方言早出几个世纪;于是峨特语篡夺了原始型的地位,成了其他方言的源头。在斯拉夫语方面只以从十世纪起得到证明的斯拉凡语或古斯拉夫语为依据,因为其他斯拉夫语得到证明的年代都在那以后②。

其实,先后用文字固定下来的两种语言形式恰好代表同一种语言的两个历史时期,是极其罕见的。那大都是彼此不相连续的两种方言。例外可以证明规则。最明显的是罗曼族语言和拉丁语的关系:从法语追溯到拉丁语,确实是一条垂直的道路;罗曼族语言的区域恰巧跟过去拉丁语流行的区域相同,其中每一种都只是演化了的拉丁语。同样,我们已经看到,大流士碑铭的波斯语跟中世纪的波斯语是同一种方言③。但更常见的是相反的情况:不同时代的文献属于同一系属的不同方言。例如日耳曼语相继出现于乌尔斐拉士的峨特语(我们不知道它的后继者),其次是古高德语的文献,再其次是盎格鲁·撒克逊语、古北欧语等等的文献,可是这些方言或方言群中没有一个继承了早先有文献证明的方言。这种事态可以表如下图,其中字母表示方言,虚线表示相连续的时代:

---

① 峨特语是古代峨特人所使用的语言,早已死亡,现在只留下乌尔斐拉士于四世纪用来翻译基督教圣经的一些片段。这种语言保存古代的特点较多,因此早期的语言学家多把它看作日耳曼族语言的母语。——校注

② 古斯拉夫语又称教堂斯拉夫语,它其实只是古代保加利亚的一种方言,早期的斯拉夫语语言学家多错误地把它看作斯拉夫族语言的母语。——校注

③ 大流士碑铭的波斯语就是阿契孟德王朝为了纪念国王大流士用楔形文字刻写的古波斯语;中世纪的波斯语见于火祆教的经典《阿昧斯达》,其中注释用禅德语,代表当时流行的贝尔威语,跟古波斯语比较起来已有很大的差别。——校注

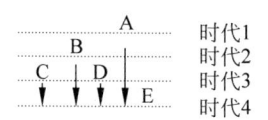

```
        A        时代1
        B        时代2
     C  │ D      时代3
     ▼  ▼ ▼ E   时代4
```

语言学对这种事态只应该暗自庆幸,否则,材料最早的方言(A)就会预先包含分析各后继状态时所能推演出来的一切情况。现在,在寻求所有这些方言(A,B,C,D 等等)的辐射点的时候,我们却可以碰到一种比 A 更古老的形式,比方原始型 X,这样,A 和 X 就不可能混淆了。

# 第三章 重　建

## §1. 重建的性质和目的

如果重建的唯一方法是比较，那么，反过来说，比较的唯一目的也只是为了重建。我们应该把在几个形式间所看到的对应放在时间的展望里，最后重建出一个单一的形式，否则就会徒劳无功。这一点，我们已经不止一次地强调过（参看第 20 页以下和第 278 页）。例如，要解释拉丁语 medius"中间的"和希腊语 mésos"中间的"的关系，即使不追溯到印欧语，也必须提出一个在历史上可能跟 medius 和 mésos 相联系的更古老的形式 *methyos[①]。我们也可以比较同一种语言的两个形式，而不是不同语言的两个词，所看到的情况也必然一样。例如拉丁语的 gerō"我携带"和 gestus"被携带的"同出于它们古代的共同词干 *ges-。

顺便指出，有关语音变化的比较必须经常辅之以形态方面的考虑。我在考察拉丁语 patior"我忍受"和 passus"被忍受的"的时

---

[①] 这个形式应该是 *methyos 还是 *medhyos，西欧语言学家一直是有争论的。德·索绪尔在这里采用 *methyos，但是在本书第四编第三章 §2 又写作 *mĕdhyŏs，可见他在这一点上也有些举棋不定。——校注

候，曾援引 factus"被做的"，dictus"被说的"等等来比较，因为 passus 是同一性质的构成。我之所以能够确立 patior 和 \*pat-tus 在前一个时代的形态上的关系，正是以 faciō"我做"和 factus"被做的"，dīcō"我说"和 dictus"被说的"等等的同样的关系为依据的。反过来，如果比较是形态方面的，也应该借助于语音来加以阐明：拉丁语的 meliōrem"更好的"可以同希腊语的 hēdiō 相比，就因为在语音上一个可以追溯到 \*meliosem，\*meliosm，另一个可以追溯到 \*hādioa，\*hādiosa，\*hādiosm。

所以，语言的比较并不是机械的作业；它意味着把一切适宜于说明问题的资料加以对比，但是最后总要得出一种可以列成公式，旨在重建以前形式的拟测；比较的结果总是要重建出各种形式。

但是回顾过去的目的是要重建出以前状态的完整的和具体的形式呢？还是相反地，只限于对词的各部分作出抽象的、局部的断定？——例如确认拉丁语 fūmus"烟"的 f 跟共同意大利语的 þ 对应，或者希腊语 állo"别的"和拉丁语 aliud"别的"的头一个要素在印欧语里就已经是 a。重建很可能把任务限于这第二类探讨：我们甚至可以说它的分析方法的目的不外是这些局部的确认。不过从这许多孤立事实中，我们仍然可以引出比较一般的结论：例如根据一系列类似拉丁语的 fūmus 这样的事实可以确断共同意大利语的音位系统中有 þ 这个音[①]；同样，如果我们能够断言印欧语的所

---

[①] 拉丁语的 fūmus"烟"和希腊语的 thymos，梵语的 dhūmas'，斯拉夫语的 дымь 对应，一般罗曼语语言学家断定其中的 f 在共同意大利语应为 th，然后由 th 变为 þ。——校注

谓代词屈折变化中有一个不同于形容词词尾-m 的中性单数词尾-d，那也是从许多孤立的确认中推演出来的一般形态事实（试把拉丁语的 istud"这个"，aliud"别的"同 bonum"好的"相对；把希腊语的 tó"这个"=*tod, állo"别的"=*allod 同 kalón"美好的"相对；以及英语的 that"那个"等等）。我们还可以更进一步，在这些不同的事实重建出来以后，把同某一整个形式有关的事实全都综合起来，重建出完整的词（例如印欧语的 *alyod），词形变化范例，等等。综合就是把一些完全可以分立的事实联在一起，例如我们试把一个像 *alyod 这样的重建形式的各部分加以比较，就可以看到，会引起语法问题的-d，和毫无这种问题的 a-之间，有很大的差别。重建出来的形式并不是抱成一团的整体，而始终是可以从语音上加以分解的总体，它的每一部分都可以抽出，经受检验。所以重建的形式总是忠实地反映了应用于它们自己的一般结论。印欧语的"马"曾先后被假定为 *akvas，*ak₁vas，*ek₁vos，最后是 *ek₁wos，没有争论的只有 s 和音位的数目。

所以，重建的目的并不是为形式而重建形式——这是相当可笑的——，而是把根据不时获得的结果认为可信的一套结论加以浓缩和晶化，一句话，就是记录我们这门科学的进展。我们不必为语言学家就一种相当离奇的想法进行辩解，仿佛把印欧语从头到尾恢复过来是为了使用这种语言。他们研究历史上已经知道的语言尚且不抱这种目的（对拉丁语进行语言学的研究不是为了要把它说得好），何况史前语言的一个个词呢？

此外，重建虽然有待于修正，可是要对所研究的语言的全貌，对它所从属的语言类型有所认识，它还是不能缺少的。为了比较

# 第三章 重建

容易地描绘许多共时的和历时的一般事实，重建是一种必不可少的工具。有了整套重建，印欧语的大致轮廓即可了如指掌：例如后缀是由某些要素（t，s，r 等等）构成的而排除了其他要素，德语动词元音系统的复杂变异（试比较 werden "变成"，wirst，ward，wurde，worden）是在规则中隐藏着一种相同的原始交替：e——o——零。了解这些情况，研究以后时期的历史就容易得多了，没有事先的重建，要解释史前时期以后突如其来的变化就会困难得多。

## §2. 重建的确实程度

有些重建的形式是完全确实的，另外有些却仍然可以争论，或者坦白地说，很成问题。我们刚才看到，整个形式的确实程度，决定于综合中各个局部的重建所能具有的相对确实性。在这一点上，差不多从来没有两个词的立足点是相同的。像印欧语的 *esti "他是"和 *didōti "他给"这样明显的形式，其间就有差别，因为后一个形式的二重元音就是可以怀疑的（试比较梵语的 dadāti 和希腊语的 dídōsi）。

人们一般倾向于相信重建不如实际情况那么确实。有三个事实可以增强我们的信心：

第一个，主要的，我们在第 69 页已经指出过：给定一个词，我们可以清楚地辨认出构成这个词的音，这些音的数目和界限。我们在第 87 页还看到，我们对于某些语言学家趴在音位学的显微镜上提出的异议应该作何感想。在像-sn-这样的一个音组里无疑有一些躲躲闪闪的或过渡的音，但是计较这些音是反语言学的；一般人的耳朵辨不出它们来，特别是说话者对于要素的数目总是意见一致的。因此，我们可以说，在印欧语的 *ek₁wos 这个形式里，说话者应该注意的只有五个表示区别的不同要素。

第二个事实关系到每种语言中音位要素的系统。任何语言都有一整套音位，它们的总数是完全确定的（参看第 62 页）。经由重建证明，印欧语里这个系统的全部要素有的只出现在十来个形式中，有的出现在成千个形式中，所以我们确信可以全部认识。

最后，认识一种语言的声音单位，不一定非确定它们的正面的性质不可。我们应该把它们看作表示区别的实体，它们的特性就是彼此不相混淆（参看第 165 页）。这是最主要的，所以我们可以用数字或任何符号来表示我们所要重建的语言的声音要素。在 *ĕk₁wŏs 中，我们没有必要确定 ĕ 的绝对性质，追问它是开音还是闭音，发音部位靠前还是靠后等等。如果辨认不出有几种 ĕ，这些就并不重要，只要不把它跟那语言的另外一个有区别的要素（ă，ŏ，ē 等等）相混就行了。这等于说，*ĕk₁wos 的第一个音位跟 *medhyŏs 的第二个音位，*ăgĕ 的第三个音位等等没有分别，我们不必确定它的声音性质就可以把它编入印欧语的音位表，并用它的编号来表示。所以 *ĕk₁wŏs 的重建只是意味着，印欧语中与拉丁语的 equos "马"，梵语的 açvas "马" 等等相对应的词，是由那原始语言音位系统中五个已确定的音位构成的。

因此，在我们刚才划定的界限内，重建是可以保留它们的全部价值的。

# 第四章　人类学和史前史中的语言证据

## §1. 语言和种族

　　语言学家有了回顾的方法，可以追溯以前许多世纪的历程，重建某些民族在进入历史以前所使用的语言。但是除此之外，这些重建是否还能向我们提供一些关于这些民族本身，它们的种族、它们的血缘关系、它们的社会关系、它们的风俗习惯、它们的制度等等的消息呢？一句话，语言对于人类学、民族学和史前史能否有所阐明呢？人们一般相信是能够的，我们却认为其中有很大一部分是幻想。现在试来简要地考察一下这个总问题的几个方面。

　　首先是种族。认为语言相同可以断定血统相同，语言的系属同人类学的系属相吻合，那是错误的。实际上没有这么简单。例如有一个日耳曼种族，它在人类学上的特征是很清楚的：毛发淡黄，脑壳长，身材高大等等，斯堪的纳维亚型就是它的最完备的形式。但并不是所有说日耳曼语的居民都符合上面指出的特征，比方住在阿尔卑斯山麓的阿勒曼人在人类学上的类型就跟斯堪的纳维亚人大不相同。那么，我们能否至少承认，一种语言本来属于一个种族，如果它为他族人民所使用，那是由于征服而强加给他们的呢？毫无疑问，我们往往可以看到，有些民族采纳或者被迫接受了它们的征服者的语言，例如罗马人胜利后的高卢人①，但是这不能解释一切。例如就日耳曼人来说，即使承认他们曾制服了这么多不同的民族，也没能全部并吞它们；要达到这一点，必须假定在史前曾有长期的统治，以及其他尚未确定的情况。

所以，血统相同和语言相同似乎并没有任何必然的关系，我们不能拿它们来互相推断。在许多情况下，人类学的证据和语言的证据是不相符的，我们没有必要把它们对立起来，也不必从中作出选择；它们各有各的价值。

## §2. 民族统一体

这样说来，语言的证据能对我们有些什么教益呢？种族统一体本身只能是语言共同体的一个次要的因素，而绝不是必要的因素。但是另外有一个无比重要的、唯一基本的、由社会联系构成的统一体，我们管它叫民族统一体。所谓民族统一体就是一种以宗教、文化、共同防御等等多种关系为基础的统一体；这些关系甚至在不同种族的人民之间，没有任何政治上的联系，也能建立。

我们在第43页看到的那种相互关系就是在民族统一体和语言之间建立的：社会联系有造成语言共同体的倾向，而且也许会给共同的语言烙上某些特征；反过来，语言共同体在某种程度上也会

---

① 法国人的祖先原是高卢人，自从被罗马人征服后改用拉丁语，可是直到现在我们还可以在法语中找到一些高卢语的底层。——校注

构成民族统一体。一般地说,语言共同体常可以用民族统一体来加以解释。例如在中世纪初期,曾有一个罗曼民族统一体把好些来源很不相同的民族联结在一起而没有政治上的联系。反过来,在民族统一体的问题上,我们首先应该过问的就是语言。语言的证据比其他任何证据都更重要。试举一个例子:在古代意大利,埃特鲁斯克人和拉丁人比邻而居;如果想要找出他们有什么共同点,希望断定他们有没有共同来源,人们可以求助于这两个民族遗留下来的一切:纪念碑、宗教仪式、政治制度等等,但是绝没有语言直接提供的那么确实。只消三几行用埃特鲁斯克文写成的文献就足以表明使用这种语言的民族跟说拉丁语的民族集团完全是两个事。

因此,在这一方面和上述的界限内,语言就是一种历史文献。例如根据印欧系诸语言构成一个语系的事实,我们可以推断曾有一个原始的民族统一体,现在说这些语言的所有民族,从社会的系统来看,都是它的直接或间接的继承人。

## §3. 语言古生物学

但是,如果语言的共同体可以使我们确定社会的共同体,那么语言能否使我们认识这共同民族统一体的性质呢?

人们长时期认为,语言是有关使用它们的民族及其史前史的取之不尽的文献资源。克勒特语研究的先驱者阿·皮克特是特别以他的《印欧语的起源》一书(1859—1963)闻名于世的,这部著作后来成了其他许多著作的典范,直到现在还是所有这类著作中最引人入胜的一种。皮克特想从各种印欧语所提供的证据中找出

"阿利安人"①文化的基本特征，相信可以确定它的各个纷繁的方面：实物（工具、武器、家畜），社会生活（它是一个游牧民族还是农业民族？），家庭制度，政治形态。他想找出阿利安人的摇篮，认为那是在巴克特里安纳；他还研究阿利安人居留地的植物和动物。他这本书是人们在这一方面做过的最巨大的尝试；他这样创立的科学叫做语言古生物学。

从那以后，人们在这一方面还做过好些别的尝试。最近一次就是希尔特②的《印度日耳曼人》(1905—1907)③。作者以施密德的理论为基础（参看第293页）来确定印欧人的居留地，但是他并不轻视要求助于语言古生物学。有些词汇事实向他表明印欧人是从事耕作的，他不同意认为印欧人的原始故乡是在更适宜于游牧生活的南俄。树名，特别是某些种树（枞树、桦树、山毛榉、橡树）的频繁出现，使他想到印欧人的故乡树林很多，位于哈尔兹山和维斯图拉河间，特别是在布朗登堡和柏林地区。我还要提醒，甚至在皮克特之前，库恩和另外一些人就已利用语言学来重建印欧人的神话和宗教。

看来，我们不能向语言伸手索取这一类情报；这在我们看来有

---

① "阿利安"原是古印度人和伊朗人的名称，有"高雅"的意思，后来一般语言学家和人类学家多用来指印欧人。——校注

② 希尔特（Hermann Hirt），德国语言学家，曾出版《印度日耳曼人》(1995—1907)、《现代高德语词源学》(1909)、《德语史》(1919)、《印度日耳曼语语法》(1921)等。在《印度日耳曼人》一书中，他企图利用语言材料探讨印欧人的风俗习惯和原始居留地等问题。——校注

③ 又参看儒班维尔（Arbois de Jubainville）的《欧洲的原始居民》(1877)，施拉德（O. Schrader）的《语言比较和原始史》和《印度日耳曼考古学百科全书》（这些著作比希尔特的略早一些），费斯特（S. Feist）的《史前史照耀下的欧洲》(1910)。——原编者注

以下几个原因：

首先是词源不确实。人们已逐渐明白，来源确定的词是多么稀少，因此已变得更加慎重。试举一个轻率的例子：从前曾有人拿拉丁语的 servus "奴隶" 和 servāre "服务" 来比较（他也许没有权利这么做），然后认为头一个词有"看守人"的意思，于是断定奴隶原来就是看家人，可是他甚至不能确定 servāre 起初曾有"看守"的意思。不仅如此，词义是会演变的，一个词的意义往往随着民族的迁移而发生变化。人们还曾相信，没有某个词就可以证明原始文化没有这个词所表示的事物；这是一种错误。例如亚洲的语言没有"犁田"这个词[①]；但是这并不意味着他们当初没有这种作业：犁田的工作很可能已经废止，或者用别的词所表示的办法去进行。

借用的可能性是使词源不确实的第三个因素。一个词很可能随着某种事物传到一个民族而进入它所说的语言，例如在地中海沿岸，人们很晚才知道有苎麻，北方各国的人民知道得更晚；苎麻的名称就是随着这种植物而传开去的[②]。如果几种语言里有同一个词，这个词是借来的呢，还是出于一个原始的共同传统，在许多

---

[①] 这里所说亚洲的语言是指亚洲地区的印欧系语言。根据后来发现的资料，我国新疆的古代吐火鲁语是有"犁田"这个词的，试看看西格（Sieg）和西格令（Siegling）的《吐火鲁语残迹》(1921)。可是德·索绪尔当时还不知道有这种语言。——校注

[②] 苎麻的名称在印欧系语言里有两个基本类型：一个是希腊语的 kánnabis, 拉丁语的 canabis, 古俄语的 конопля, 古德语的 hanaf；一个是古印度语的 bhāṅga, 古俄语的 пенька。施拉德在《印度日耳曼考古学百科全书》中认为都是从芬兰·乌戈尔土语借来的。——校注

情况下，没有语言学以外的资料就很难断定。

　　这不是说我们就无法自信地理出若干一般的特征，甚至某些很确切的资料。例如表示亲属关系的共同名称是很丰富的，这些名称怎样流传也很清楚，我们可据以断定印欧人的家族是一种又复杂又稳定的制度，因为他们的语言在这一方面有好些我们无法表达的细微差别。在荷马的诗篇里，eináteres 表示"妯娌"（几个兄弟的妻子），galóōi 表示"姑嫂"（妻子和丈夫的姊妹）；而拉丁语的 janitrīcēs 在形式上和意义上都相当于 eináteres。同样，"姊夫、妹夫"（姊妹的丈夫）和"连襟"（几个姊妹的丈夫）也没有相同的名称。在这里，我们可以看到分得很详密的细节，但是我们通常应该满足于一般的了解。在动物方面也是这样。对于重要的兽类，如牛，我们不仅可以根据希腊语 boûs，德语 Kuh，梵语 gau-s 等等的相符，重建出印欧语的 *$g_2$ōu-s，而且屈折变化在所有这些语言里也都有相同的特征，可见它不可能是后来向另一种语言借来的词。

　　现在让我们稍为详细一点补充另一个形态事实，它具有既局限于某一确定的地区，又涉及社会组织的某一点的双重特性。

　　人们虽然对 dominus "主人"和 domus "家庭"的关系说了许多话，可是语言学家还觉得不能完全满意，因为用后缀-no-构成第二级派生词是非常特别的。人们从来没听见过比方希腊语由 oîkos 构成 *oiko-no-s 或 *oike-no-s，或者梵语由 açva-构成 *açva-na-这样的形式。但正是因为罕见才使 dominus 的后缀具有它的价值和突出的特点。在我们看来，日耳曼语有几个词是很可以透露一点消息的：

(1) \*þeuđa-na-z"\*þeuđō 的首长,国王",峨特语 þiudans,古撒克撒语 thiodan(\*þeuđō,峨特语 þiuda＝奥斯干语 touto"人民")。

(2) \*dru_xti-na-z(部分变成\*dru_xtī-na-z)"\*dru_x-ti-z(军队)的首长",基督教表示"主,即上帝"的名称即由此变来,古北欧语Dróttinn,盎格鲁·撒克逊语 Dryhten,二者都带有结尾的-ina-z。

(3) \*kindi-na-z"\*kinđi-z＝拉丁语 gens'部落'的首长"。由于 gens 的首长对\*þeuđo 的首长来说相当于副王,所以乌斐拉士用 kindins 这个日耳曼的名称(在别的地方已完全消失)来表示一个省的罗马总督,因为在他的日耳曼观念里,皇帝的使者同þiudans 相比,就是部落的首长。这种比附从历史的观点看不管多么有趣,kindins 这个与罗马的事物毫不相干的词无疑可以证明日耳曼的居民是分成许多 kindi-z 的。

由此可见-no 这个第二级后缀可以加在日耳曼语的任何词干来表示"某一社会共同体的首长"的意思。剩下的只要认证拉丁语的 tribūnus"法官"照字面同样是指"tribus'法庭'的首长",正如峨特语的 þudans"国王"是 þiuda"人民"的首长一样;最后,domi-nus"主人"也同样是"domus'家庭'的首长",domus"家庭"就是 touta"人民"＝峨特语的 þiuda"人民"的最小的区分。所以,在我们看来,dominus"主人"虽然带有一个很奇特的后缀,它其实可以证明古代意大利民族统一体和日耳曼民族统一体不仅有语言上的共同性,而且有制度上的共同性:这一证据是很难反驳的。

但是我们还要再一次记住,语言和语言比较是很少能够提供这样显著的标志的。

## §4. 语言的类型和社会集团的心理素质

如果语言不能提供很多有关使用这语言的民族的风俗习惯和制度等方面的切实可靠的情报，它是否至少可以用来表明使用这语言的社会集团的心理类型的特征呢？有一种相当普遍的意见，认为语言可以反映一个民族的心理特征；但是也有一种很严肃的相反意见同这一看法相对抗：语言手段不一定是由心理的原因决定的[①]。

闪语用简单的并列表示主限名词和受限名词的关系（试比较法语的 la parole de Dieu"上帝的话"），结果的确造成了一种把受限词置于主限词之前的所谓"构成词态"的特殊形式。例如希伯来语有 dābār"话"和 'elōhīm[②]"上帝"：dbār'elōhīm 就是"上帝的话"的意思。我们可以说这种句法类型能表明闪族人的什么心理素质吗？肯定这一点是很轻率的，因为古代法语也曾很有规律地采用过类似的构造：试比较 le cor Roland"罗兰的角笛"，les quatre fits Aymon"埃蒙的四个儿子"等等。这一手段的产生在罗曼语里纯粹出于偶然，既是形态的，又是语音的：变格的极度减少使法语不得不采用这种新的构造。为什么类似的偶然不会把原始闪语引上相

---

[①] 主张语言可以反映民族的心理特征的有石坦达尔（Steinthal），米斯特里（Misteli），芬克（Finck），冯德（Wundt），狄特里希（Dittrich）等人，见石坦达尔、米斯特里的《语言结构主要类型的特征》（1893），芬克的《语言结构的主要类型》（1910），冯德的《民族心理学》，第一册，《语言》（1911—1912），狄特里希的《语言心理学问题》（1913）。德·索绪尔在这里反对他们的这种观点。——校注

[②] 这个符号表示 aleph，即与希腊语弱送气相当的喉门塞音。——原编者注

同的道路呢？所以这一句法事实看来虽然好像是闪语的一种不可磨灭的特色，其实不能提供任何有关闪族人心理素质的确实的标志。

再举一个例子：原始印欧语没有以动词为第一个要素的复合词，德语有这种复合词（试比较 Bethaus"祈祷室"，Springbrunnen"喷泉"等等）。我们是否要相信日耳曼人在某一时期改变了从祖先那里继承来的思想方法呢？我们已经看到，这一创新出于一种不仅是物质上的，而且是消极的偶然，即 betahūs 中的 a 消失了（参看第195页）。一切都是在语音变化的范围内发生的，同人们的心理毫不相干，它不久就给思想加上了专横的羁绊，迫使它走上符号的物质状态为它开辟的特殊道路。许多同类的观察都可以证实我们这一意见。语言集团的心理特征同一个元音的脱落或重音的变化，以及其他许多每时每刻都可能使任何语言形式中符号和观念的关系发生变革的事实比较起来，是并不重要的。

当然，确定语言的语法类型（不管是有历史证明的还是重建的），并按照它们用以表达思想的手段加以分类，总不会是没有意思的。但是即使确定了类型和进行了分类，我们在语言学的领域以外还是得不出什么确实的推断。

# 第五章 语系和语言的类型[①]

我们刚才已经看到,语言不是直接由说话者的心理支配的。在结束的时候,我们要强调这一原则的一个后果:任何语系都不是理应永远属于某一语言类型的。

要问一群语言属于哪个类型,这是忘记了语言是演变着的;言外之意是说在语言的演变中会有一种固定的要素。对一种没有界限的效能,我们凭什么一定要给它强加上界限呢?

的确,许多人在谈到某一语系的特征的时候,其实想到的是那原始语言的特征,而这个问题不是不能解决的,因为那是指的某一种语言和某一个时代。但是如果认为有些永恒的特征是时间和空间都无法改变的,那就会跟演化语言学的基本原理发生冲突。任何特征都不是理应永远不变的,它只是出于偶然才保存下来。

试以印欧语系为例。它所从来的语言的特征是大家所知道的:语音系统非常简单;没有复杂的辅音组合,没有复辅音;元音系统很单调,但能起极有规则并具有深刻语法意义的交替作用(参看第 220 页、第 308 页);有声调,原则上可以置于词中的任何音节,

---

[①] 这一章虽然不是讨论回顾语言学的,我们还是把它编在这里,因为可以作为全书的结论。——原编者注

因此有助于语法对立的作用;有音量的韵律,纯粹以长短音节的对立为基础;很容易构成复合词和派生词;名词和动词的屈折变化很丰富;起屈折变化的词本身就带有限定作用,在句子中是独立的,因此构造很自由,带有限定意义或关系意义的语法词(动词前缀、前置词等等)很少。

我们很容易看到,这些特征中没有一种是完整地保存在印欧系的各种语言里的,有几种(例如音量韵律和声调的作用)在任何语言里都已找不到,其中有些甚至大大改变了印欧语的原始面貌,以致使人想起另一种完全不同的语言类型,例如英语、亚美尼亚语、爱尔兰语等等。

说同一个语系的各种语言多少有某些共同的变化,这是比较合理的。例如上面指出过的屈折机构的逐步弱化在印欧系各种语言里是很普遍的,尽管它们在这一方面也有显著的差别:其中抗拒最力的是斯拉夫语,而英语却已把屈折变化缩减到几乎没有什么了。作为反作用,相当普遍地,在句子构造方面建立了一种颇为固定的词序,表达的分析法有代替综合法的倾向,用前置词表示变格的意义(参看第252页),用助动词构成动词的形式,如此等等。

我们已经看到,原始型的某个特征可能在某种派生的语言里已经找不到。反过来也是这样,我们常常可以看到,某一语系全体代表所共有的特征竟然是原始语言所没有的。元音和谐(即一个词的后缀的所有元音的音色跟词根要素的最后一个元音发生某种同化)就是例子。在一大群流行于欧亚两洲从芬兰直到中国东北的语言——乌拉尔·阿尔泰语言里,都可以找到这种现象。但是这一极可注意的特征很可能是后来发展出来的。因此这可能是一个共同的特征而不是原有的特征,我们甚至不能引用来证明这些语言有(大可争论的)共同来源,正如不能引用它们的黏着的特征一样。人们也已承认汉语并不一直是单音节的[①]。

把各种闪语同重建的原始闪语相比,首先引人注目的是它们都牢固地保存着某些特征。这一语系比其他任何语系都更能令人产生一种错觉,以为它属于一个永恒不变的、为那语系所固有的类型。我们可以从下列特征认识它,其中有几种是跟印欧语的特征明显地对立的:几乎完全没有复合词;很少使用派生法;屈折变化很不发达(但是原始闪语比各种女儿语发达些),因此词序有严格的规则。最值得注意的特征同词根的构造有关(参看第261页)。词根有规则地包含三个辅音(例如 q-t-1"杀"),这在同一种语言内部的任何形式里都保存着。(试比较希伯来语的 qāṭal"他杀了",qāṭlā"她杀了",qṭōl"你杀罢",qiṭlī"你杀"等等),而且在各种语言里都是这样(试比较阿拉伯语的 qatala"他杀了",qutila"他已被杀了"等等)。换句话说,辅音表达词的"具体意义",即词的词汇意义,而元音(当然还有某些前缀和后缀)却通过它们的交替作用专表示语法意义(例如希伯来语的 qāṭal"他杀了",qṭol"杀",带后缀的 qṭāl-ū"他们杀了",带前缀的 ji-qṭōl"他将杀",带前缀和后级的 ji-qṭl-ū"他们将杀"等等)。

面对这些事实,不管别人怎么说,我们必须坚持我们的原则:一成不变的特征是没有的;永恒不变只是偶然的后果;在时间的进程中保存下来的特征,也可以随着时间的流逝而消失。仍就闪语

---

① 例如瑞典汉学家高本汉(B. Karlgren)曾主张原始汉语是屈折语。——校注

来说，我们可以看到，三辅音的"规律"并不是这一语系所特有的，因为其他语系也有完全类似的现象。在印欧语里，词根的辅音组织也受到严格规律的支配。例如在 e 之后不能有 i, u, r, l, m, n 这一系列中的两个音，像 * serl 这样的词根是不可能的，如此等等。闪语元音的作用更是这样；印欧语也有同样严格的元音作用，尽管没有闪语的那么丰富。像希伯来语的 dabar"话"，dbār-īm"许多话"，dībrē-hem"他们的话"这样的对立会使人想起德语 Gast"客人"：Gäste"客人们"，fliessen"流"：floss"以前流"等等的对立。在这两个例子里，语法手段的产生是相同的，都是由盲目的演变引起的纯粹的语音变化；但是人们的心理紧抓住由这些变化产生的交替，使它们具有语法意义，并通过偶然的语音演变所提供的模型进行类比，把它们传播开来。至于闪语的三个辅音的不变性只是近似的；不是绝对的。我们对这一点可以先验地确信无疑；而事实也证实这种看法。例如希伯来语的词根 'anāš-īm"人们"虽有我们所期待的三个辅音，但是它的单数 'iš 却只有两个；这是一个更古老的三辅音的形式在语音上的缩减。此外，即使承认了这种准不变性，我们是否必须把它看作词根所固有的特征呢？不。那只表明闪语所遭遇的语音变化没有其他许多语言的那么厉害，辅音在这一群语言里保存得比别的语言好。可见这只是一种演化的语音的现象，而不是语法的、永恒的现象。所谓词根的不变性只意味着词根没有遭受到语音变化，如此而已；我们不能指天发誓说这些变化将来永远不会发生。一般地说，不管什么东西，凡是时间制成的，时间也能使它消失，或者使它发生变化。

我们认识到，施来赫尔把语言看作一种具有自己的演变规律的有机体，这是违反事实的；但是，设想一个种族或民族集团的"精神"会不断地把语言引到某些确定的道路上来，我们毫不迟疑地仍然愿意把语言看成另一个意义上的有机体。

我们刚才闯入我们这门科学的边缘领域进行探索，从那里得出了一个教训，虽然完全是消极的，但是因为符合本教程的基本思想，所以更加显得饶有趣味，那就是：语言学的唯一的、真正的对象是就语言和为语言而研究的语言。

# 索　引

## A

埃特鲁斯克人（Etrusques）和拉丁人（Latins），312.
奥斯特霍夫（Osthoff），24.

## B

半元音（semi-voyelles），79.
保罗（Paul），24.
葆朴（Bopp），18，49，257，300.
鼻共鸣（résonance nasale），72.
鼻化音（son nasalisé），73.
鼻音（nasales），75；清鼻音，75.
比较，非亲属语言的比较，268；亲属语言的比较，269；亲属关系的比较涉及重建，21，278，305.
比较语言学学派（école comparatiste）的错误，21，49，229，257，292，300.
边辅音（consonnes latérales），77.
变音（Umlaut），日耳曼语的变音，48，122，220.
波浪理论（Wellentheorie）292.
波特（Pott），20.
卜洛卡（Broca），32.

不可论证的（immotivé），参看任意性.

## C

差别（différences），差别在价值构成中的作用，160，164；语言中只有差别，167.
禅德语（zend），45.
长音（longues），本来的长音和位置的长音，94.
持阻（tenue），84 和注.
齿音（dentales），74.
创新波浪（ondes d'innovation），283，288.
唇齿音（labio-dentales），76.
唇音（labiales），75.
词（mots）不同于单位，149，159；词的统一性和语音变化，136.
词汇学（lexicologie）不能从语法中排除出去，187.
词干（radical ou thème），259.
词根（racine），定义，260；德语词根的特征，261，法语词根的特征，261，闪语词根的特征，261，321.
词类（parties du discours），154，191.

词尾(désinence),259;零词尾,同上.
词源(étymologie),244;词源的不确实性,313;词源和正字法,55,57.
次单位(sous-unités),词的次单位,150,177,179,258.

**D**

打滚的和浅喉的 r(r roulé et grasseyé),78.
等语线(同语线,lingnes isoglosses)283.
狄兹(Diez),23.
底层(substrat),过去的语言底层和语音的变化,210.
地理的分隔(séparation)和语言的分化(différenciation),291.
Dominus 一词的词源,315.
动词前缀(préverbes),印欧语里没有,253.
对立(oppositions)和差别,168.
躲躲闪闪的音(sons furtifs),参看语音.

**E**

峨特语(Gotique),302.
颚音(palatales),74,75.
儿童在语音演变中的作用,208.

**F**

发音器官(appareil vocal),70.
发音(分节,articulation)和音响印象,28;发音形象,101 注;发音这个词的两种意义,31,158;口部发音及其差异,72;它对语音分类的意义,73;持续的发音或持阻,84 和注.
发音(prononciation)和文字,54;由词源固定的发音,57;受文字破坏的发音,58;发音的相对自由,165.
发音上的宽容度(tolérance),165.
发音(phonation)外在于语言,40.
法语的现在分词(participe présent),138.
梵语(sanscrit)的发现及其对于印欧语语言学的意义,18;对梵语作用的夸大,300,302;梵语的古老性,301.
泛时(panchronique)观点,语言学中的,137.
方法(méthode),比较法,21;外部语言学和内部语言学的方法,46;共时语言学和历时语言学的方法,130;前瞻的方法和回顾的方法 296.
方言(dialectes),自然的方言并不存在,281;方言和语言的区别,284;方言和文学语言,44,272.
方言的特征,282.
方言事实的地域,280.
方言形式,借来的方言形式,218.
非音节的(unsilbisch),96.
分析(analyse),客观分析,256;主观分析,256;主观分析和次单位的确定,258.
风尚((mode),113,211.
符号(signe),语言的符号及其组成,102;符号的不变性,107;符号的可变性,112;从整体来考虑符号,

索　引

167；不能论证的符号和可以相对论证的符号，181；零符号，126，164，262，259；礼节的符号，103.

符号学（sémiologie），定义 37；主要建立在任意符号的系统上，102.

辅音（consonnes），78，91；中辅音或"弱"辅音，63.

辅响音（consonante），91.

复合词（composés），由类比产生的复合词，250，251；日耳曼语的复合词，196，317；印欧语的复合词，250 注，317.

复数和双数（pluriel et duel），162. 复合元音（diphtongue）是内破坏节，96；"上升的"复合元音，同上.

## G

概念（concept），33，101；＝所指，102，146，160.

感叹（exclamations），105.

格里木（Grimm, Jacob），20，49.

构造（construction）和结构（structure），这两个词的不同意义，250.

共时态（synchronie），119；参看（共时）语言学.

古尔替乌斯（Curtius, Georges），21.

"古老"（ancien）一词应用于语言的意义，300.

古斯拉夫语（paléoslave），45，302.

惯用语（idiome），266.

过程（processus）和程序（procédé）相对立，248.

规律（定律，lois），语言的规律，132；共时的规律是一般的，但不是命令的，134；历时的规律是命令的，但不是一般的，134；语音定律，135；语音定律的不正确的表述，201；交替规律，221.

## H

喉头（larynx），71.

喉部振动，72.

喉音（gutturales），74；硬腭和软腭部位的喉音，75，76 和注.

后缀（suffixe），263；零后缀，262.

呼气（expiration），72.

环节（cbaînon）：外破-内破环节，87；内破-外破环节，87；外破环节，87；内破环节，89；中断环节，87，89，93.

辉特尼（Whitney），24，31，113.

## J

机能（faculté），言语活动的机能，30，31；唤起符号的机能，34；联结的机能，32.

价值（valeur），一般的价值 118；价值的构成因素，161；语言的价值，155. 157；语言价值的概念方面 159；语言价值不同于意义，159；语言价值的物质方面，164.

交际（intercourse）或统一的力量，287；交际作用的两个形式，288.

交替（alternance），219；定义，220；性

质上不是语音的,219;共时的和语法的交替规律,221;交替可以紧密语法联系,224.

借用(emprunts),45,65,218,314.

句段(syntagme),定义,170;参看句段关系.

句段关系和联想关系(rapports syntagmatiques et associatifs),170;它们的相互依存性,178;它们在音位固定中的作用,180;它们是语法区分的基础,188;句段关系的两个类,172;联想关系的两个特征;175.

句段和联想的连带关系(solidarités),177,183.

句子(phrase)是一种句段,172;把句子看作单位,150;与句子相等的词语,178.

句法(syntaxe)和形态学的关系,186;和句段学的关系,189.

句法的变化,135.

## K

开度(aperture),语音分类的基础,73;开度与开音和闭音,85.

开音(sons ouvrants),84.

koinè 或希腊的文学语言,274.

口腔(cavité buccale),鼻腔,71.

库恩(Kuhn, Adalbert),20,313.

## L

拉丁语的 r 音化(rotacisation),200,204.

Lautverschiebung,参看日耳曼语的辅音演变.

类比(analogie),226—243;它的重要性,241;抵消语音变化,226;定义,226;早期语言学家关于类比的错误,229;类比是创造而不是变化,230;类比的机制,230;类比是语法方面的,232;类比导源于言语,232,237;类比的形式,四项比例式,228,232,233;关于类比的两种理论,234;类比和构形要素,229,239;类比是演化的因素,238,241;类比是改变解释的征兆,238;类比是会话的因素,242;类比与流俗词源相对立,244;类比与黏合相对立,249.

历时态(diachronie),120;参看(历时)语言学.

立陶宛语(lituanien),48,301.

联想(association)的机能,34.

联想关系,见句段关系.

零(zéro),参看词尾,符号,后缀.

流音(liquides),74,77.

流俗词源(étymologie populaire),244;未变形的,245;变了形的,245;不完全的,245;和类比相比,244,246.

录音原文(textes phonographiques),47.

论证性(motivation),可论证的,182.

## M

民族统一体(éthnisme),311;意大利一日耳受民族统一体,316.
民族学(éthnographie)和语言学,26,43,310.
缪勒(Müller,Max),21.
摩擦音(fricatives),77.

## N

内破(implosion),83;内破的持续期,94.
能指(signifiant)的定义,102;能指的线条性,106,170;能指和所指的相互依存性,146.
拟声词(onomatopée),104.
黏合(agglutination),定义,248;黏合的三阶段,248;黏合和类比相对立,249;黏合总是在类比之前,250注。

## P

派生词(dérivés),类比的产物,250.
皮克特(Pictet,Adolphe),302,312.

## Q

气候和语言的变化,206,278.
气息音(spirantes),76.
迁移(migrations),285;迁移理论,293.
前置词(prépositions)在印欧语里没有,253.

琼斯(Jones),18.
屈折变化范例(paradigmes de flexion)是联想关系的类型,176.

## R

人类学(anthropologie)和语言学 26,310.
任意性(arbitraire),符号的任意性,定义,102;任意性=不可论证性,104;任意性是语言不变性的因素,109;任意性是变化的因素,113;绝对任意性和相对任意性,181;任意性和语音变化的关系,212,226;任意性和类比的关系,233;任意性的限制是语言研究的基础,183.
日耳曼语的辅音演变,49,201,288.
软腭(voile du palais),71.

## S

塞音(occlusives),75.
舌根音(vélaires),75,76.
社会学(sociologie)和语言学,26.
社会心理学(psychologie sociale)和语言学,27,38.
声带(cordes vocales),71.
声门(glotte),71.
声音(son)的复杂性质,29;声音和音响印象,67;声音和噪音(bruits),78;嗓音(son laryngé),72;声音在语言之外,165.
生理学(physiologie)和语言学,27.
省力(moindre effort),语音变化的原

因,207.
诗法(versification),64.
施来赫尔(Schleicher),21.
施密德(Schmidt, Johannes),283,292.
失语症(aphasie),32.
时(temps),动词的时,163.
时间对语言的影响,111,116,276.
实体(entité),语言的具体实体,146;抽象实体 190.
史前史(préhistoire)和语言学,26,312.
适应(accommodation)的发音动作,88.
术语(terminologie),不确切的语言学术语,25注;不完备的音位学术语,73.
双关语(jeu de mots)和发音,65.
说话者大众(masse parlante),115.
silbenbildend(成音节的)和 silbisch(音节的),93,96.
思想(pensée)的无形性质,157.
送气的 h(haspiré),79;法语送气的 h,56.
所指(signifié),102,146;参看能指.

## T

特隆贝提(Trombetti),268.
体(aspects),动词的体,163.
同一性(identité),共时同一性,152.历时同一性,255.
同语线,参看等语线.

同源对似词(doublets)的非语音的特征,217.

## W

外破(explosion),83;外破的持续期,94.
维尔纳(Verner)定律,203.
文学语言和正字法,50;文学语言和地方方言,44,272;文学语言独立于文字,273;文学语言的相对稳定性,194,210.
文字(écriture)的体系,50;表意文字(汉字),表音文字,50;音节文字(塞浦路斯文字)51,69,81;辅音文字(闪语文字),69.
文字和语言,37;文字和语言系统相比较.166;研究文字的必要性,47;文字不同于语言,48;文字不是语言稳定的条件,48;文字的重要性因文学语言而增加,50;文字变化没有语言那么快,52;借用的文字,53;文字的自相矛盾,54;词源文字,54;文字的解释,62;用文字标记外破和内破,85,86,95,97;音位文字,61;文字不能代替通常的正字法,61.
沃尔夫(Wolf, Friedrich August), 17.

## X

西佛士(Sievers),24,92,96,97.
希尔特(Hirt),313.
席业隆(Gilliéron),282.

下棋和语言系统相比较,46,128,155.

现实性(réalité),共时现实性,154;历时现实性,254.

乡土根性(esprit de clocher)或分立主义的力量(force particulariste),287;乡土根性只是交际的消极方面,291.

响音(sonante),91.

响亮度(sonorité),音位的响亮度,73;它在音节区分中的作用,92.

象征(symbole),和符号对立,104.

小舌(luette),71.

写法(graphies),间接写法,55;流动写法,55;又参看文字.

新语法学家(néogrammairiens),24,258.

形态的变化,135.

形态学和句法不可分,186.

血统相同(consanguinité)有语言相同,310.

## Y

言语活动(langage)语言(langue)和言语(parole),115;言语活动的复杂性质,30;言语活动是自然的机能,30;分节语,31.

言语循环(circuit de la parole)及其区分,33.

言语(parole)是个人行为,35 言语不同于语言,参看语言;言语存在的方式,42;言语是语言的一切变化的所在地,41,141,198,237.

意义(signification)和价值相对立,159.

音节(syllabe),81,90.

音节的分界,90.

音链或语链(chaîne phonique ou parlée)的分析,67,81,83;音链拍子的同质性,68.

音位(phonèmes)有确定的数目,37,62,69,165,309;根据音响资料来划分音位的界限,67;根据发音行为来描写音位,69;辨认音位的方式,72;音位的表区别的特征87,165,309;音位和声音,101;音位的句段关系和联想关系.181;音位系统,62,309.

音位学(phonologie),59,67—99;音位学被错误地称为语音学,59;音位学属于言语,60;结合音位学,83.

音位学上的类(espèces)69,它们的抽象性质,86.

音响形象(image acoustique),33,37,101 注;它的心理性质,101;=能指,102;书写形象(image graphique),37,49.

印欧语(Indo-européen)的特征,319.

印欧语的响音,83,99.

印欧语中亲属的名称,315.

硬腭(palais),71.

语法(grammaire),定义,186;普通语法,144;比较语法,18;传统语法或古典语法,它的规范性质,17;静态语法,121;"历史"语法,186. 197,198.

语法事实的演化(évolution),29.

语法事实和语言单位,169.

语文学(philologie)及其方法,17, 27;比较语文学,18.

语系(familles de langues),26, 267;语系没有永恒的特征,319;印欧语系,19,285,292;班图语系,267;芬兰·乌戈尔语系,268;日耳曼语,303;日耳曼语研究,23;罗曼语,303;罗曼语研究,23,297;闪语,闪语的特征,321;闪语的一种句法特征,317.

语言(langue)是言语活动的事实的规范,30;语言是一种社会制度,31,37;语言不能归结为一个命名集,39,100;语言的社会性、同质性和具体性,36;语言不同于言语,35,40,115,233;但是语言和言语有连带关系,41;语言存在的方式,41;语言是形式不是实质,159,169;语言和方言,284.

语言单位,147;定义和划分界限,148;复杂的语言单位,150,172;语言单位的问题和它的重要性,156;语言单位的表区别性质,168;语言单位和语法事实,169;语言单位的重新分配,238,252;历时的语言单位,254.

语言的变化导源于言语,41,141;语言变化总是局部的,124,127.

语言的边界(frontières),284;交叠在同一地区的语言,270;"词汇的语言"和"语法的语言",184,231;特殊语言,44;人造语言,114.

语言的差异(diversité),266;亲属关系上的差异,266,276;绝对的差异,268.

语言的重建(reconstruction),305.

语言的二重性(dualité),28.

语言的分化(différenciation),在连续地区,277;在分隔地区,291.

语言的机构(mécanisme),177,180,231.

语言的价值,155;157;语言价值的概念方面,159;语言价值不同于意义,160;语言价值的物质方面,164.

语言的类型(type)和社会集团的心理素质(mentalité),316;语言的类型和语系,319.

语言的系统,29,46,109,118,159,183,又参看语言的机构.

语言的状态,145;语言状态的偶然性质,124.

语言地图集,282.

语言地图学(cartographie linguistique),282.

语言古生物学(paléontologie linguistique),312.

语言形式保存的两个因素,243.

语言学(linguistique)属于符号学,37;语言的语言学和言语的语言学,参看语言;外部语言学和内部语言学,43;共时语言学或静态语言学,或 9,143,144;"历史"语言学,119,或演化语言学或历时语言学,119,143,194;地理语言学,266.

语官学史,17,120.

语言在地理上的扩展,44;参看(地理)语言学.

语义的变化,135.

语义学(sémantique),38 注.

语音(sons)和语音的分类,73;浊音和清音,73;闭音(sons fermants)和开音(sons ouvrants),84;躲躲闪闪的音(sons furtifs),87,88,308;语音的无形性质,157.

语音的变化,199,225;语音变化同语言的系统无关,40;变化达到音而达不到词,136;语音变化的规律性,199;绝对的语音变化和条件的语音变化,自发的语音变化和结合的语音变化,200;又参看语音学.

语音的发音公式,74.

语音生理学,参看音位学.

语音学(phonétique),59;语音学不同于音位学,59;语音学属于历时语言学,195;语音学和语法学,40,212;属语音学的东西不表意义,40,195.

元音和辅音相对立,78;元音和响音相对立,91;开元音和闭元音,79;耳语的元音,79;清元音,79.

元音点(point vocalique),91.

元音和谐(harmonie vocalique),乌拉尔·阿尔泰语的元音和谐,320.

元音连续(hiatus),93.

元音系统的级,22.

阅读和文字,62.

韵律(métrique),参看诗法.

## Z

展望(perspective),共时的和历时的,119,127,131;前瞻的(prospective)和回顾的(rétrospective),296. 正字法(orthographe),50;又参看文字和写法.

政治经济学,118.

政治史和语言史的关系,43;政治史和语音变化的关系,210.

政治稳定和语音变化,210.

种族(人种,race)和语言的关系,310;种族和语音变化,205.

重音(accent),音节的重音,93;拉丁语和法语的重音,125.

转换(permutation),交替的同义语,223.

转移(déplacement),能指和所指的关系的转移,112.

转音(ablaut),221,225.

字母(alphabet),参看文字;借用的字母,53;希腊字母,它的优越性,46,68.

# 校 后 记

这本书是高名凯同志生前于1963年根据原书法文第五版翻译的，1964年交由我校订，并作了若干补充。校订时曾参考1933年苏霍廷的俄译本和1960年巴斯金的英译本，但遇到各版本中有出入处，都以法文原本为准，务求不失原意和保存原有的风格。书中所用术语和人名、地名，尽可能依照当前一般书刊上通用的，非有明显错误，不轻易改变，以求减轻读者负担，有些比较特殊的，也力求符合原意，浅显易懂。

德·索绪尔的这本《教程》内容非常丰富，范围又十分广泛，有许多历史事实和举例比较难懂的，为了帮助读者易于了解起见，都以脚注方式加上注解。这些注解中有些是我们自拟的，有些是参考俄译本或英译本制定的，都标上"校注"字样以区别于"原编者注"。

本书自翻译以至校注本已完稿多年，原稿确定后搁置了十多年，直到现在才得和读者相见。在付印前复由叶蜚声同志根据原文，参考英、俄、日文译本再行校订，作了补充和修改，最后由我审定。译文如有错误和不妥之处，恳请读者尽量提出批评和指正，以便再作修改。

岑麒祥　1979年

## 校 后 记

本书出版后,程曾厚同志逐句核对全书,提出修改建议。这次重印前,我们参考他的意见,对译文作了一些更动,特志谢意。

岑麒祥　1983 年

图书在版编目(CIP)数据

普通语言学教程/(瑞士)索绪尔著;高名凯译.—北京:商务印书馆,1980.11(2024.4重印)
(汉译世界学术名著丛书)
ISBN 978-7-100-02086-2

Ⅰ.①普… Ⅱ.①索…②高… Ⅲ.①普通语言学—教材 Ⅳ.①H0

中国版本图书馆 CIP 数据核字(2012)第 309119 号

**权利保留,侵权必究。**

汉译世界学术名著丛书
### 普通语言学教程
〔瑞士〕费尔迪南·德·索绪尔 著
沙·巴利 阿·薛施蔼 阿·里德林格 合作编印
高名凯 译
岑麒祥 叶蜚声 校注

商 务 印 书 馆 出 版
(北京王府井大街 36 号 邮政编码 100710)
商 务 印 书 馆 发 行
北京中科印刷有限公司印刷
ISBN 978-7-100-02086-2

1980 年 11 月第 1 版　　开本 850×1168　1/32
2024 年 4 月北京第 24 次印刷　印张 11¼
定价:50.00 元